# 高校思政教学与教育创新研究

王彦敏　林　莉　杨欣悦　著

中国出版集团

中译出版社

图书在版编目（CIP）数据

高校思政教学与教育创新研究 / 王彦敏, 林莉, 杨欣悦著. -- 北京：中译出版社, 2024. 7. -- ISBN 978-7-5001-7995-5

Ⅰ. G641

中国国家版本馆CIP数据核字第2024X3Q668号

## 高校思政教学与教育创新研究
GAOXIAO SIZHENG JIAOXUE YU JIAOYU CHUANGXIN YANJIU

**出版发行：** 中译出版社
**地　　址：** 北京市西城区新街口外大街28号普天德胜大厦主楼4层
**电　　话：** 010-68002876
**邮　　编：** 100088
**电子邮箱：** book@ctph.com.cn
**网　　址：** www.ctph.com.cn

**责任编辑：** 张　旭

**印　　厂：** 三河市嵩川印刷有限公司
**规　　格：** 710毫米×1000毫米　1/16
**印　　张：** 13.25
**字　　数：** 220千字
**版　　次：** 2024年7月第1版
**印　　次：** 2025年1月第1次

ISBN 978-7-5001-7995-5　　　　　　　定价：68.00元

# 前　言

　　思政教育是人类社会实践的一个重要方式，它承担着把握方向、动员力量、凝聚人心、鼓舞斗志的光荣使命。高校思政教育工作是高校整体工作的重要组成部分。随着高等教育的快速发展，高校思政教育面临的新问题、新情况也不断增多，同时在新的形势下，高校思政教育工作也面临着新的机遇和挑战，能否做好高校思政教育工作，关系到高校能否很好地履行人才培养、科学研究和服务社会的历史使命。高校必须以全新的思维方式和视角来审视、探索新时期大学生成长成才的规律，在继承传统思政教育合理方法的基础上，积极开展思政教育的探索与实践研究，引导高校大学生走上健康发展的道路。

　　高校思政教育工作要面向现代化、面向世界、面向未来。我们必须在继承优良传统的基础上，随着形势的发展变化，深入研究新的形势下大学生思想活动的新情况、新特点，深入研究以互联网和新媒体为代表的信息技术，增强思政教育工作的时代意识、知识含量和技术理性，努力创新思政教育工作的内容、形式、方法、手段和机制，担负起时代赋予思政理论工作者和实践工作者的历史使命。

　　本书由王彦敏（云南民族大学）、林莉（张家口学院）、杨欣悦（上海理工大学）、陈罗通（广东信息工程职业学院）共同撰写。

　　本书在介绍高校思想政治教育相关理论的基础上，着重分析了当前高校思想政治教育的教学热点，包括"中国梦"教育、社会主义核心价值观教育和理想信念教育等；接着通过对高校思想政治教育的教学内容、教育环境、教育载体、教育机制、教育模式、教育方法和思政教育队伍建设等内容的阐释，构建了高校大学生思想政治教育的创新实践路径；最后分析了互联网与大学生思想政治教育的关系，探索了新媒体环境下大学生思想政治教育的实践路径，同时研究了网络舆情对大学生思想政治教育的影响。本书对思想政治教育工作者以及普通读者都不无裨益，同时对于不断推进新时代思想政治教育工作具有积极的理论意义和实践价值。

# CONTENTS 目录

# 第一章 高校思政教育概述

## 第一节 高校思政教育的地位与作用

### 一、高校思政教育的社会地位

#### （一）思政教育是马克思主义理论教育的基本途径

马克思主义是由马克思、恩格斯所创立的关于自然、社会和思维发展的普遍规律的学说，是关于资本主义发展以及社会主义和共产主义发展普遍规律的学说。马克思主义是无产阶级争取自身解放和整个人类解放的科学理论，是关于无产阶级斗争的性质、目的和解放条件的学说，为无产阶级认识世界和改造世界提供了强大的思想武器。马克思主义以及中国化的马克思主义，为中国特色社会主义建设提供了理论指导。要充分发挥其指导作用，就必须对广大人民群众进行马克思主义理论教育，使人民群众深刻理解和完整把握马克思主义的科学世界观和方法论。而思政教育是马克思主义理论教育的主要渠道，是马克思主义理论实现其价值的必经途径。

马克思主义和中国化的马克思主义只有被广大人民群众掌握，才能变为改造世界的物质力量，才会具有现实意义。值得注意的是，理论转化为物质力量要通过一个中介——人，也就是说，理论要"掌握群众"才能转化为物质力量。而理论要"掌握群众"，除了理论本身要具有科学性外，毫无疑问也要靠宣传教育来实现。思政教育是将马克思主义理论变为物质力量的重要途径。我们可以通过系统的思政教育帮助人民群众深入理解和把握马克思主义理论，使其树立正确的世界观、掌握科学的方法论，提高其认识世界和改造世界的能力，使其积极投入中国特色社会主义建设中，从而将马克思主义理论变为巨大的物质力量。实践表明，我国思政教育在这方面发挥着重要作用。在新民主主义革命时期和社会主义革命与建设时期，在改革开放的新时期，正是因为我国坚持对广大人民群众进行马克思主义理论教育，使马克思主义成为广大人民群众改造社会的强大武器，中国社会才发生了翻天覆地的变化，中国社会才获得了巨大的发展。

### (二) 思政教育是社会主义精神文明建设的基础工程

思政教育是社会主义精神文明建设的基础工程和中心环节。

第一，思政教育是社会主义精神文明建设的核心内容。社会主义精神文明建设包括思想道德建设和教育科学文化建设两个方面，两方面内容相互渗透、相互促进，思想道德建设是精神文明建设的核心内容，集中体现着精神文明建设的性质和方向。从这个意义上讲，没有思想道德建设，就没有社会主义精神文明建设。我国思想道德建设的首要任务是用马列主义和中国特色社会主义理论教育全体公民，不断提高公民的思想政治素质；思想道德建设的过程就是对人民群众进行思政教育的过程。

第二，思政教育是完成社会主义精神文明建设根本任务的基本途径。思政教育以培养人为己任，这一任务理所当然地成为思政教育的根本任务。坚持向广大人民群众进行思政教育，大力倡导社会主义核心价值观，帮助人们树立以马克思主义为指导的正确的世界观、人生观、价值观和建设中国特色社会主义的共同理想，形成以爱国主义为核心的民族精神和以改革创新为核心的时代精神，确立社会主义荣辱观等，就能较好地培养"四有"新人。可见，只有大力加强思政教育，才能为完成精神文明建设的根本任务创造条件，才能顺利完成这一历史任务。

第三，思政教育是保证教育科学文化建设的社会主义性质和方向的根本措施。教育科学文化建设自身并不能决定自己的性质和方向，只有使教育科学文化部门的党组织开展强有力的思政教育，才能保证党的路线、方针、政策的贯彻执行，从而实现党的思想政治领导，使教育科学文化建设保持社会主义的性质和方向，使其更好地为社会主义现代化建设服务。例如，教育部门要通过加强思政教育，保证党的教育方针的贯彻执行，保证教育工作沿着社会主义方向前进；科学研究部门要通过加强思政教育，使科学研究为现代化建设服务；文艺部门要通过加强思政教育，保证文艺为人民服务、为社会主义事业服务的方向；新闻出版部门要通过加强思政教育，生产更多更健康的精神产品，引导人们积极向上，达到较高的精神境界。可见，加强思政教育是坚持教育科学文化建设的社会主义性质和方向的根本保证。事实上，由于教育科学文化建设的核心问题是培养适应社会主义现代化建设要求的"四有"新人，文化建设的方方面面最终都必须围绕着人来展开。教育有一个培养什么人的问题，科学和文学艺术有一个为什么人服务的问题，新闻出版、广播电视网络等有一个如何引导人的问题。而培养"四有"新人是思政教育的根本任务，因此，我国教育科学文化建设内在地包含着思政教育，离不开思政教育的作用。教育科学文化建设是我国思政教育的重要载体，要靠思政教育来保障其发展方向。

第四，思政教育工作必须要在精神文明建设目标的指导下才能具体展开。当前我国精神文明建设的目标是使人们树立建设中国特色社会主义的共同理想，坚持党的基本路线不动摇，提高人们的政治素养、法制意识与道德水平，丰富人们的精神文化生活，最终实现社会物质文明与精神文明的协调发展。在精神文明建设目标的指导下，当前我国的思政教育就需要加强马克思主义教育，加强思想道德素质教育，加强科学文化教育，最终为社会主义精神文明建设提供有力的精神支持。

## 二、高校思政教育的作用

### （一）导航作用

思政教育的导航功能是由思政教育的目的性、方向性所决定的。因为思政教育总是一定阶级、集团为了实现自己的经济利益和政治统治而对人们施加意识形态方面影响的社会活动，这就决定了思政教育总是带有方向性和目的性。[①] 因此，导航功能便成了思政教育的基本功能。它的导航功能主要表现在如下几方面。

1. 对经济的导航

人类的社会生活包括经济、政治、思想文化三大领域，经济领域是人类生存和发展的最基本领域。社会的物质资料生产、分配、交换、消费等经济活动，以及人们的经济生活等都是没有方向性的。

不同的思政教育对经济起着不同的导航作用：先进阶级、集团的思政教育能够引导经济向前发展，促进社会的进步；落后腐朽的阶级、集团的思政教育会阻碍经济向前发展，能引发经济倒退现象，使社会经济衰败乃至全面崩溃。就阶级性来看，各个阶级都力图通过思政教育把经济引导到对自己有利的发展航向上，以达到维护本阶级利益的目的。

2. 对理想信念的导航

每个人都追求着自己的理想。理想是指人们对未来目标的追求和向往，是人们为之奋斗的目标。每个人也都有自己的信念。信念是指人们在一定的认知基础上而确立的对某种理论、主张、见解、观点、理想等坚信无疑，并努力为之奋斗的精神状态和确定的看法。

3. 对行为的导航

行为是指受人们思想支配而表现在外的活动，即人们的行动、动作和作为。人的行为是极其复杂的，有经济行为、政治行为、法律行为、道德行为、精神文化行为，还有生理行为、操作行为等。

---

① 范福强. 高校思政教育与大学生择业的研究 [M]. 延吉：延边大学出版社，2022：03.

在人的复杂行为中，有正确的行为，也有不正确的行为。人的行为是受思想支配的，思想是行为的先导，行为是思想的反映。而人的思想又是各式各样的，有正确思想，也有错误思想，不同的思想会产生不同的行为。

人的思想不是天生的，而是思政教育的结果。不同的思政教育会使人形成不同的思想，不同的思想又会导致不同的行为。因此，思政教育对人们的行为最终起着导航的作用。

随着人类实践经验的积淀，人们形成了一定的行为规范，如政治、经济、道德、法律等行为规范。人们的行为规范又是千差万别的，有先进的、正确的，也有落后的、错误的，不同的行为规范会使人们产生不同的行为。人们的行为规范是在实践中积累起来的，国家通过思政教育把它们传播、灌输给人们，使人们将其内化为自己的思想信念，并逐渐转化为他们的行为。然而，不同的思政教育会使人们按照不同的行为规范方向活动。先进的、正确的行为规范教育，能使人们沿着正确的方向前进，相反，则会使人们沿着错误的方向行进。因此，思政教育对人们的行为起着导航作用。

以上对思政教育的导航功能进行了一些探讨，其实它的导航功能远不止这些，随着实践的发展，其导航功能也会不断得到扩展。

4. 对思想道德和科学文化教育的导航

科学文化和思想道德文化是人类文明的结晶，是人类社会发展的精神产物，也是在人类社会的长期发展过程中逐渐积淀下来的精神财富。它们的性质归根结底是由社会的物质生产方式所决定的，是由社会经济基础直接决定的。同时，各个阶级都有自己的思想道德教育和科学文化教育。但是，思想道德教育和科学文化本身是没有方向性的，它具有怎样的性质？属于哪个阶级？沿着哪个方向发展？它们同社会的经济基础直接相关，也同思政教育密切相关，即用哪个阶级的思想政治来进行教育，关系到思想道德和科学文化教育的阶级性质和发展的方向。事实上，任何阶级的思想道德和科学文化教育都是在一定的思想政治指导下进行的，而这些建设中又渗透着思政教育，思政教育成了这些建设的灵魂。也就是说，思政教育对思想道德和科学文化的发展起着导航的作用。如果以马列主义即用无产阶级的思想政治去进行教育，就会使思想道德教育沿着社会主义的方向发展，使科学文化教育为无产阶级服务，这时的思想道德和科学文化教育就具有了无产阶级的性质。因此，无产阶级的思政教育能确保思想道德教育和科学文化教育沿着社会主义、共产主义的方向前进。

（二）育人作用

思政教育是以人为对象，以塑造和培养人的思想政治品德为任务。因此，育人功能是思政教育的基本功能。

人的思想政治品德素养不是先天形成的，而是后天培养教育的结果。我们的全部知识是建立在经验上面的，知识归根结底都是导源于经验的。英国哲学家约翰·洛克（John Locke）的看法是唯物主义的。从母体中诞生出一个新的生命时，头脑中一片空白，随着新生命体的发育，家长们教孩子说话、走路，到三四岁时，孩子有了自我意识，家长、幼儿园教师通过讲故事、教歌谣等方式向孩子灌输做好人、不做坏人的思想。此后，社会、家长、学校不断对青少年进行思想政治品德等方面的教育。也就是说，我们是通过思想政治品德教育来培养和塑造青少年一代的。在人的成长过程中，一刻也离不开思政教育，国家通过思政教育来培养一代代的人。

（三）调节作用

思政教育的调节作用是指通过民主、说服、调解、沟通、咨询、评价等多种方式，对大学生的心理、情绪、人际关系等方面进行调节，从而达到提高大学生的思想觉悟、建立新型的人际关系的目的，以促进和谐校园、和谐社会的建设。

事物总是在不断运动、变化和发展的，大学生的思想也是如此。大学生的思想变化有两种可能性：一是向正确的、积极的、进步的方面变化；二是向错误的、消极的、落后的方面变化。这就要求多媒体时代高校思政教育者必须及时了解大学生的思想变化并及时加以调节：推进第一种变化，抑制第二种变化，并尽可能使第二种变化降到最低程度。

## 第二节　高校思政教育的目标与任务

### 一、高校思想政治教育的目标

高校思想政治教育目标探讨的是"高校思想政治教育为了什么"这一学科本源性问题。任何目标的确立都关系到内容的构建和方法的选择，高校思想政治教育目标也不例外。我国高校思想政治教育的目标对应高校思想政治教育的价值，主要指向社会目标和个人目标以及二者的统一性问题。

（一）高校思想政治教育目标的类型

一般来说，目标是个集合概念，作为集合概念的高校思想政治教育的目标，指的是一个目标系统，这个系统之内的多层级子系统就是等级、大小各不相同的目标类型。在纷繁复杂的目标类型中，较为长期的社会目标和人格目标是影响其他各类目标的根本目标。科学地设计这两大根本目标，对于高校思想政治教育的成功实施具有决定性意义。

1. 社会目标、群体目标与个体目标

社会目标、群体目标与个体目标，是依照高校思想政治教育对象的人数多寡而划分出来的目标类型。

（1）社会目标

所谓社会目标，指的是在一个国家内全社会的高校思想政治教育所要达成的目标。任何目标的确立都会有一定的依据，而不是空穴来风。适应和满足当前的社会发展需要，是制定和确立高校思想政治教育目标的根本依据。高校思想政治教育的社会目标一般是远期目标，需要经过相当长的时间持续努力才能实现。它贯穿高校思想政治教育的全过程，反映的是社会发展的客观趋势和长远需要，是高校思想政治教育最终要达到的预想效果。

高校思想政治教育目标具有根本性、全局性和战略性，它对高校思想政治教育和大学生的思想行为有着重要的战略指导作用。现代化建设新时期要求我们既要搞好物质文明建设，也要搞好精神文明建设，强调物质文明建设和精神文明建设"两手抓，两手都要硬"。

（2）群体目标

人是社会的人，主要是以群体的方式存在的，因而，高校思想政治教育的目标也是一个群体目标。这里的群体主要是指具有相同或相似特征的个体所组成的社会团体，顾名思义，群体目标就是高校思想政治教育对这些团体所要达到的目标。群体由个体组成，这些个体往往在某些方面具有相同或相似的特点，如职业相似、收入相近、年龄相仿，或者性格爱好相投，有时候也可能是身体状况、居住地、家庭条件等相同或相似，这些因素会将不同的个体归类成不同的社会群体。在这些不同的社会群体之间，在许多具体方面又有一定的不同。例如，这些社会群体的生存境遇、理想追求、现有社会地位、对社会的价值判断等，不同的因素必然会使这些不同的社会群体遭遇各不相同的思想道德和政治观念问题，因此，根据所针对的不同群体，明确高校思想政治教育的具体目标十分必要。

（3）个体目标

高校思想政治教育对社会个体成员需要确立个体目标，这一个体目标的实现过程，是大到学校、社会，小到家庭、家人对个体的长期培养教育，最终达到人格目标的实现。这一个体目标也可以锁定在解决特定实际问题上，通过高校思想政治教育的实施达到即时目标，以解决实际问题。总之，无论是随处可见以至有些雷同的人格目标，还是各种各样具体的即时目标，由于它们都属于个体目标的范畴，所以与相对应的社会目标和群体目标相比，它们无疑具有强烈的个性化特征。因此，在确立个体目标时，要遵循马克思主义哲学科学方法，加强高校思想政治教育探索与实践研究指导，做到所阐明的"具体情况具体分析""一把钥匙开一把锁"，将理论和实际紧密结合。

2. 人格目标与即时目标

具体来说，人格目标与即时目标其实都属于个体目标的范畴，是根据对个体的高校思想政治教育所着眼问题的性质而做的分类。倘若教育者着眼于受教育者的人格培养、人格塑造，此时的高校思想政治教育目标可称为人格塑造目标或人格目标；倘若教育者着眼于帮助受教育者解决当下面临的实际问题而端正其思想认识、提高其思想水平等，此时的高校思想政治教育目标可称为即时目标。人格目标是高校思想政治教育带有长期性、根本性和终极性的个体目标，而即时目标则是高校思想政治教育带有迫切性、经常性和反复性的个体目标。人格目标对于即时目标具有指导性和目的性，而即时目标则是实现人格目标的基础和手段。如果说人格目标是结果，无数即时目标的累积则是获得这一结果的必经过程。因此，人格目标和即时目标是相辅相成、不可分离的辩证统一的关系，对其中任何一个目标的忽视，都必然导致高校思想政治教育的失效。人们很难设想，仅仅埋头于日常琐碎思想问题的解决而忘记人格培养的大方向，或者仅仅热衷于高尚人格的说教而不解决具体问题的高校思想政治教育，会是成功的高校思想政治教育。

（二）当代高校思想政治教育的目标

1. 当代高校思想政治教育目标的内涵

进入 21 世纪，高校思想政治教育工作面临着全新的环境。新时期加强和改进高校思想政治教育工作，就是为了更好地统一全党全国人民的思想，培养"有理想、有道德、有文化、有纪律"的社会主义新人，调动在校大学生的积极性，投身以经济建设为中心的社会主义建设事业。

这一时期高校思想政治教育目标的内涵，是依据社会的发展需要和人的发展需求确立的。它以客观条件为依据，受客观条件的制约和检验，是科学的、明确的。

（1）反映了时代要求和中心任务的需要

当代高校思想政治教育工作的最终目标是为社会主义建设事业服务，它紧跟时代步伐，反映了我们党和国家奋斗目标的时代要求，反映了党在新时期的中心任务的需要。我们党的最终奋斗目标，是要达到并实现共产主义，从社会主义初级阶段走向社会主义的高级阶段。马克思主义社会经济学对共产主义制度的阐述和构想是：共产主义社会的实现不是一蹴而就的，它和任何新生事物一样，都要经历一个从萌生、发展、成熟到最后终结的曲折过程。这个过程对于共产主义社会而言，是一个漫长的历史发展过程，它不会一步就走向成熟，中间会经历许多历史阶段，每个历史阶段的发展目标不同，因而任务、特征、难易程度和历程等也不同。我国对共产主义的理解和实践有着鲜明的中国特色，在每一个发展阶段，我国的社会经济、政治、文化的发展水平不同，党和政府会根据这些具体的现实情况的不同，确定出每个时期的中心任务。根据目前我国各个方面的发展情况，可以明确我国当前并将在未来很长一段时间内都处于社会主义，初级阶段大前提，决定了我国建设社会主义现代化、最终实现共产主义，要先踏实走过这个社会主义初级阶段而不能逾越这个历史阶段。在这个初级阶段中，党提出了相应的基本路线与纲领，即把我国建设成为富强、民主、文明的社会主义现代化国家的奋斗目标。为了和社会主义初级阶段的国情相适应，高校思想政治教育工作的总体任务和具体任务就要有一个明确的定位。

（2）反映了工作对象的思想政治品德现状和发展的需要

高校思想政治教育工作的最终目的是为社会主义建设事业服务，因此，它的首要目的是提高大学生的思想觉悟和认识水平，使理论能够结合实际，并将其用到现实生活中来，用马克思列宁主义、毛泽东思想、邓小平理论、"三个代表"重要思想、科学发展观、习近平新时代中国特色社会主义思想武装大学生的头脑，提高他们的思想道德素质，从而提升大学生认识世界、改造世界的能力。高校思想政治教育工作的展开涉及传播者和工作者两个具体的对象，思想政治教育的实质是思想政治的授受过程，因此，思想政治教育目标和高校思想政治教育工作对象的客观状况有着很密切的联系。工作对象的客观状况具体包括三个方面：一是工作对象自身的思想政治品德现状；二是知识结构、思想认识、身心发展的实际情况，工作对象思想政治品德的形成、发展和变化规律；三是工作对象把思想政治品德"外化"为实践、知行统一、行为践履的客观状况。

2.当代高校思想政治教育目标的内容

（1）政治目标

政治目标就是当代高校思想政治教育在政治素质方面的目标。高校思想政治教育工作首先应帮助学生符合基本的政治要求，即用爱国主义思想教育工作对象，使其成为一个忠诚的爱国主义者；其次，应使他们努力学习马克思列宁主义、毛泽东思想、邓小平理论、"三个代表"重要思想、科学发展观、习近平新时代中国特色社会主义思想，教育大学生学会用科学的思想政治观念武装头脑，正确认识人类社会历史发展的客观规律，把握中国特色社会主义奋斗的方向和目标；最后，不应忽视帮助大学生树立社会主义民主法制观念，使每名大学生都能知法、懂法、守法，并学会运用法律武器保护自己的合法权益。

（2）思想道德目标

高校思想政治教育在思想道德形成方面也有着重要作用，即要使大学生在继承传统美德的基础上，发扬社会主义道德，树立以为人民服务为核心、以集体主义为原则的道德观，从而能正确处理个人、集体、国家之间的利益关系，从而使良好的社会公德、职业道德和家庭美德在全社会得到进一步弘扬。

（3）观念能力目标

高校思想政治教育应进一步解放大学生的思想，摆脱旧观念的束缚，帮助他们树立适应社会主义市场经济发展的竞争、自主、平等、创新、开拓的新观念，培养大学生的观察能力、分析能力、辨别能力、创新能力等；还应注意大学生的心理健康问题，帮助他们培养应对激烈的竞争环境的心理承受能力和心理调适能力，使其具备良好的心理品质，从而培养他们自尊、自爱、自律、自强的优良品质；还应注重受教育者善恶观念的培养和审美能力的提高，帮助大学生树立正确、健康的审美观，提高他们辨别美丑、创造美的能力。

（三）明确高校思想政治教育目标的意义

1. 方向性意义

目标，就是方向。高校思想政治教育的目标，就是培养大学生在思想、政治、道德素质上应该达到的规格，就是培养具有什么样的政治思想和道德素质的人。高校思想政治教育的目标是高校思想政治教育者和受教育者都应努力的方向。对教育者而言，是实际工作的指标；对受教育者而言，是思想素质和道德水平所应达到的程度。如果高校思想政治教育工作脱离目标，不仅会造成大量人力、物力、财力的浪费，而且会导致工作完全朝着背离我们所规划的方向发展，甚至从反面阻碍发展，阻碍受教育者思想品德的提高，阻碍全社会良好风气的形成。

2. 推动性意义

明确高校思想政治教育目标能够推动高校思想政治教育活动的展开。高校思想政治教育的目标是高校思想政治教育活动开展的预期结果，让教育主体和客体都看

到了教育的结果及其价值所在，从而产生为实现这一结果的强大动力。在社会实践活动中，人们总是为一定的目标而努力。目标也因此发挥着激励人们积极开展实践活动的作用。高校思想政治教育目标对于教育者和受教育者都具有激励作用。对于教育者而言，目标达成表明其工作有效，因而会得到社会的肯定和褒奖，从而激励教育者继续努力。对于受教育者而言，目标达成意味着其思想素质和道德水平达到社会的要求，使其成为社会需要的人，得到社会的认同和接纳，从而激发自己更主动地接受高校思想政治教育。因此，在高校思想政治教育活动中，科学、具体和可行的目标可以提高教育者和受教育者双方的积极性，增强他们积极参加高校思想政治教育的主动性。

3. 检验性意义

效果检验是高校思想政治教育的重要环节。要保证检验的客观性，就必须依赖一个统一的客观标准，这个标准就是高校思想政治教育目标。因为，高校思想政治教育目标包含对教育者、受教育者、教育内容等方面的具体要求和规定，反映了党和政府对高校思想政治教育的总体要求。所以，依据高校思想政治教育目标对教育者进行评价则更具客观性和公正性。

4. 应变性意义

以目标为导向，紧紧围绕目标的时代要求，根据目标来改进内容、形式、方法，就可以实现现阶段高校思想政治教育工作对时代形势的高度应变性，抓住机遇，创造良好的精神条件和思想文化氛围，真正承担起保证社会主义建设事业顺利进行的重任。

5. 有效性意义

高校思想政治教育工作实现的程度可以检验其工作是否有效。通过检查思想政治教育工作的结果是否与预期的目标方向相一致，高校可以判断工作是有效的还是无效的。如果工作的结果偏离了预期目标的方向，甚至与目标背道而驰，那么目标需要解决受教育者的思想问题；若经过开展教育工作以后受教育者反而更加消沉了，甚至失去了信心，那么这样的教育工作是无效的，甚至是负效的，没有起到任何作用，反而耗费了时间和精力，或者引起了受教育者的反感，产生了副作用、反作用，目标需要高校增强受教育者的积极性和创造性。所以，高校进行思想政治教育工作，增强工作的有效性，首先就要彻底去除以上无效的工作方式。

## 二、高校思想政治教育的任务

高校思想政治教育要落实立德树人的根本任务，就要用好思想政治理论课教学这个主渠道。高校思想政治理论课是有目的、有计划、系统地对大学生进行思想政治教育。各高校不仅专门设置了由"马克思主义基本原理概论""毛泽东思想和中国特色社会主义理论体系概论""中国近现代史纲要""思想道德修养与法律基础""形势与政策"五门课程构成的思想政治理论课，而且设立了马克思主义理论学科加以研究和建设。通过思想政治理论课对大学生进行马克思主义基本原理和思想政治教育，帮助大学生确立正确的政治方向，树立无产阶级世界观、人生观、价值观，从而提高他们的思想政治觉悟、辨别是非的能力和独立思考的能力。

高校思想政治教育要落实立德树人的根本任务，必须坚持中国共产党的领导。高校党委要确保高校正确的办学方向，掌握高校思想政治教育工作主导权，保证高校始终成为培养社会主义事业建设者和接班人的坚强阵地。高校党委应加强党员队伍教育管理，组织党员深入开展"两学一做"学习教育，认真做好在高校优秀青年教师、优秀学生中发展党员的工作，使每个师生党员都做到在党爱党、在党言党、在党为党。

积极培育和践行社会主义核心价值观，是高校思想政治教育立德树人根本任务的应有之义和必然要求。引导大学生积极培育和践行社会主义核心价值观，正是立德树人的关键：①要把社会主义核心价值观的内容和要求体现到教育教学、社会实践、文化育人等各环节。落细落实，求实效，教育引导学生从细处着眼，从点滴做起。加强对高校教材和课堂讲坛等的管理，抵制各种错误思潮和观点的影响，引导大学生明辨理论是非，澄清模糊认识，不断增强"四个自信"。②充分尊重大学生的主体性，充分发挥大学生的主体作用，在深入了解和真正理解大学生的认知特点、个性差异和接受习惯的基础上，把社会主义核心价值观教育与大学生实际生活紧密结合，激发他们自我教育的需要，强化他们自我教育的意识，提高他们自我教育的自觉性。③弘扬我国古代道德教育中重视自我教育和道德修养的优良传统，努力营造民主、轻松、活跃、积极的思想政治教育氛围，为大学生提供自我教育的空间和平台，让他们掌握自我教育的正确方法和途径，使他们在社会生活实践中积极培育和践行社会主义核心价值观，同时逐步培育核心价值观。

要落实立德树人的任务，高校必须坚持"育人为本、德育为先"的教育理念。坚持"育人为本"，就是要求高校把人才培养摆在学校工作的中心位置，实现大学生在教育过程中的主体地位。在人才培养中，道德是才能发挥的基础和前提，一个真正的人才必须具备良好的道德品质和崇高的道德追求。坚持"德育为先"，就是要求高校把德育放在一切教育工作的首位，注重德育的先导性和引领性作用，发挥德育对各种知识学习的促进和激励作用，把握道德对人的知识、才能的主导性作用。因此，高校思想政治教育不仅要培养大学生的科学文化素质，更要大力提高大学生的思想道德素质，把"育人为本"与"德育为先"紧密结合在一起。

高校思想政治教育与立德树人的根本任务要协调发展。高校思想政治教育是一

项复杂的系统工程，需要集合各方面、各层次、各类型教育协调推进，促进各种信息、资源和成果的整合、融通与交汇。高校思想政治教育应加强家庭、学校和社会的衔接、联系与沟通，构建家庭、学校、社会三位一体的完整教育格局，形成学校、家庭、社会紧密配合的教育网络环境，进一步凝聚立德树人的强大生命力。

加强高校思想政治教育，提高大学生综合素质，实现大学生自由全面发展，是以习近平同志为核心的党中央从党和国家事业发展全局的高度，对加强高校意识形态工作的重要战略部署，也是新形势下加强高校思想政治教育的根本要求。要深刻认识加强高校思想政治教育工作的极端重要性和现实紧迫性，坚持党性原则、强化责任担当，全面落实立德树人的根本任务。要办好思想政治理论课，发挥好哲学社会科学的育人功能，加强高校各类阵地的建设管理，加强教师队伍和思想政治教育工作队伍建设。要强化问题导向，弘扬改革创新精神，在破解高校思想政治教育工作短板上取得实质性进展。各级党委要负起把关定向、统筹指导、建强班子的责任，把高校思想政治教育工作纳入党建工作和意识形态工作中，确保高校成为坚持党的领导的坚强阵地。要深刻认识做好高校思想政治教育工作的重大意义、目标任务和基本要求，增强工作责任感和使命感。要牢牢把握社会主义办学方向，坚持以马克思主义为指导，坚持党对高校的领导，增强道路自信、理论自信、制度自信、文化自信，培养中国特色社会主义合格建设者和可靠接班人。

## 第三节　高校思政教育的对象与主体

### 一、高校思政教育的对象

#### （一）思政教育对象的含义

对象是指观察、行动或思考时作为目标的客体。思政教育的对象是指教育活动中，教育者认识、教育、改造的对象。它有广义与狭义的区分。广义的教育对象包括教育者与受教育者，教育者之所以成为教育的对象，是因为教育者必须先受教育，他在教育、改造别人的同时，还要接受别人的教育、改造以及进行自我教育和自我改造。狭义的教育对象就是指受教育者，即在思政教育实践活动中，在思政教育者的指导下接受、实践相应思政教育内容的人，是思政教育者有意识地对其施加影响，以期使其形成相应思想政治品德素质的对象。受教育者有集体教育对象和个人教育对象之分。集体教育对象是相对个人教育对象而言的，它是由许多人结合起来的有组织的整体。思政教育学所说的教育对象是从广义的视角去进行研究的对象，即指一切人。但在具体的思政教育实践中，实践的主体是教育者，教育对象只能是受教育者，也就是说，要重点把受教育者的思想政治品德作为我们认识、改造的对象。

（二）思政教育的主要对象——大学生

思政教育的主要对象是大学生，能否对大学生有一个比较全面的认识，无疑是做好多媒体时代高校思政教育工作的前提和基础。

思政教育者必须"承认个体在成长过程中所表现出来的才能和品德的差异，并且按照这种差异给予区别对待"，努力做到因材施教。在思政教育中，先要对这一特定的教育对象有一个正确的认识，如果对教育对象缺乏科学的认识，就难以把握好教育对象产生思想问题的原因，也就难以做好高校思政教育工作。[①] 首先，大学生是具有自然属性和社会属性的人，他们有各种需要。一般而言，人的需要大致可分为五个不同层次，即生理的需要、安全的需要、归属与爱的需要、尊重的需要和自我实现的需要。前两种需要主要是生理需要，属于低层次的需要，后三种需要是社会性的需要，属于高层次的需要。人要尊重这一高层次的需要，相应地，多媒体时代高校思政教育就应该充分尊重大学生的权利，平等对待每一位大学生。教育者不能以"教育者"自居，必须开诚布公，充分尊重受教育者的人格。如果教育者居高临下，不把受教育者看成与自己完全平等的一员，而是以权力压人，以大道理训人，以尖刻的语言伤人，其结果不但不能收到入耳、入脑、入心，解决思想问题之实效，反而会增加对立情绪，使矛盾激化。要把尊重人、理解人、关心人、帮助人，作为多媒体时代高校思政教育必须遵循的一个基本指导原则。只有平等地对待学生，了解每个学生的具体处境和个性，承认他们的不同性格、爱好和兴趣，以诚相待、以理服人、以情感人，多媒体时代高校思政教育才能真正收到实效。其次，大学生是一群独特的人，要尊重他们，对其进行正确引导而不是压制他们。再次，大学生是一群亟待发展的人。每个大学生都是可造就的，多媒体时代高校思政教育者应充分认识大学生身上的潜能和不足，帮助他们解决成长道路上所遇到的实际问题，促进其进步和发展。最后，大学生是多媒体时代高校思政教育的主体，教育者应树立学生是教育主体的观点，相信学生内在的主体能力，改变教育教学方法；要准确把握大学生主体能力的表现形式，为学生构建广阔的活动空间；要努力完善学生的主体结构，进一步探索学生主体活动的规律。

总之，高校思政教育工作者必须树立科学的理念，即尊重学生、理解学生、关心学生、帮助学生的科学教育理念，多媒体时代高校思政教育的一切都是为了学生，

---

[①] 寇进. 全媒体环境下高校思政教育创新研究 [M]. 延吉：延边大学出版社，2022.

为了教育学生、为了服务学生、为了学生的健康成长，这里所说的学生是一切学生。

### (三) 高校思政教育内容

#### 1. 思政教育

(1) 党的基本路线教育

我党在社会主义初级阶段的基本路线是，领导和团结全国各族人民，以经济建设为中心，坚持四项基本原则，坚持改革开放，自力更生，艰苦创业，为把我国建设成为富强、民主、文明、和谐、美丽的社会主义现代化强国而奋斗。高校要紧紧把握这一思政教育的核心内容，在把握本质的基础上，结合多媒体的特点，参考大学生的个性心理特征不断丰富其内涵。

(2) 形势政策教育

形势是指国内、国际的时事发展趋势；政策是国家政权机关、政党组织和其他社会政治集团为了实现自己所代表的阶级、阶层的利益与意志，以权威形式标准化地规定在一定的历史时期内，应该达到的奋斗目标、遵循的行动原则、完成的明确任务、实行的工作方式、采取的一般步骤和具体措施。形势政策教育是政治教育的一项经常性的教育内容，其内容涉及社会生活的方方面面。形势政策教育开展的形式包括课堂教学、学术沙龙等。

(3) 爱国主义教育

爱国主义教育是指使学生树立爱国思想并为祖国献身的思想教育。爱国主义教育是思政教育的重要内容，爱国主义是一面具有巨大号召力的旗帜，是中华民族的优良传统。爱国主义是人民在深刻理解祖国所代表的各种价值对人类进步所具有的意义的基础上产生的强烈而执着的爱国之情和神圣信念，高校爱国主义教育的内涵在本质不动摇的基础上，还应该继续丰富和发扬。

#### 2. 思想教育

(1) 世界观教育

世界观是人们对整个世界的总体看法和根本观点，它是人们对世界本质、人与周围世界的关系、人在世界中的地位和生存价值等一系列基本观点的总和，是人们在实践中对世界本质问题探索的思想结晶，马克思主义世界观是思政教育的核心内容。马克思主义世界观教育主要包括辩证唯物主义教育、马克思主义认识论教育和历史唯物主义教育。

(2) 人生观教育

理想是与奋斗目标相联系的有实现可能的信念和追求。人生理想具有层次性，一般可以分为阶段性理想和最高理想。理想教育有利于防止商品交换原则侵入人与人之间的关系和党的政治生活之中，有利于抵制和克服以利己主义为核心的资产阶级腐朽人生观的侵蚀与影响，能够帮助人们在复杂的社会环境中始终保持正确的人生方向。

**3. 思想道德教育**

道德教育就是对大学生在活动过程中的道德观念、道德行为、道德评价进行正确的引导和规范。道德教育是根据社会发展的要求以及道德教育对象的实际而确定的，它不仅反映道德教育的性质，而且是实现道德教育目标与任务的重要保证。在多媒体背景下，随着网络技术的发展，人的个体能力和人们在一起的群体感受将超越国家和地区等地理性因素的限制而达到全新的水平。因此，在多媒体环境下，道德教育的内容必然反映网络社会的特殊要求。

**4. 素质教育**

素质教育是以全面提高大学生的基本素质为目的，尊重大学生的主体性和主动精神，着重开发大学生的审美、智慧和创新潜能为内容的教育。这些内容相互衔接、共同构成了多媒体环境下高校思政教育的概念体系。

素质教育是一种以提高受教育者诸方面素质为目标的教育模式，它重视人的思想道德素质、能力培养、个性发展、身体健康和心理健康教育。素质教育是育人中的基本教育，是培养人全面发展过程中的重要环节。素质教育具有基础性、全面性、发展性和全体性的特点。

## 二、高校思政教育的主体

### （一）思政教育主体的含义

要界定思政教育主体的含义，就要先揭示主体的内涵。从人的对象活动中去考察人与对象世界的关系，就出现了主体与客体这两个哲学范畴。何谓主体，不同哲学派别的哲学家对其作出了不同的理解。马克思主义认为，主体是生活在一定的社会关系中，从事社会实践活动的、能动的、现实的人。概括地说，主体是指有目的、有意识地从事实践活动和认识活动的人。

主体是人，但主体和人不是等同的。不是任何人都可以成为主体，只有具备了一定实践技能、经验和科学文化知识并实际从事实践和认识活动的人才是真正的主体。主体作为一种存在物，与客体的不同之处在于其具有自主性、主观性、自为性、社会性等特征。这些特征规定了主体之所以为主体的本质。主体是一个实体范畴，是一种物质性的存在物，是自然与社会、物质与精神、感性与理性、受动与能动的统一体。

（二）实施主体性教育

主体性教育是培养和发展受教育者主体性的教育形式。提倡主体性教育，就是要让学生在社会所要求的思想观念、道德意识、行为规范等方面，由被动接受教育的客体转变为主动接受、积极吸收和认真实践的主体，把学校的要求转化为他们内在的需要，使他们成为学习和发展的自觉主人。

思政教育把实施主体性教育作为改革的重要目标是适应时代发展，切实增强多媒体时代高校思政教育的实效性，实现高等教育培养"合格的社会主义建设者和接班人"这一根本任务的迫切需要。

第一，主体性教育是提高多媒体时代高校思政教育实效性的关键。

第二，主体性教育是加强素质教育和创新精神培养的迫切需要。

第三，主体性教育是促使学生个性充分发挥和实现自身价值的需要。

要实施主体性教育，思政教育工作者就要调整教育目标，对教育内容、教育方法、教育手段等进行改进，使学生的主体性得到充分发挥。

# 第四节　高校思政教育的原则与理念

## 一、高校思想政治课教育教学的主要原则

思想政治课教育教学原则来源于思想政治教育的实践，贯穿思想政治教育全过程，原则不是条条框框的规定，不是教条和命令，而是具有指导意义的要求。"互联网＋"视域下的思想政治课教育教学只有在实践中坚持思想政治课教育教学原则，才能不断提高教育的针对性和实效性。

（一）疏导性原则

在"互联网＋"思想政治课教育教学工作中，需要遵守的一条重要原则——疏导性原则，这一原则体现了思想政治课教育教学"合目的性"和"合规律性"的统一。

在大学生思想政治课教育教学中，一个突出的特点就是带有明显的目的性，这种目的性是人主观意识的客观反映，既能体现出当前阶段社会发展的要求，又能体现出国家和人民的需求。"互联网＋"视域下的思想政治课教育教学工作还体现出目标指向性和价值取向性，要使思想政治教育在多元的网络文化环境中始终占据主导地位，代表正确价值观的形象，通过正确的网络手段或是渠道对社会舆论进行引导，

维护人民的利益，同时还要批判网络上那些庸俗、偏激的思想和观点。与传统的教育环境相比，互联网是一个新开辟出的教育环境，因此将其作为思想政治课教育教学的新阵地，必定还要去面对和解决很多问题和难点。例如，如何引导和把握网络文化就是思想政治课教育教学当前面临的一个重要问题。互联网技术的发展和网民人数的急剧增加共同推动了网络文化的产生，人们可以相对自由地以匿名状态发表自己的观点，具有虚拟性、参与性等特征，这种状态的发展催生了一套独属于网络空间的话语体系。在这一网络话语体系下，怎样构建思想政治课教育教学的话语体系，怎样让大学生尽快适应网络环境中的表达方式，怎样实现教育者和受教育者之间的有效沟通，都是"互联网＋"思想政治课教育教学工作所要面对和解决的问题。

（二）前瞻性原则

前瞻性原则便与这一要求不谋而合，"互联网＋"思想政治课教育教学的前瞻性要求教育者根据现实状况和发展的可能性对未来的发展做出大胆、合理的判断，放飞思想，立足于现实又要超越现实。在当前社会条件下，具有前瞻性的思想显得尤为重要。互联网的发展为我们构造了一个开放性的空间，它不是为了满足某一种需求而设计的，而是一种总的基础结构，可以包容任何新的需求。正是这种开放性和无限性使得网络技术充满了诱惑，使得无数人投身互联网技术的探索之中并乐此不疲，从而不断创造出新的网络技术。在运用网络技术时需要信息、信息媒介、客户群参与其中，从而组成一个微观信息系统，这个系统从思想政治课教育教学的角度来说实际上就是一个新的场域，为思想政治教育打开另一扇窗户。

前瞻性原则主要在"互联网＋"思想政治课教育教学的工作策略和方法上得以体现。随着社会的发展，网络技术也呈现出不同的特征，运用互联网进行大学生思想政治课教育教学，就必须准确掌握这些特点，然后有针对性地对大学生的网络意识和行为进行正确的引导，为他们的健康成长保驾护航。

（三）实践性原则

大学生思想政治课教育教学所具有的一项本质特征是实践性，这在新开辟的思想政治教育平台——互联网上体现得尤为突出。我国在接入互联网之后，互联网技术获得了突飞猛进的发展，大量新的互联网设备出现，无论是对人们的工作还是生活都产生了深刻的影响，对推动我国社会的发展起到了巨大的作用。在我国发展的不同阶段，网络的发展也遇到了多种多样不同的问题，这就使得我国在网络时代前进的过程中，必须始终进行网络理论和实践方面的工作，不断解决出现的新问题。在其中接受教育的通常都是青年大学生，他们乐于接受新鲜事物，也更加容易接受

新鲜事物，因此对网络的使用较为普遍，网络对大学生的影响也表现得最为深刻。当今社会，各种环境都处在动态变化之中，网络环境也不例外。要想切实提高思想政治课教育教学的效果就必须立足于当前网络发展的实践状况，以发展性的眼光进行思想政治课教育教学体系的反思和重建，更新思想政治课教育教学的内容和方式，以此创新思想政治教育，不断解决大学生成长中出现的新问题。

（四）求实原则

求实原则体现了一种踏实工作的科学态度。百年大计，教育为本，作为意识形态领域的思想政治教育更是根本中的根本。广大思想政治课教育教学工作者必须踏踏实实、认认真真、全力以赴地投入教学事业，这样才能够取得良好的教学效果。针对性是思想政治课教育教学一个十分重要的特点，要做好这一点，就必须坚持实事求是的原则。在具体的思想政治课教育教学过程中，教育者必须认真观察、总结、反思，从社会现实和受教育者的实际情况着手，运用马克思主义的理论知识认识问题和解决问题，并不断进行思考，把握问题的规律，帮助自己更好地开展育人工作。简而言之，求实原则就是遵循"理论联系实际，从实际出发，实事求是"的思想路线。

（五）身教与言教相结合，身教重于言教原则

1. 身教与言教相结合，身教重于言教原则的依据

身教与言教相结合，身教重于言教，这是党的思想政治教育工作的优良传统，也是思想政治课教育教学工作的重要原则之一。

（1）由思想政治课教育教学工作的特点决定

做思想政治课教育教学工作，一是靠说，二是靠做，也就是言教和身教。所谓言教，是指教育者通过说话、演讲、文章等宣传教育手段，做说服教育工作，对受教育者施加影响。所谓身教，就是教育者通过自身的行为、举止和实际行动，为受教育者做出表率，对受教育者发挥教育作用。对于受教育者来说，教育者的丰富学识、幽默语言、雄辩口才、机智言谈等言教固然重要，但是，如果这些言教与教育者的实际行为不相吻合，甚至相反，那么，教育者的言教就会成为夸夸其谈，被人讥笑。基于此，教育者要将言教和身教紧密结合，缺一不可，时刻规范自己的言行，方方面面都应起到表率作用，在一言一行中对受教育者产生有益影响。教育者在从事教学工作时务必做到言传身教，身教重于言教。

（2）由党的思想政治教育工作的优良传统决定

身教与言教相结合，身教重于言教历来是党的思想政治教育工作的优良传统。

无论是革命战争年代还是和平建设时期，无数共产党人冲锋在前，吃苦在前，对人民起到了巨大的教育作用。在学校，广大教师教书育人，为人师表，"照亮别人、燃烧自己"的政治态度、治学风格、思想品德、言行作风，对大学生起着潜移默化的教育影响作用。许多思想政治教育工作者都能够做到严格要求自己，教育别人做到的自己首先做到，教育别人不做的，自己首先不做，很好地起到了率先垂范、榜样示范作用。思想政治教育重视坚持身教与言教相结合，身教重于言教的原则，不仅是开展思想政治教育工作的重要条件，更是对几十年来思想政治教育工作优秀经验的继承和发扬。

（3）思想政治课教育教学工作自身的要求

思想政治课教育教学不是一件普通的差事，而是群众性、民主性、实践性很强的工作。"打铁先得自身硬""喊破嗓子不如做出样子"，思想政治教育工作的威信，主要根源于思想政治课教育教学工作者的以身作则，率先垂范，这样才能有力地影响和教育大学生，并促使他们进行自我教育、自我提高，相互教育、共同提高。无数事实证明，身教虽是无声的却是很有效的思想政治教育工作。身教与言教相结合，身教重于言教，既是思想政治教育工作具有战斗力、吸引力和说服力的保证，又是思想政治课教育教学工作者应当具备的基本品质。

2. 贯彻身教与言教相结合，身教重于言教原则的要求

贯彻身教与言教相结合，身教重于言教的原则，思想政治课教育教学工作者就要身体力行，做到学为人师，行为世范，时刻谨记自己的教师身份，端正自己的言行，以自己的模范行为为大学生做出榜样。因此，思想政治课教育教学工作者必须有扎实的知识功底、良好的品德修养、突出的工作能力。

## 二、高校思想政治课教育教学的重要理念

教学理念是人们对教学和学习活动内在规律认识的集中体现，同时也是人们对教学活动的看法和持有的基本态度和观念，是人们从事教学活动的信念。教学理念有理论层面、操作层面和学科层面之分。明确表达的教学理念对教学活动有着极其重要的指导意义。因此，树立正确的、与时俱进的思想政治课教育教学理念对思想政治课教育教学的成效有着巨大的推动作用。在当前的互联网时代，思想政治课教育教学要与时俱进，树立现代化教学理念。

（一）开放创新理念

大学阶段是大学生步入社会的重要准备阶段和过渡阶段，在现代社会历史条件背景下，大学不再像以往一样是一个比较封闭的个体，而是到处都体现着时代发展

气息的向往自由的象牙塔，迈进大学校园，到处充满朝气、充满活力。大学成为面向社会、面向人生、面向世界、面向未来的新型园地。有容乃大，大学之"大"，正在于此，它容纳了各种学术文化思想，思想的火花在这里碰撞，智慧的光芒在这里散发，正因如此，大学给予人们一种开阔的视野、开放的思维和充分、自由、全面、和谐发展的空间。因而，思想政治课教育教学也应该强调开放性、发散性、立体性、自由性和创造性，注重以开放的视野、发散的视角、立体的维度、自由的模式和创造性的气魄来培养人、造就人，树立开放创新的理念，坚持与人的开放式的思想活动同步、坚持同社会的开放性发展合拍，从而使大学生思想政治课教育教学更好地贴近实际、贴近生活，面向世界、面向未来，更好地为社会主义建设事业贡献自己的力量。

### (二) 全面发展理念

人的全面发展问题，是一切工作的中心问题，如果这个问题解决得好，那么将对社会经济的发展起到很大的积极作用，如果这个问题解决得不好，那么这对我国社会经济的发展也会产生很大的阻碍作用。[①] 大学生思想政治课教育教学承载着培养社会主义合格建设者和可靠接班人的历史重任，是造福千家万户的民心工程，必须以人的全面发展作为其基本理念。

所谓实现大学生的全面发展，实际上就是要提高大学生的综合素质。具体来说主要包括思想道德素质、科学文化素质和身心健康素质等，这三个方面互相协调，共同推动了大学生的全面发展。其中，在大学生教育培养过程中，思想道德素质是大学生素质教育的灵魂，在素质教育中处于最基础的地位；科学文化素质是大学生成才的基石，在素质教育中处于关键性的位置；身心健康素质是成就人才的根基，大学生的思想道德素质和科学文化素质都是在此基础上培养起来的。由此我们可以说，实现大学生的全面发展，就是要实现大学生在思想道德素质、科学文化素质和身心健康素质三方面的协调、可持续发展。

### (三) 以学生为中心理念

思想政治课教育教学是教育学生、说服学生、塑造学生的工作。关注学生的自身发展、解读人存在的意义、帮助其建构精神家园，进而促进学生全面自由地发展是思想政治课教育教学的重要任务，为此，思想政治课教育教学的价值和归宿就是以学生为中心。思想政治课教育教学也只有坚持"以学生为中心"的核心教学理念，

---

① 潘子松. 创新创业教育与高校思政教育的融合研究 [M]. 北京：北京工业大学出版社，2020.

才能产生影响力和亲和力，也才能提升教学效果。

"以学生为中心"的教育理念不是指教师围着学生转，也不是指教师与学生角色、身份、地位的高低，而是指教学理念、管理理念、服务理念的转变，教学方法、评价手段的转变。教育的目的不在"教"而在"学"，即"教"只是手段不是目的，学生学习了就有教育，没有学习就没有教育。因此，最根本的是要从以"教"为中心，向以"学"为中心转变，即从"教师将知识传授给学生"向"让学生自己去发现和创造知识"转变，真正关注学生的学习、他们如何学以及学到了什么。

综上所述，"以学生为中心"实际上是要实现本科教育从"教"到"学"、从"传统"到"学习"这一新范式的转变。在"以学生为中心"的教育理念下，学习环境和学习活动是以学习者为中心，并由学习者自己掌控，大学的目标是为学生自主发现和构建学问创造环境，使学生成为能够发现和解决问题的学者。教师是学习的组织者和指导者，要从整体的角度设计学习，学生是学习过程的主体，是知识的探索者和建构者，通过教师的引导，充分发挥和调动学生的学习积极性和主动性。

# 第二章　高校思政教育的要点分析

## 第一节　"中国梦"与高校思政教育

### 一、中国梦

中国梦，是中国共产党第十八次全国代表大会召开以来，习近平总书记所提出的重要指导思想和重要执政理念，正式提出于 2012 年 11 月 29 日。习近平总书记把"中国梦"定义为"实现中华民族伟大复兴，就是中华民族近代以来最伟大梦想"，并且表示这个梦"一定能实现"。"中国梦"的核心目标也可以概括为"两个一百年"的目标，也就是：到 2021 年中国共产党成立 100 周年和 2049 年中华人民共和国成立 100 周年时，逐步并最终顺利实现中华民族的伟大复兴，具体表现是国家富强、民族振兴、人民幸福，实现途径是走中国特色的社会主义道路、坚持中国特色社会主义理论体系、弘扬民族精神、凝聚中国力量，实施手段是政治、经济、文化、社会、生态文明五位一体建设。

2017 年 10 月 18 日，习近平同志在十九大报告中指出，实现中华民族伟大复兴是近代以来中华民族最伟大的梦想。中国共产党一经成立，就把实现共产主义作为党的最高理想和最终目标，义无反顾肩负起实现中华民族伟大复兴的历史使命，团结带领人民进行了艰苦卓绝的斗争，谱写了气吞山河的壮丽史诗。习近平指出，实现伟大梦想，必须进行伟大斗争；必须建设伟大工程；必须推进伟大事业。

### 二、形成同心共圆中国梦的强大合力

中国人民是具有伟大团结精神的人民。在百年奋斗历程中，中国共产党始终坚持大团结大联合，团结一切可以团结的力量，调动一切可以调动的积极因素，最大限度凝聚起共同奋斗的力量，带领中国人民在中华民族发展史和人类社会进步史上写下了壮丽篇章。百年来，党和人民取得的一切成就都是团结奋斗的结果，团结奋斗是中国共产党和中国人民最显著的精神标识。特别是进入新时代，党和国家面临的形势之复杂、斗争之严峻、改革发展稳定任务之艰巨世所罕见、史所罕见。十年来，我们经受住来自政治、经济、意识形态、自然界等方面的风险挑战考验，党和国家事业实现一系列突破性进展，取得一系列标志性成果。新时代十年的伟大变革，

是在以习近平同志为核心的党中央坚强领导下、在习近平新时代中国特色社会主义思想指引下全党全国各族人民团结奋斗取得的。十年来，党中央权威和集中统一领导得到有力保证，党总揽全局、协调各方的领导核心作用得到进一步发挥，全党思想上更加统一、政治上更加团结、行动上更加一致，党的政治领导力、思想引领力、群众组织力、社会号召力显著增强，党始终成为风雨来袭时全体人民最可靠的主心骨，为沉着应对各种重大风险挑战提供了根本政治保证。在中国共产党的坚强领导下，中国人民更加自信、自立、自强，积极性、主动性、创造性进一步激发，志气、骨气、底气空前增强，党心军心民心昂扬振奋，我国发展具备了更为坚实的物质基础、更为完善的制度保证，实现中华民族伟大复兴进入了不可逆转的历史进程。新时代党和人民的奋进历程让我们更加深刻地认识到：团结奋斗是中国人民在党的领导下创造历史伟业的必由之路。

围绕明确奋斗目标形成的团结是最牢固的团结，依靠紧密团结进行的奋斗是最有力的奋斗。党的二十大就新时代新征程党和国家事业发展制定了大政方针和战略部署，确定了到2035年我国发展的总体目标和未来5年的主要目标任务，擘画了以中国式现代化全面推进中华民族伟大复兴的宏伟蓝图。在新征程上向着新的奋斗目标出发，准备经受风高浪急甚至惊涛骇浪的重大考验，坚定不移把党的二十大提出的目标任务落到实处，我们要更加深刻地认识到：党的团结统一是党和人民前途和命运所系，是全国各族人民根本利益所在，任何时候任何情况下都不能含糊、不能动摇；全党全国各族人民只有在党的旗帜下团结成"一块坚硬的钢铁"，万众一心、众志成城，才能汇聚起实现民族复兴的磅礴伟力。我们要深刻领悟"两个确立"的决定性意义，更加自觉地维护习近平总书记党中央的核心、全党的核心地位，更加自觉地维护以习近平同志为核心的党中央权威和集中统一领导，全面贯彻习近平新时代中国特色社会主义思想，坚定不移在思想上政治上行动上同以习近平同志为核心的党中央保持高度一致，确保我国社会主义现代化建设正确方向，确保全党全国拥有团结奋斗的强大政治凝聚力、发展自信心，集聚起守正创新、共克时艰的强大力量。

### 三、"中国梦"融入大学生思想政治教育的原则

将"中国梦"融入大学生思想政治教育，引导大学生为实现"中国梦"而奋斗。首先要充分认识"中国梦"融入大学生思想政治教育的必要性，然后在实施过程中要把握好"中国梦"融入大学生思想政治教育的原则。"中国梦"融入大学生思想政治教育，要坚持"三贴近"原则，要把握"三进"方针，要注重与社会主义核心价值

观教育相结合。①

（一）坚持"三贴近"原则

大学生思想政治教育要"贴近实际、贴近生活、贴近学生，努力提高思想政治教育的针对性、实效性和吸引力、感染力""坚持政治理论教育与社会实践相结合""既重视课堂教育，又注重引导大学生深入社会、了解社会、服务社会"。高校思想政治理论课中要"把理论武装与实践育人结合起来，切实改革教学内容，改进教学方法，改善教学手段"。同样，"中国梦"融入大学生思想政治教育也要坚持"贴近实际、贴近生活、贴近学生"的原则。

贴近实际，即"中国梦"融入大学生思想政治教育要做到从大学生的实际出发，以大学生为主体。"'中国梦'归根结底是人民的梦。实现幸福梦，必须紧紧依靠人民群众，并不断为人民造福。'中国梦'不能脱离人民的梦想，一定要尊重人民群众的主体需要，最优化人民群众的利益和需求。在大学生思想政治教育之中，有机地融入'中国梦'教育，必须坚持以人为本的基本原则。坚持以人为本是我们党的鲜明政治立场，是党的群众工作的重要方针，同样也适用于对待大学生的思想政治教育。在这里，以人为本就是以大学生为本。"而且，大学生的学术科研能力强，可以依靠自身优势为社会做贡献，用"中国梦"引导大学生，让大学生自觉地投身于实现"中国梦"的实践中，依靠其所具备的丰富知识和优秀才能服务于社会，为社会作出应有的贡献。在"中国梦"的实践过程中，可以提高大学生的认知能力、增强大学生的时代使命感，培养大学生的自强精神。这样才能使大学生的思想政治教育水平得到极大的提高，让大学生为实现中华民族伟大复兴、实现国家富强、人民幸福的伟大"中国梦"做出贡献。

贴近生活，即"中国梦"融入大学生思想政治教育要做到内容生活化。大学生思想政治教育，尤其是在大学生思想政治理论课课堂教学中，也要使教学内容生活化。在教学过程中理论联系实际，才能使大学生深刻理解和感悟教学内容，才能让大学生觉得教学内容与实际相符而更容易吸收，最终实现"教学做合一"的目标，达到教学效果，使其"内化于心，外践于行"。例如，进行理想信念教育时，最终就是要达到"在人生中能始终坚持理想、坚持信念"的目的；进行爱国主义教育时，最终就是要达到"在人生中能始终保持对祖国的热爱和忠诚"的目的。

贴近学生，即"中国梦"融入大学生思想政治教育要做到尊重大学生的特征和主体性，让"中国梦"深入大学生的内心，让大学生成为主动为实现"中国梦"而努

---

① 孙明华. 激荡中国梦的伟大实践 [M]. 天津：天津社会科学院出版社，2020.

力奋斗的群体。首先，我们要根据大学生处于不同时期所具有的不同心理特征，加以分析和了解，对其进行教育，才能真正把"中国梦"融入大学生思想政治教育这项工作做好。大学生从入学到毕业的这段时间，在不同的时期具有不同的心理特征和心理渴望。在这期间，我们要根据其实际情况和需要，对大学生进行相应的教育和理念指导。"大学生从入学到毕业所经历的过程大致可分为初期阶段、中期阶段和后期阶段。初期阶段，即大学生入学适应阶段，自豪感、新鲜感、轻松感等是他们的心理特点，应侧重进行角色转变教育、理想教育、成才意识教育、遵纪守法教育等。中期阶段，即打基础和发展提高阶段，适应感、优越感和随意感等是他们的心理特征，应该着重进行马克思主义基本理论和世界观、人生观、价值观教育。后期阶段，即毕业阶段，紧迫感、犹豫感、忧虑感是他们的心理特征，应注重理想目标教育、就业指导等。"① 其次，要尊重大学生的主体地位，高校所有工作的出发点和落脚点都应当是为学生的成长成才服务。我们要以尊重大学生主体地位、培养大学生主体意识为前提，以发展大学生主体能力、塑造大学生主体人格为目标，培育当代大学生的核心价值观，引导大学生在日常生活的细节中感知意义、体验崇高、增进认同。必须走进大学生的生活世界，把"中国梦"具体化为大学生的具体的梦想，具体化到大学生实际的梦想。

（二）把握"三进"方针

思想政治教育是教育者根据社会需要，有组织、有计划地对教育对象进行教育的过程，也是教育对象在感觉自身认知水平不够时主动要求进行一定程度的教育、自我教育的过程。"中国梦"融入大学生思想政治教育，就是在对大学生进行思想政治教育时，通过"中国梦"教育，让大学生理解和认同"中国梦"。那么，怎样才能让实现中华民族伟大复兴的"中国梦"深入大学生的内心，并让大学生为实现"中国梦"而奋斗呢？这就要求我们要让"中国梦"教育"进教材、进课堂、进头脑"。

"中国梦"教育进教材就是在对大学生进行思想政治教育时，要将"中国梦"的内涵、意义等内容融入大学生思想政治教育的教学内容中。在经济全球化、知识经济化、市场一体化、信息高速网络化等多元的社会历史背景下，我国进入社会转型期，面临这一挑战，大学生思想政治教育在高校也存在着一定的压力。比如，高校在管理理念上存在相对滞后的现象，当今，大学生的被动接受变得比较勤奋自立了，完全依附变得较有个性张扬了。因此，新形势下，做好高校大学生的思想政治教育工作，就要创新思想政治教育理论的内容，使大学生思想政治教育的发展和社会发

---

① 杨叶玲著. 社会思想与大学生教育 [M]. 成都：电子科技大学出版社，2017.118-120.

展相一致。"中国梦"是以一系列科学理论为基础，提出的符合中国国情的新思想。因此，要将中国梦的内涵、意义等内容融入大学生思想政治教育的教学内容中。

"中国梦"教育进课堂就是在对大学生进行思想政治教育时，要将"中国梦"的内涵、意义等内容融入大学生思想政治教育课堂教学中。当今大学生的特点及思想政治教育的发展，决定了对大学生进行思想政治教育必须随着社会的发展而创新，陈旧简单的思想政治教育方法会对大学生的思想政治教育的实效性大打折扣。高校思想政治理论课是大学生思想政治教育的主渠道，是大学生的必修课。自然，思想政治理论课课堂教学也是"中国梦"宣传教育的主渠道，将"中国梦"融入大学生的思想政治理论课课堂教学中，能使大学生更系统地学习"中国梦"的内涵和意义，有利于大学生增强对中国特色社会主义道路的信心，增强大学生的民族自信心和自豪感。使大学生自觉参与到为实现中华民族的富强而奋斗，使大学生为社会和国家的发展作出应有的贡献。

"中国梦"教育进头脑就是在对大学生进行思想政治教育时，要将"中国梦"的内涵、意义等内容融入大学生的头脑中，使其内化于心。"中国梦"是当下提出的一种能够引领中华儿女完成中华民族伟大复兴的理想信念。但是若要使这种理想信念深入人心，成为印在心底深处不可摧折的坚定信念，就有必要进行"中国梦"教育。所以，"中国梦"融入大学生思想政治教育，要坚持"中国梦"教育"进头脑"，使"为实现中国梦而奋斗，以实现民族富强为己任"的观念深入大学生中去，让大学生从内心深处对"中国梦"的理想信念产生认同感。

### 四、丰富当代大学生"中国梦"教育的形式

#### (一)将"中国梦"教育融入思想政治理论课主阵地

思想政治理论课是对当代大学生进行马克思主义中国化、大众化教育的主渠道，承担着对大学生进行马克思主义理论系统教育的艰巨任务。把"中国梦"教育融入大学生思想政治理论课中，推动"中国梦"进教材、进课堂、进头脑，是丰富"中国梦"教育形式，增强大学生"中国梦"教育实效性的必然要求。

首先，进教材：把"中国梦"的内容纳入思想政治理论课教材。在我国，思想政治理论课已成为全国高校的必修课程，主要课程包括：《马克思主义基本原理》(简称"马原")、《毛泽东思想和中国特色社会主义理论体系概论》(简称"概论")、《中国近现代史纲要》(简称"纲要")和《思想道德修养与法律基础》(简称"基础")。"中国梦"的内容与现有的四门必修课程有着内在的契合性。将"中国梦"的内容融入"马原"课教材中，夯实当代大学生理解"中国梦"的指导思想和理论根基；将"中

国梦"的内容纳入"概论"课教材中，阐明中国特色社会主义道路是实现"中国梦"的必由之路；将"中国梦"的内容归入"纲要"课教材中，深化大学生对"中国梦"历史脉络的认知，凝聚中国精神；将"中国梦"的内容注入"基础"课教材中，激发和汇聚大学生践行"中国梦"的青春正能量。

其次，进课堂：在课堂教学中深化"中国梦"教育。将"中国梦"内容纳入四大基本思想政治理论课教材之中，可以体现出国家和理论界对"中国梦"内容的极大认同。但这只是教育工作的第一步，第二步就是将"中国梦"教育融入课堂。"中国梦"教育进课堂，要做到第一课堂与第二课堂双管齐下。一方面，要发挥第一课堂体系渗透作用。"中国梦"教育第一课堂是依据"中国梦"教育教材及教学内容进行的课堂教学活动。教育者要以"中国梦"为切入点，把"中国梦"内容渗透到课堂教学中去。另一方面，要发挥第二课堂的辐射带动作用。"中国梦"教育不仅依靠第一课堂的理论传授，还需结合"中国梦"理论特点和大学生接受的不同层次，创新教育形式发挥第二课堂的促进补充作用。让大学生在第二课堂的探究活动及环境的交互作用中学习、理解、接受、践行"中国梦"。

最后，进头脑：教育主客体把"中国梦"思想植入头脑。将"中国梦"教育纳入思想理论课教材和两大课堂之中，目的是使"中国梦"能扎实进头脑。"中国梦"教育包含教育主体和教育客体两大基本要素，扎实进头脑，一是要进教育主体的头脑，教育主体要时刻关注并学习党的方针、政策和各项精神，深刻把握"中国梦"的内涵和要义，让"中国梦"扎实进头脑；二是，要进教育客体的头脑，教育客体相对主体而言，对知识的掌握具有一定的滞后性、不稳定性，这就需要教育主体在教育过程中，更具耐心，加强引导、反复教育，使"中国梦"尽快植入客体的头脑。

## (二) 搭建宣传平台，拓宽媒介宣传力度

充分发挥传统媒介传递正能量的作用。传统媒介主要包括书籍、报纸、杂志、广播、电视等。传统媒介的宣传优势在于内容相对严谨，宣传更有深度和一定的权威性。长期以来，传统媒介在高校宣传教育工作中一直发挥着主导作用。高校校刊、校报、广播等传统媒介承担着宣传党和国家的方针、政策、政治方向和社会主流价值观的重要使命。这是党和人民赋予高校培养"四有"新人的社会责任，高校要充分利用校园传统媒介传递正能量的巨大优势，做好"中国梦"的正面教育与引导，拨正舆论风向，发出校园好声音，弘扬中国精神。

有效利用新媒介拓宽宣传教育新阵地。新媒介主要包括数字报刊、数字广播、数字电视、移动网络、手机短信等。当前，新媒介的迅速崛起，使得话语权开始向普通大众转移，媒介传播也随之呈现出个性化、对象化、大众化趋势。新媒体具有

覆盖面广、传递迅速、形式新颖、互动性强等特点，这为"中国梦"教育的宣传带来了新的契机。高校要接受并利用新媒介的传播优势，拓展青年大学生喜闻乐见、乐于参与的宣传教育新阵地，如微博、微信、微电影、QQ、论坛等，发挥新媒介的互动、沟通、反馈功能，实现大学生对"中国梦"的认知由浅显到深入、由差异到包容、由分歧到共识的飞跃和转化。

利用新旧媒介进行"中国梦"教育宣传时，还应看到新旧媒介宣传的局限性，努力消除媒介宣传带来的负面影响。传统媒介一方面由于时间和空间上的局限，容易导致传播的滞后性；另一方面，传统媒介属于单向度传播，宣传缺乏有效的互动和沟通，很难反馈出宣传教育的实际效果，从而不利于宣传教育的有效改进。新媒介由于信息源多且庞杂，传播内容欠缺深度和权威性，容易干扰大学生对传播内容的正确判断。因此，要对大学生"中国梦"教育进行快速有效的宣传，高校必须加强对各种传播媒介的管理和指导，努力控制并降低新旧传播媒介的负面影响，充分发挥不同传播媒介的优势互补作用，发挥多种媒介的综合效应，形成全方位宣传"中国梦"教育的态势。

### (三) 发挥组织优势，充实宣传教育活动

一是听，充分发挥高校院系团体的设计、组织、教育功能，开展"中国梦"主题宣讲活动。以院系为桥梁，积极邀请"中国梦"问题的资深专家、学者、党政领导，借助讲堂、学堂、论坛等平台，结合国家、地区和高校实际向当代大学生深入解读"中国梦"的历史缘起和科学内涵，分析"中国梦"与当代大学生的紧密关系，使大学生听得到、听得懂"中国梦"。

二是写，动员各地区高校以征文的形式，组织开展"中国梦"主题征文比赛活动。各地区高校应积极动员大学生以国家梦、民族梦、社会梦或个体梦为主题，采用文字的形式，写出自己对"中国梦"的真实看法。通过邀请相关专家对参赛论文作专业、全面、客观的评析，提高活动的实效性，进而有效提升当代大学生对"中国梦"的认知和理解能力。

三是讲，高校可以结合大学生素质教育基地，有效组织开展"中国梦"主题演讲活动。以大学生为主体，开展如"中国梦，我的梦"等形式的主题演讲活动，激发大学生的逐梦热情，为大学生表达自己的梦想提供广阔的舞台，让大学生敢于有梦、勇于追梦！

四是看，鼓励大学生走出校园，到农村中去，到基层中去，到社会中去。通过看，开阔大学生的眼界，感受时代的潮流，增强"中国梦"的现实感、让大学生亲身体验社会主义现代化建设取得的伟大成就，坚定实现"中国梦"的信念。

五是干，积极动员大学生主动参加学校或其他社会团体组织的走入乡镇、深入西部、踏入一线等社会实践活动。让大学生在基层中深入了解社会现实和基层发展需求，鼓励大学生将实现"中国梦"的宏伟目标自觉转化为个体的实际行动，从实践中进一步深化大学生对"中国梦"的理解和把握。

### 五、建立当代大学生"中国梦"教育的长效机制

高校作为大学生"中国梦"教育的主阵地，不但要成为深入学习和牢固把握"中国梦"的先行者，还要努力使"中国梦"深入大学生内心并转化为刻苦践行的自觉行为和努力拼搏的精神动力。这就要求高校积极探索并建构大学生"中国梦"教育的长效机制。

（一）动力机制

大学生"中国梦"教育的动力机制，是指推动大学生"中国梦"教育稳定向前的动力产生、发展过程中，各构成要素相互联系、相互影响、相互制约的过程和方式。大学生"中国梦"教育只有在具有适度动力时，才能保持长期、稳定、可持续的教育效果。因此，建立当代大学生"中国梦"教育动力机制是长效机制不可缺少的重要组成部分。[①]

建立当代大学生"中国梦"教育的动力机制，主要是解决好以下两个方面的问题：

一是目标确立是否科学、合理。大学生"中国梦"教育的动力机制是为"中国梦"教育目标服务的。目标确立不合理，就失去了保证教育长久有效运行的功能。因此，高校必须将社会发展要求与大学生的不同思想状况结合起来，要深入实际，积极调查研究，准确把握大学生的思想特点；要整体规划，统筹安排，对不同层次的大学生确定不同的目标要求和内容；还要注意创造有利条件和适宜的氛围，满足不同大学生特长、个性的充分发展。

二是对大学生积极性的调动。大学生"中国梦"教育是属人系统，由人组织、引导并为人服务。因此"中国梦"教育运行的动力主要来自人本身，来自"中国梦"教育主体和教育客体自觉性和能动性的充分发挥。在具体的教育实践中，可以对"中国梦"教育主客体分别进行激励，运用激励手段对教育主客体的行为及其动机进行调节，激励教育主客体为国家、民族、社会以及个人的共同利益与目标向着"中国梦"的实现奋斗。

---

① 何海燕.中国梦与大学生理想信念教育 [M].成都：西南交通大学出版社，2020.

## (二) 整合机制

大学生"中国梦"教育整合机制，是指大学生"中国梦"教育主体采取一定的方式和手段对"中国梦"教育力量、教育资源等进行优化配置，形成合力，以实现大学生"中国梦"教育的整体优化，从而最大限度地发挥其整体功能的过程和机理。

建立大学生"中国梦"教育的整合机制，一是要发挥大学生"中国梦"教育主体力量的优势互补。从广义上来看，大学生"中国梦"教育主体是指在"中国梦"教育过程中，履行了担任、设计、组织和实施大学生"中国梦"教育工作的个体和群体，既包括一线教师，也包括各种组织、团体、部门机构等群体施教者，此外，受教育者自身在一定程度上也是自我教育的主体。大学生"中国梦"教育要充分发挥一线教师在教育工作中的核心和骨干力量；要合理利用高校各大组织、团体、部门机构的教育安排、设计、组织和规划力量；还要有效调动和引导大学生个体充分发挥自我教育的力量，从整体上形成大学生"中国梦"教育的合力。

二是要优化社会、学校、网络的整体教育资源。大学生"中国梦"教育一方面受到社会、学校、网络环境的重要影响，另一方面也离不开社会、学校、网络等为大学生"中国梦"教育提供丰富的教育资源。优化社会资源，是推动大学生"中国梦"教育全面开展的重要内容。党委政府以及有关教育部门是社会资源优化的主体。社会资源的优化，要依靠政府行为和社会动员。学校资源对大学生"中国梦"教育有着深远影响，优化学校资源，一靠建设，二靠管理。高校要做到合理建设和有效管理，营造育人氛围，使学校真正成为大学生"中国梦"教育的主阵地。网络资源丰富多彩，高校既要学会开发利用，又要做到控制引导，使网络资源真正成为大学生"中国梦"教育的一支重要力量。另外，高校要将社会、学校、网络资源有效整合起来，齐抓共管，提高教育的实效性。大学生"中国梦"教育合力的形成是一个系统工程，既要有效发挥教育主体的各方力量，又必须合理优化社会、学校、网络资源，统一思想、明确目标，共同努力形成教育合力，圆满完成大学生"中国梦"教育的目标。

## (三) 实践机制

大学生"中国梦"教育的实践机制，是指大学生"中国梦"教育在实践运行过程中，各构成要素相互联系、相互影响、相互制约的过程和方式。良好的实践机制的建立对大学生开展"中国梦"教育实践活动能够起到切实的保障作用。

建立大学生"中国梦"教育的实践机制，一是要建立稳固的实践教育基地。当前的大学生"中国梦"教育实践常常面临无经费、无计划、无组织、无固定场所的困境，这种状态使得社会实践教育大多只是口头宣传，"雷声大、雨点小"，教育效果不理想。实践基地是开展大学生"中国梦"实践活动的重要平台和基础保障。因此，必须建立稳固的实践教育基地作为开展大学生"中国梦"教育实践的组织依托，改变以往实践教育不规范、虚而不实的现象。二是要把握实践运行的目标性或指向性。大学生"中国梦"教育的实践运行必须依据"中国梦"教育原有的目标或指向进行，防止实践教育的随意性。实践活动在开展的过程中，要依据教育目标进行适时引导，确保活动的正确指向，活动结束后，同样要开展对活动效果的调查，分析实践运行中取得的成就和存在的问题，取长补短，为下一次实践教育能够取得良好的效果做铺垫。三是要将实践教育课程化。形式上，当前各大高校已基本将大学生实践教育纳入了教学计划。但与课堂教学相比，大学生实践教育还缺乏必要的教育计划、教育大纲和教育考评体系，教育主体在同等的工作量中却得不到与其他课程同等的工作待遇。这也导致教育主体对实践教育缺乏重视。大学生"中国梦"实践教育是一项特殊的课程，是学校与社会两个课堂的有机结合。要使"中国梦"实践教育保持长期性和有效性，必须将其纳入正规的实践教育课程体系之中，确立实践教育计划、大纲和考评体系，使实践教育课程化。

## 第二节　社会主义核心价值观与高校思政教育

### 一、高校社会主义核心价值观教育的原则与方法

在已有的社会主义核心价值体系基础上概括出来的24字社会主义核心价值观，其形成过程并不是一蹴而就，而是经历了不断发展、完备、圆熟状态，最终达到通俗化、大众化、社会化。正因为对多样化的社会思潮具有强大的引导力和整合力，社会主义核心价值观理应成为凝聚社会共识的主流价值导向，全面融入高校思想政治教育的全过程。而在开展大学生社会主义核心价值观教育的具体实践活动中，要讲究原则和方法艺术，不能让社会主义核心价值观教育表面化、浅显化，要结合大学生的思想特点，深化大学生对社会主义核心价值观的理论认同、价值认同，提高思想政治工作的实效性和针对性。

（一）当代大学生社会主义核心价值观教育的原则

当代大学生群体有其自身独有的特点，决定了应结合他们的思想特点与实际需求进行社会主义核心价值观教育，而社会主义核心价值观教育作为高校思想政治工作的重要内容，要求当代大学生社会主义核心价值观教育遵循思想政治教育的基本

原则。在实践过程中，当代大学生社会主义核心价值观教育应遵循方向性原则、主体性原则、求同存异原则、渗透性原则、"三贴近"原则等。

### 1. 方向性原则

方向性原则是指在社会主义核心价值观教育过程中，其教育活动要坚持社会主义主流意识形态，坚持以马克思主义理论为指导思想，要旗帜鲜明地体现党性，要有明确的目的性。马克思主义理论之所以能成为我国的立党立国之本，是因为马克思主义是一个科学的理论体系，正确反映了人类社会的发展规律，是最广大人民根本利益的体现，有着强大的生命力。

### 2. 主体性原则

主体是相对于客体来说的，人在认识世界和改造世界的活动中，其对象性活动包含着主体与客体这一对关系范畴。在马克思看来，旧唯物主义的缺点在于"对对象、现实、感性，只是从客体的或者直观的形式去理解，而不是把它们当作人的感性活动、当作实践去理解，不是从主体方面去理解"。因此，马克思认为要重视发挥人的主体性和能动创造性在实践中的巨大作用。这一观点落实到思想政治教育活动中，就是既要体现教育者的主导作用，又要满足受教育者发展的需要，发挥教育者的主体能动作用，提高大学生自我教育的能力。

主体性原则还要求在教育过程中，强调大学生主体地位与作用的发挥，充分尊重大学生的主体性，并注意发挥其能动创造性。传统的价值观教育强调单一的灌输，忽视了受教育者发展的需要，把受教育者看作简单的教育对象，这种单向教育模式不利于学生全面发展。当代大学生社会主义核心价值观教育是建立在现代教育基础上的"双向交流、平等对话"，要求根据大学生群体的特点和实际情况制定教育方针和教育目标，以思想政治教育螺旋上升规律为依据对学生进行社会主义核心价值观教育。通过社会主义核心价值观教育，提升大学生的主体意识，使其成为积极主动的自我学习者，增强他们自我教育、自我完善的能力。坚持主体性原则就是要采取灵活多样的方式满足大学生的多种需求，尊重他们的主体性地位，使大学生对社会主义核心价值观真正做到入耳、入脑、入心，深化大学生对社会主义核心价值观的内心认同。

### 3. 求同存异原则

在大学生社会主义核心价值观教育中坚持求同存异原则，主要做到两个方面：一是教育内容上坚持"一元主导"与"多样并存"；二是要注意教育对象的层次性。

任何社会形态的统治阶级都会竭尽全力地维护本阶级的意识形态，正如马克思所说，统治阶级的思想在每一时代都是占统治地位的思想。大学生作为中国特色社会主义事业建设的接班人，必然应当接受我国主流意识形态的教育，接受社会主义核心价值观内容的教育。坚持对大学生的主流价值取向教育并不是要抛弃、否认我国传统优良文化及人类文明的优秀成果对大学生成长成才的积极作用，而是要采取"尊重差异，包容多样"的策略，最大限度地形成思想共识。这就要求在对大学生进行社会主义核心价值观教育时，既要坚持我们的主流价值观教育，又要继承传统价值观的合理部分，吸收人类文明的积极成果；既要不断发展完善我们的主流价值取向，又要"海纳百川"地面向世界。

坚持求同存异原则还要求要注意区分教育对象的层次性，要从受教育者的实际情况出发，根据他们的思想状况特点因材施教，有的放矢地开展社会主义核心价值观教育，以此提高教育的针对性和实效性。传统的价值观教育采取的是"求大同，灭小异"的思想，在实际教育过程中搞"一刀切"，忽视受教育者的个性发展需求，往往实际收效甚微。当代大学生的思想观念、思维方式、价值取向都呈现出多样化的趋势，他们的家庭背景、社会关系、受教育经历、心理素质等有所不同，导致了大学生群体存在着差异性、层次性。因而在对当代大学生进行社会主义核心价值观教育时，要充分考虑大学生的思想特点与个性发展需求，尊重大学生主体的差异，区别对待不同层次的大学生群体，分门别类、有针对性地实施社会主义核心价值观教育，满足不同学生个体的价值取向需求。

坚持求同存异原则，就是要彰显社会主义核心价值观的亲和力与说服力，以开放包容的姿态吸纳一切积极因素，针对不同个体因材施教。这样的价值观教育，既能满足大学生个性发展的要求，也符合我国培养现代化建设事业接班人的需求。

4. 渗透性原则

渗透性原则，是指将教育内容贯穿到社会各项工作及日常生活中，通过间接、隐蔽的教育方式对人们的行为、思想进行引导，使其受到潜移默化的影响。渗透性原则遵循人的思想受"综合影响"与"渐次发展"的规律，并借助一定的环境载体对教育对象施加影响，使其在不知不觉中接受教育。对大学生进行社会主义核心价值观教育，遵循渗透性原则就是要求把社会主义核心价值观的具体内容渗透到大学生的学习、生活和工作的各个层面，动员全校各种力量，形成教育合力，为大学生创造一定的环境氛围，寓教于乐，提高社会主义核心价值观的实效性。高校的思想政治理论课是以一种显性的、直接的方式对大学生进行价值观的引导，这种显性教育有固定的教育内容、教师、学生及教育设施等，教育效果收效较高。但是，随着当代大学生知识水平的不断提高，主体意识开始觉醒，批判思维进一步发展，他们不再满足于满堂灌的教育方式，其需求呈现出复杂性、多层次性等特点。因此，在大学生社会主义核心价值观教育过程中，采用隐性的、间接的方式，将社会主义核心价值观的教育内容渗透到大学生的日常生活中，能够消除大学生的逆反心理，使大

学生自觉接受社会主义核心价值观教育。

渗透式的教育方式具有非强制性、隐蔽性、多样性等特点，这使得教育内容可以借助一定的环境载体，在教育者的有意识暗示与受教育者的无意识接受中实现教育目标。而在大学生社会主义核心价值观教育的具体工作中，首先，要求教育者要有渗透意识，要自觉以社会主义核心价值观规范自己的言语行为，不断丰富自己的知识理论体系，能够因时因地地借助各种载体，融会贯通地对大学生进行社会主义核心价值观教育。教育者要真正做到"其身正，不令而行"，以自身的人格魅力、认识水平等影响大学生的价值观念。其次，借助环境载体，形成教育合力，营造社会主义核心价值观学习氛围。开展大学生社会主义核心价值观教育，要根据大学生的实际特点，塑造良好的舆论环境、文化氛围、人际关系等，为大学生社会主义核心价值观提供全方位、全天候的覆盖空间，以此对大学生的思想观念和行为规范施加潜移默化的影响。

坚持社会主义核心价值观的渗透式教育，不是要否认高校思想政治理论课的显性教育作用，而是要将渗透式教育与其合理结合、形成合力，共同作用于大学生的日常生活，提高大学生对社会主义核心价值观的认同，并转化为他们的自觉行为。

5."三贴近"原则

首先，准确把握大学生的思想特点是有效开展思想政治教育工作的基础，这就要求社会主义核心价值观教育要贴近大学生的思想实际。在多元文化的时代环境下，当代大学生的思想有着显著的时代特征，呈现出共同的特点，如独立意识增强、个性化趋势明显等，但他们也有着强烈的爱国热情和社会责任感。高校应结合大学生思想实际的现实状况，有针对性地进行社会主义核心价值观教育活动，引导大学生理性分析社会问题，引领他们树立积极健康的价值取向。

其次，以大学生的现实需求为前提，开展大学生社会主义核心价值观教育活动。马斯洛的需要层次论认为，人有五种需要，即生存的需要、安全的需要、情感和归属的需要、尊重的需要和自我实现的需要，这五种需要从最低层次到最高层次呈"金字塔"形逐级递升。随着大学生自我意识的增长，他们的现实需求逐渐往较高层次发展，渴望得到社会对自我的尊重与满足，实现自身的价值。因此，对大学生进行社会主义核心价值观教育，可以结合当前大学生现实需求，如考研、就业等与大学生有切身利益关系的实际问题，对这些问题的有效解决能够在很大程度上提高大学生对社会主义核心价值观的认同力与接受力，切实扩大社会主义核心价值观在全社会的影响度。

最后，以贴近大学生的精神需求的归宿，增强大学生社会主义核心价值观教育的理论魅力。教育不仅是知识的传授，更重要的是对大学生精神世界的塑造。社会主义核心价值观教育具体目标之一就是要强化大学生的精神品质，将当代大学生培养成为自立、自尊、自爱、自强、自律、自信的社会主义事业接班人。因此，开展大学生社会主义核心价值观教育要关注大学生精神诉求，服务于大学生全方位发展的需要。

（二）当代大学生社会主义核心价值观教育的方法

在教育思想指导下的教育方法，是实现教育目的的策略性途径。教育方法运用得是否得当，直接关系到教育工作的开展及教育的收效。因此，当代社会主义核心价值观教育，既要采用继承和发展传统的思想政治教育方法，也要探索和创新新形势下的教育方法，同时可以借鉴和吸收国外价值观教育工作中的有益方法。①

1. 继承和发展传统价值观教育的方法

思想政治教育的一些方法常被运用于传统价值观教育中，主要是理论教育法、实践教育法和批评与自我批评等基本方法，此外还有疏导教育法、比较教育法、典型教育法、自我教育法等一般方法。思想政治教育的这些传统方法仍然被广泛运用于高校的思想政治工作，并发挥着主要作用。大学生社会主义核心价值观教育应根据时代的要求，继承和发展传统的思想政治教育方法，使其适应新时期大学生的思想变化的特点，切实发挥其主导作用。

2. 探索和运用当今时代价值观教育的方法

随着社会的发展和科学技术的进步，传统价值观教育的方法已不能满足大学生社会主义核心价值观教育的要求。因此，在新形势下，高校思想政治工作者们应该总结经验，运用现代科学技术不断努力创新，探索新时期大学生社会主义核心价值观的新方法、如网络教育法、多学科交叉渗透法、显性教育与隐性教育相结合的方法等。

现代社会是一个信息社会，互联网高速发展，网络极大地改变了当代大学生学习方式和生活方式。网络拥有着海量的信息资源，传播速度快，资源具有可共享性，参与人员众多，而且网络教育可以打破地域和时间的限制，人们可以随时随地利用网络进行学习、生活。构建大学生社会主义核心价值观教育的网络平台，共享丰富的教育信息资源，使大学生主体自主学习社会主义核心价值观教育的内容，在网络空间中与他人平等交流探讨，也有助于教育者针对学生的个别问题，有针对性地进行辅导，提高社会主义核心价值观教育的有效性。但是，网络教育的无序性、无约束性，给网络教育管理增加了难度。因此，通过网络实施大学生社会主义核心价值观教育，首先要求网络教育的工作者们具有较高的理论知识功底和思想道德水平，

---

① 李晓丹 . 大学生社会主义核心价值观培育研究 [M]. 厦门：厦门大学出版社，2023.

能够应对、解决大学生在网络教学中遇到的实际问题。其次，积极与大学生群体开展交流，及时关注大学生的思想动态，避免错误的、消极的价值观点在网络教育中的扩散，正确引导网络舆论。最后，网络中的社会主义核心价值观教育要形式多样、丰富多彩，确实能够吸引大学生的"眼球"，避免大学生对其不闻不问，只点击不关注的现象。

采用多学科交叉渗透的方式，要求将社会主义核心价值观的具体内容渗透到大学生的各门学科之中，采用的是"化零为整"的方式达到教育目的。大学生在高校学习期间要学习几十门课程，这些学科都蕴含着丰富的教育资源，虽然每一门学科都有其相应领域的学科方法，但是学科之间并不是毫不相关的，学科之间的交叉领域增多，相互渗透的程度也不断增大。因此，各门学科的方法都可为大学生社会主义核心价值观教育提供借鉴和指导。将社会主义核心价值观教育的内容渗透到多门学科之中，有利于培养学生综合分析问题的能力，拓展学生的综合知识面，在整体上提高学生的综合素质。多学科交叉渗透法要求教育者要有广博的知识储备，对社会主义核心价值观有全面的深层次的理解，并且根据学生的实际情况进行有效备课，在教学中做到"放收自如"，合理把握延伸社会主义核心价值观的"度"，使社会主义核心价值观"潜移暗化，自然似之"，大学生自觉接受认同其价值理念。同时，学科渗透法要求学校为各科教师提供丰富的教育资源，切实做好学科渗透的保障工作。

显性教育历来是我国教育的主体方式，这种教育方式具有明确的教育目标和教育内容，注重教育者的"教"，忽视受教育者的主动学习。而对大学生进行社会主义核心价值观教育的最终目的，主要是落实到能够调动大学生的主体性地位，使大学生能够自觉认同并践行社会主义核心价值观。单纯的显性教育已然不能满足大学生多样化的需求，不能完成大学生价值观教育的任务。将教育目的深藏于日常生活中的隐性教育，通过隐蔽的方式，使受教育者在无意识中接受教育。隐性教育相比显性教育而言，采用的迂回渗透的方式对大学生进行价值观引导，在一定程度上消解了大学生的逆反心理，以大学生喜闻乐见的形式在不知不觉中接受教育，其教育效果更加持久、有效。因此，高校在开展大学生社会主义核心价值观教育的过程中，要注重校园环境、校园文化、校园活动及教育者自身素质对大学生价值观的隐性教育作用，深度挖掘隐性教育资源，切实为大学生社会主义核心价值观教育提供保障。隐性教育可以弥补显性教育的不足，二者相互支撑，有机结合，共同实现大学生社会主义核心价值观的教育目标。

在新形势下，大学生社会主义核心价值观教育对新方法的探索与运用是在不断前进的，也会有大量新方法不断出现，更新当前的教育方法，促进大学生社会主义核心价值观教育效果的持久有效。

## 二、加强高校思想政治教育中的社会主义核心价值观教育

价值观教育是一项复杂的系统工程，整个教育过程是长期性和复杂性的统一，而作为受教育者的当代大学生由于认知水平、价值取向等的不同，其对社会主义核心价值观的接受程度和接受方式也呈现出差异性。[①] 因此，开展大学生社会主义核心价值观教育活动时，必须讲究策略方法，构建有效的具体路径，调动一切因素，增强高校大学生社会主义核心价值观教育工作的有效性。

（一）当代大学生社会主义核心价值观教育的策略

策略，是从宏观层面整体上对大学生社会主义核心价值观教育的方式方法的把握，具体的策略有坚持以社会主义核心价值体系为指导，坚持党和国家的教育方针，更新教育理念，遵循思想政治教育规律等。

1. 坚持以社会主义核心价值体系为指导

社会主义核心价值体系是社会主义意识形态的本质体现。要巩固马克思主义指导地位，坚持不懈地用马克思主义中国化最新成果武装全党、教育人民，用中国特色社会主义共同理想凝聚力量，用以爱国主义为核心的民族精神和以改革创新为核心的时代精神鼓舞斗志，用社会主义荣辱观引领风尚，巩固全党全国各族人民团结奋斗的共同思想基础。由此可知，社会主义核心价值体系对整个社会具有政治导向和思想统摄的作用，是维系社会正常运行的精神依托。而大学生社会主义核心价值观教育作为社会主义核心价值体系教育的一个重要组成部分，必须坚持以社会主义核心价值体系为指导。这既有利于为中国特色社会主义事业培养全面合格的接班人，也有利于化解多元文化背景下大学生的价值冲突和价值困境，使高校的思想政治教育工作更好地完成其使命。

2. 坚持党和国家的教育方针

新时期的教育方针是结合我国现阶段的基本国情提出的，是适应我国社会发展实际的教育要求，同时也为我国的教育事业指明了未来发展方向，其根本目的是要培养全面发展的人才为社会主义现代化事业奉献和服务。当前，我国正面临着复杂的国际国内环境，各种社会思潮涌动，多国文化碰撞交织，青年大学生在一切外在内在因素的影响下，其价值观念呈现出矛盾与冲突。因此，新形势下，对当代大学生进行社会主义核心价值观教育时，要认真贯彻党和国家在新时期的教育方针，深化教育改革，提高教育质量，推进素质教育进程，牢固树立全面发展的教育理念，

---

① 白勤 . 新时代大学生社会主义核心价值观培育研究 [M]. 成都：四川大学出版社，2021.

帮助广大大学生不只做"语言的巨人",也成为"行动的巨人",真正内心认同社会主义核心价值观,并以其作为自身行为规范,努力践行其价值要求。

3.更新教育理念,遵循思想政治教育规律

教育理念是对教育工作的一种本质理解,是对教育发展的理性认识。教育理念是对教育现实的理性思考,同时又不等同于教育现实,它属于一种教育"应然"价值取向。科学的教育理念能正确反映教育的本质及其未来前进方向,是一种"真知灼见""远见卓识"。因此,开展大学生社会主义核心价值观教育活动,要树立科学的、正确的教育理念,使教育活动朝着正确的预期方向前进,更好地实现教育目标,提升教育的效果。如在当代大学生社会主义核心价值观教育中,树立以人为本教育理念、主体性教育理念,尊重大学生的主体性地位,满足其合理需求,调动其学习的积极性和主动性,调动大学生参与社会主义核心价值观教育活动的内驱力;树立全面发展教育理念、素质教育理念,关注大学生整体性发展的需求,全面培养其综合能力,帮助其从整体上认识社会主义核心价值观的重要作用;树立创造性理念、个体性理念,尊重大学生的个体差异,以平等、包容的心态对待每个学生发展的不同,正视学生的个性,并注重挖掘其潜在的创造性才能,为社会主义现代化事业培养创新型人才。

价值观教育历来是高校思想政治教育工作的重点内容,对大学生进行社会主义核心价值观教育,必然要求遵循思想政治教育过程规律和人的思想品德形成发展规律。思想政治教育的基本任务就是要解决受教育者的现实思想品德状况与社会发展要求相适应的思想道德状况之间的矛盾。因此,大学生社会主义核心价值观教育应该遵循思想政治教育的"适应超越律",既要适应当前学生的思想道德状况,又要有提升其思想道德水平发展的空间,并且有大学生通过自身努力能够实现这种要求的可能。同时,大学生社会主义核心价值观教育要遵循教育与自我教育相统一的规律,既要强调思想政治工作者主导作用的发挥,也要尊重大学生的主体性地位,充分调动他们的自觉性和能动性,使教育者和受教育者在社会主义核心价值观的学习教育活动中共同进步。由人的思想品德形成发展规律可知,对当代大学生进行社会主义核心价值观教育要充分发挥一切内外因素共同发生作用,特别要注意的是大学生主体因素,要根据大学生的思想道德实际特点进行社会主义核心价值观教育,在循环往复的教育中促进大学生的思想状况以螺旋上升式向前发展,自觉将社会主义核心价值观作为行为规范和价值取向。

(二)当代大学生社会主义核心价值观教育的路径

路径,是从微观层面找寻当代大学生社会主义核心价值观教育的有效措施,在具体操作上为大学生社会主义核心价值观教育的实效性和针对性探究切实可行的教育途径。在教育活动中，具体的路径包括：加强理论教育，开展社会实践活动，构建新媒体平台，关注实际问题，注重人文关怀，实现家庭、学校、社会三位一体教育，引导大学生自我教育等。

1.加强理论教育，坚持社会主义核心价值观的引导力

社会主义核心价值观作为我国的基本价值尺度和价值理念，涵盖了国家层面的发展目标、社会层面的价值导向以及个人层面的行为准则，囊括了政治、经济、文化、社会和道德等各方面的价值追求，直接反映了社会主义的本质内涵与要求。社会主义核心价值观在我国社会的价值观念中占据着统治地位，主导和支配整个社会基本价值走向。而当代大学生作为整个社会的优秀组成部分，他们身处国际意识形态领域斗争激烈的复杂环境中，加上市场经济的一些负面价值诱导等因素的影响，当代大学生在价值观层面出现诸多困惑和谜团，思想观念在不断裂变。因此，对大学生进行社会主义核心价值观理论教育，是我党赢得广大青年大学生的重要途径，是中国特色社会主义事业发展的题中之义，也是当代大学生切实能够履行其历史使命，承担起历史重任的现实需要，客观上符合增强社会主义核心价值观引导力的现实需求。

大学生全面理解社会主义核心价值观的本质内涵，是开展大学生社会主义核心价值观教育的前提。这就必然要求高校思想政治工作者们应该高度重视研究社会主义核心价值观的理论实质，强化对马克思主义及其中国化理论成果的深入学习，融会贯通地阐释社会主义核心价值观的深刻内涵，使社会主义核心价值观在理论上"站住脚"，成为我国意识形态的主流价值取向，引导人们树立正确的价值观。因此，高校应该充分发挥其在哲学社会科学研究层面的优势，广泛吸纳古今中外的优秀价值观教育成果，通过资源整合，进一步加强社会主义核心价值观的理论凝练，成为社会主义核心价值观教育的"先锋"。同时，作为思想政治工作者，应该充分认识到大学生社会主义核心价值观教育的重大意义，努力提升自身的理论素养，深刻理解社会主义核心价值观的精神实质和本质内涵，争做社会主义核心价值观的积极宣传者和模范践行者，率先垂范，引导大学生群体对社会主义核心价值观形成正确的全面的理论认知。

2.开展社会实践活动，提高社会主义核心价值观的影响力

"纸上得来终觉浅，绝知此事要躬行。"实践是检验认识正确与否的唯一途径。开展社会实践活动是有效地将社会主义核心价值观转化为当代大学生自身价值观的重要环节，也是检验其是否正确的试金石。社会实践活动是将学校的理论教育与社会的实践教育有机结合的一种教育形式，通过学生的广泛参与，使学生了解基层，

了解国情，长知识，增才干，在实践中深刻理解我国社会主义事业的发展需要"什么样的人"，从而不断弥补自身的不足，努力全面提升自己的综合素质，成长为新型人才。

大学生社会实践活动作为高校人才培养与社会服务体系的重要组成部分，是学校课堂教育的延伸和补充，是高校实施素质教育的重要载体，也是大学生实现其社会化的平台之一。以社会主义核心价值观为主要内容，开展大学生社会实践活动，既拓展了大学生社会主义核心价值观教育的途径，也使广大大学生在实践中经受考验与锻炼，在实践中接受教育，深化对社会主义核心价值观的价值认同。同时，通过开展社会实践活动，在正确认知党的路线、方针、政策的基础上，当代大学生能够做到始终坚定自己的政治立场和政治方向。而且大学生通过社会实践活动与人民群众亲密接触，用自己所学的科学文化知识帮助人民群众解决一些实际问题，既能够学以致用，也能够增强"成就感"，肯定知识的重要性。此外，社会实践活动的开展，以灵活多样的形式加深了大学生对社会主义核心价值观基本内涵的理解，更加明确当代大学生肩负的历史使命，增强他们的社会责任感。社会实践活动，以其丰富多彩的内容吸引了大学生群体的广泛积极参与，大学生在实践中践行着社会主义核心价值观的具体要求，并不断身体力行地提高社会主义核心价值观在整个社会中的影响力。

3. 构建新媒体平台，增强社会主义核心价值观的渗透力

创建新媒体平台服务于大学生社会主义核心价值观教育，首先，需要整合国家、社会、学校、家庭和大学生自身等各种资源，打造专题网站，以生动、形象的方式宣传社会主义核心价值观的理论内容，对大学生进行社会主义核心价值观渗透教育和自我教育。其次，通过在互联网、手机等平台及时发布社会主义核心价值观教育的最新成果及涌现的典型模范人物，大力宣传其先进事迹，牢牢占领网络思想阵地。再次，做好大学生社会主义核心价值观新媒体平台的信息监管工作，加大对信息的甄别，净化网络空间。最后，大学生在新媒体平台中要做到"慎独"，养成良好的网络道德品质，形成文明的上网习惯，合理利用网络的丰富信息资源，树立正确的网络价值观。

4. 关注实际问题，强化社会主义核心价值观的说服力

社会主义核心价值观之所以能够引起广大人民群众的积极认同，其根本原因是其价值内核兼具现实性与理想性。现实性指的是社会主义核心价值观以当前我国的基本国情为基础，并能够在很长一段时期内满足社会发展状况的需要；理想性指的是社会主义核心价值观能够引领我国未来社会的发展方向，成为人民群众的主流价值取向。而社会主义核心价值观要赢得青年大学生，同样要既能够适当满足大学生

的现实需求，又能成为他们的精神支柱，即在社会主义核心价值观教育中，要关注大学生的现实需求，着力解决大学生面临的实际问题，使社会主义核心价值观不仅以理论魅力吸引人，还以实践魄力说服人。

5. 注重人文关怀，提升社会主义核心价值观的亲和力

强化人文关怀在大学生思想政治教育中的重要地位和作用，突出"软管理"，是因为"硬管理"的教育方式已不能完全适应现代化教育的发展，权威性教育管理方式不仅束缚了大学生的全面发展，还易激起主体意识不断觉醒的大学生的反抗、叛逆。当代大学生在竞争激烈的社会中，具有了一定的竞争意识与进取精神，但是合作意识、奉献意识相对缺乏，个人主义倾向严重，人际交往出现障碍，学习就业压力较大，心理健康问题也日益突出。因此，以人文关怀塑造当代大学生健康的人格，成为高校思想政治工作实现育人目标的重要方式之一。

开展大学生社会主义核心价值观教育，运用注重人文关怀的方式来提高理论的亲和力，这就要求高校应在以下工作中做出努力：第一，树立和谐教育的理念，建立和谐的师生关系，使大学生与教育者能够平等对话，充分享受人格平等的权利，在轻松、愉悦的氛围中接受社会主义核心价值观教育；第二，在进行社会主义核心价值观教育时，要重视大学生的个性发展，注重结合其身心发展规律与特点开展教育活动，确实做到因材施教，有的放矢，提高教育的针对性；第三，重视大学生心理健康教育与心理疏导，教育者要学会倾听大学生的心声，了解他们的多方面需求，引导大学生以积极、乐观、正确的心态迎接生活。如此，才能把大学生置于社会主义核心价值观教育的核心地位，才能提升社会主义核心价值观对当代大学生的亲和力，也才能切实提高大学生社会主义核心价值观教育的实效性。

6. 实现家庭、学校、社会三位一体教育，形成社会主义核心价值观的统合力

大学生社会主义核心价值观教育应该是一个统合家庭、学校与社会全部教育力量的教育活动，不应是高校"一枝独秀"，家庭与社会"置身事外"。因此，构建家庭、学校、社会三位一体的教育格局，形成大学生社会主义核心价值观教育的统合力，是改善现今教育现状的一个重要举措。

家庭教育作为学校教育的补充，其在大学生的价值观形成过程中发挥了重大作用。家庭教育的持久性是学校教育、社会教育无法比拟也是不可代替的。因此，开展大学生社会主义核心价值观教育要求高校不断加强与家庭的联系，重视家庭教育的作用，学校可通过手机、短信、邮件等形式与家长保持沟通的顺畅，交流社会主义核心价值观，探讨有效的教育形式。而家长也要转变教育理念，不能片面重视子女智育的发展，应该重视他们的全面发展，尤其要注重培养他们良好的思想道德品质，引导他们树立积极的人生态度和正确的价值观念。

学校教育是大学生社会主义核心价值观最直接的教育者，承担着教育的最重要任务。高校首先要发挥思想政治理论课在社会主义核心价值观教育的主渠道作用，在深入挖掘其内涵的基础上，全面提升思想政治工作者的业务素质，强化教育队伍的建设，以生动、活泼、形象的方式开展教育活动，使社会主义核心价值观进课堂、进脑袋、进内心。其次，高校还要为大学生社会主义核心价值观教育创造尽可能多的社会实践机会，重视实践育人作用的发挥，提升社会主义核心价值观的教育实效。最后，高校应优化校园环境，为社会主义核心价值观教育提供良好的物质环境与精神环境，配备网络、多媒体等硬件设施，营造全员参与、共同担当教育的软件氛围。

社会蕴含着丰富的教育资源，整合社会教育资源，动员社会各方面力量参与，有助于进一步拓展大学生社会主义核心价值观教育的路径渠道。其中，有两种社会教育力量在社会主义核心价值观教育中起着不可忽视的作用。一是党和政府应该制定合理的政策、规定，为大学生社会主义核心价值观教育提供制度保障，并且营造良好的社会教育风气；二是大众传媒要坚持正确的舆论导向，坚持社会主义核心价值观的正确宣传，渗透、感染当代大学生，引领他们能够坚持正确的价值取向。

7. 引导大学生自我教育，提升社会主义核心价值观的内化力

"授之以鱼不如授之以渔"，教育的最终目的是引导大学生学会自我教育。自我教育是促使大学生将社会主义核心价值观作为人生价值取向的内驱力。学校教育、家庭教育、社会教育等能使大学生对社会主义核心价值观形成"外化"，而自我教育则能促使社会主义核心价值观的"内化"，由内因是事物发展变化的根本依据的哲学原理可知，自我教育在大学生社会主义核心价值观中起着关键性作用。因此，引导大学生充分进行自我教育，提高他们自我教育的能力，能够促使社会主义核心价值观内化力的极大提升。

大学生自我教育的状况直接关系到高校思想政治教育工作的效果，影响着社会主义核心价值观教育的进程与实效。因此，高校应帮助大学生深化对自我的认知，培养大学生自我评价、自我调控和自我完善的能力。高校思想政治工作者不仅自身要有自我教育的理念，还应积极引导大学生进行自我教育。同时，高校应为大学生自我教育创造多种途径、渠道，如开辟网络空间，在加强网络监管的基础上，为大学生自主学习社会主义核心价值观提供大量的教育资源和信息；开展社会实践活动，使大学生在实践中亲身体验、感悟社会主义核心价值观的魅力等。另外，作为自我教育的主体——当代大学生，应该自觉学习社会主义核心价值观，加强自身的理论素养，提升思想道德品质，学会逐渐由"他律"转向"自律"，主动以社会主义核心价值观作为自身的价值规范，提高自身修养。

# 第三节　理想信念教育与高校思政教育

## 一、理想信念教育与信仰教育

理想是对美好未来的设想，是有根据的、可以实现的，它是区别于空想和幻想的。信念是自己认为正确而坚信不疑的观念。信仰属于信念，信仰不是一般的信念，它是信念最集中和最高的表现形式。由此可见，理想信念教育与信仰的确立有着密切的关系。

### (一) 理想信念教育是信仰教育的核心

信仰对于一个人的成长起着重要的作用。有没有信仰将影响到人的发展前途。没有信仰的人，对于自己发展的把握不如一个有信仰的人。有信仰的人会集中力量为实现自己确定的目标而努力，因而也会推动个人在事业方面的发展而取得成功。理想信念教育对任何人都很重要，对大学生而言还有着特殊的重要意义，理想信念教育是信仰教育的核心。

理想信念教育是大学生基本价值观的重要组成部分，在高等学校加强理想信念教育是不断扩大党在全社会影响的重要措施。我们党的主张要在全社会贯彻，要有一大批具有崇高理想和坚定信念的青年积极分子去响应并付诸行动。青年是祖国的未来，不管我们不愿意，国家的命运总要掌握在他们手中。大学生是青年中的佼佼者，他们的学识和才能决定了他们不仅要成为社会主义事业的建设者，而且要成为党和国家重要领导岗位的接班人。我们必须搞好大学生的理想信念教育。①

### (二) 正确处理好理想信念教育的两个关系

理想信念教育是我国教育的光荣传统。从中华人民共和国成立到改革开放后的今天，理想信念教育一刻没有停止。总结历史的经验教训，可以得出这样的结论：理想信念教育只有做到主观与客观相一致，认识与实际相结合，才能起到积极作用，收到较好成效。20 世纪 60 年代，我们党提出向雷锋同志学习，在青年学生中开展了艰苦奋斗、艰苦朴素、破除名利思想、积极奉献、做又红又专接班人的活动，使青年受到良好教育，培养了一大批有理想、有才干的优秀知识分子。但这时期的教育也有失误。理想信念教育的定位要得当，既要符合社会经济、政治、文化等发展的实际情况，也要符合人们的思想实际。现阶段，在理想信念教育的定位上，要处理

---

① 何海燕. 中国梦与大学生理想信念教育 [M]. 成都：西南交通大学出版社，2020.

好以下两个关系。

1. 个人理想与社会理想教育的关系

个人理想是个体在对现实生活各个方面奋斗目标的向往和追求中，表现出来的具有积极意义的价值选择和创造精神，主要包括道德理想、生活理想和职业理想。社会理想是指人们对于未来社会制度和政治结构的要求和设想，是一定的阶级或集团的利益和愿望的集中表现，反映这些阶级或集团对"最完善、最美好"的社会制度和社会结构的追求。两者是辩证统一的关系。个人理想受社会理想制约，而社会理想又根植于个人理想之中。离开了社会理想，个人理想就可能偏离方向；而没有个人理想，也就无所谓社会理想。因此，两者不能偏废，过分强调哪一方面，都可能出现偏差。

从马克思主义认识论的角度看，应该先有个人理想，后有社会理想。因为理想作为人类特有的精神现象，深深植根于人的需要之中，而人的需要又总是从最基本的物质生活条件开始，逐步深化。所以，人的理想必然是从生活理想开始，逐步展开、升华，最后达到个人理想与社会理想的完美统一。可以说，没有远大的个人理想，就没有远大的社会理想。正是从这点出发，理想教育应从承认、确立个人理想入手，鼓励学生为实现个人理想而奋斗，以调动广大学生的热情和积极性。

个人理想与个人主义是两个不同的概念。同是个人理想，有的与党和国家的奋斗目标相一致，与人才成长规律相吻合，这样的个人理想是积极的，是应该肯定的；有的个人理想完全为自己打算，全然不顾他人和集体的利益，为了实现个人理想甚至不择手段，这样的个人理想是不折不扣的个人主义，是应该坚决反对的。由此可见，鼓励学生为实现个人理想而奋斗并没有错，关键是帮助学生树立什么样的个人理想。我们要教育学生把个人理想与社会理想统一起来，既符合个人利益，又反映广大人民群众的意志和要求。同时，我们的社会也应允许以个人利益为重，但不损害他人和集体利益的个人理想存在，并为其创造实现的条件，在实现的过程中努力将其引导到更高的层次。

在这里，我们要处理好个人理想与社会理想教育的关系问题。不能只讲社会理想，忽视个人理想，甚至以个人主义为名压制个人理想；也不能对损人利己、危害国家利益的个人理想不加批判，任其自由泛滥。要在帮助学生树立正确个人理想和为实现个人理想而奋斗的过程中，树立起社会理想，并达到个人理想与社会理想的完美统一。

2. 共同理想与共产主义理想教育的关系

在现阶段，我们党主张的社会理想包括两个层次，即社会主义共同理想和共产主义理想。根据两者的辩证关系，我们认为，社会理想教育应从确立共同理想入手，原因如下：

一是共同理想和共产主义理想都代表了工人阶级和广大人民群众的利益，两者的最终目的是一致的。虽然共同理想在程度和范围上与共产主义理想有差距，但由于方向一致，其努力就不会偏离共产主义轨道。

二是共同理想是共产主义理想的基础。共产主义理想的实现是一个漫长的过程，包括许多阶段和目标。共同理想就是中国人民在特殊的环境下，要实现共产主义所经历的阶段和目标。没有这个阶段任务的完成，就无法迈进共产主义。所以说，共同理想是共产主义理想的基础，教育学生为共同理想奋斗就是为共产主义理想奋斗。

三是共同理想更易于被广大学生接受。共同理想作为社会主义时期的一个奋斗目标有极大的现实性，它就在我们的生活中，看得见，摸得着，对全国人民携手共建社会主义具有巨大的鼓舞作用。另外，对于那些对人生价值有不同认识的学生来说，只要他们热爱祖国和人民，共同理想就会产生感召力和凝聚力，使他们在不同程度和范围接受共同理想并为之实现而做出努力。

我们强调社会理想教育要从确立共同理想入手，并不等于说排斥共产主义理想教育。由于共产主义理想揭示了社会发展的必然趋势，具有真理性，因此，在积极引导学生树立共同理想的基础上，还要努力使他们树立共产主义理想，并且要把他们中的一部分人培养成为坚定的共产主义者。我们强调使学生树立共同理想的意义，在于突出理想教育的层次性。在目前情况下，信仰共产主义的学生是少数，他们是骨干，是中坚力量。对于多数学生来说，教育的重点应放在共同理想上。要使他们能够把理想与祖国建设结合起来，立志建设、立志改革，脚踏实地地干事业。当然，恐怕还有极少数学生，连共同理想的要求也达不到。对这些人的教育是，要遵纪守法，做合格公民。

## 二、理想信念教育与大学生思想政治教育

"培养什么样的人""为谁培养人"和"怎样培养人"作为一个关乎社会主义教育全局性、根本性的战略问题，始终是高校思想政治教育工作必须牢牢把握的核心。加强和改进大学生思想政治教育的主要任务是以理想信念教育为核心，深入进行树立正确的世界观、人生观和价值观教育；以爱国主义教育为重点，深入进行弘扬和培育民族精神教育；以基本道德规范为基础，深入进行公民道德教育；以大学生全面发展为目标，深入进行素质教育。由此可以看出，理想信念教育居于大学生思想政治教育工作的首位，具有核心的地位和"灵魂"的作用。

**(一)应把理想信念教育摆在大学生思想政治教育工作的首位**

理想信念这一概念,是在改革开放新的历史时期,在进行理想、信念教育的过程中,为适应现实的需要而逐步形成的一个综合性概念,但绝不是理想与信念这两个概念的简单叠加,而是把两者有机地融为一体。理想重在标志人与其奋斗目标的关系,主要是指向未来的,为人们的行动指明方向;而信念则重在标志人对事物、观念的看法和态度,主要是面对现在的,为人们的行动提供精神支持。理想信念把同属于人类精神生活范畴、各有侧重的两个单独概念辩证地统一为一体,是特指人们把一种对象视为最高价值,高度地信服和敬仰,并以之统摄自己的精神生活,作为自己的精神寄托,矢志不渝,自觉追求,它体现了理想和信念的辩证统一,是世界观、人生观和价值观的核心和集中体现。而信仰是信念最集中、最高的表现形式。一般来说,信仰可分为两种类型:一种是对虚幻的世界、不切实际的观念、荒谬的理论的盲目相信、狂热崇拜;另一种是在社会实践活动中以对事物发展规律的正确认识为基础的思想见解或理论主张的坚信不疑、身体力行。后者就是我们所主张的马克思主义信仰。科学的信仰、崇高的理想和坚定的信念,是实现我国社会主义现代化建设和中华民族伟大复兴的强大精神动力和不竭的智慧源泉,是实现我国社会安定团结的根本性精神要素。所以,高校应把教育和引导大学生树立科学的理想信念摆在首位。

1. 理想信念教育始终是贯穿我党思想政治工作的生命线,也是大学生思想政治教育的起点

高度重视思想政治教育,用坚定的理想信念把全国人民团结起来,一直是我党的优良传统和政治优势,是我党带领全国人民努力奋斗的思想基础,也是贯穿我党思想政治工作的生命线。中国共产党从建党之日起就把实现共产主义作为自己追求的最高理想,并始终用共产主义理想信念来教育、鼓舞全党、全军和全国人民从一个胜利走向另一个新的胜利。可以说,正是这样的理想信念教育成为中国革命和建设取得一个又一个胜利的强大精神动力和根本保证。

中国共产党历来高度重视青年大学生的理想信念教育,始终把他们看作祖国的未来和民族的希望,特别强调青年要树立远大的理想和坚定的信念。实践证明,一个政党要有战斗力,一个民族要有自立能力,离不开政党、民族成员的团结凝聚力。高校思想政治教育要始终把加强大学生理想信念教育放在首位,并作为一切工作的出发点,引导大学生胸怀社会主义、共产主义理想信念,脚踏实地地去完成各项任务,为开创中国特色社会主义事业新局面而奋斗终生。

2.理想信念教育的效果如何，是衡量大学生思想政治教育工作成败的重要标准

思想政治教育工作最突出的特点是它具有鲜明的阶级性。我国大学的社会主义本质属性，决定了我们培养人才的性质。应该说，我国当代大学生理想信念状况的主流是积极、健康、向上的。但我们也应该清醒地认识到，随着经济全球化进程的日益深入，各种文化思潮和价值观念冲击着大学生的心灵。相当一部分大学生不同程度地存在政治信仰迷茫、理想信念模糊、价值取向扭曲、诚信意识淡薄、社会责任感缺乏、艰苦奋斗精神淡化、团结协作观念较差、心理素质欠佳等问题，而这些问题在很大程度上属于理想信念问题。理想信念在人的主观精神世界中居于核心地位，起着主导和统领的作用。理想信念的动摇是最根本的动摇，也是最危险的动摇。理想信念方面一旦出现问题将会直接导致我们培养人才的方向错误。[①]因此，对于我国高校思想政治教育工作来说，首先要使大学生有坚定科学的理想信念，就是要使广大学生接受我们党的政治主张和政治信仰，使我们党的理想成为他们的共同理想。所以，评价高校思想政治教育工作成败的一个重要标准，就是要看我们党的政治主张、政治信仰和现阶段我国各族人民的共同理想是否为广大学生所认同和接受。具体来说，

（二）理想信念教育是大学生思想政治工作的核心和灵魂

高校思想政治教育工作的实践归宿，就是要引导大学生树立正确的世界观、人生观和价值观，培育出"有理想、有道德、有文化、有纪律"的社会主义新人。要达到这一目的，就不能离开理想信念教育这个核心和灵魂。通过理想信念教育，使大学生对国家和民族的前途有清醒而正确的认识，对复杂纷繁的社会有准确而又成熟的判断，能够把个人利益与国家利益结合起来，从而以主人翁的姿态，积极、主动地投入到社会主义现代化建设中去；通过理想信念教育，使大学生在当前价值观念日益多元的情况下，能够保持清醒的头脑，经受住各种考验，增强抵御各种错误思潮和腐朽生活方式的能力；通过理想信念教育，使大学生树立正确的世界观、人生观、价值观，进一步实践党全心全意为人民服务的宗旨，自觉抵制拜金主义、享乐主义、极端个人主义等歪风邪气。事实证明，政治上的清醒与坚定，归根结底来自对马克思主义的坚定信仰，来自坚定的社会主义、共产主义信念和崇高的理想，来自对社会发展规律及其趋势的准确把握。在"四有"里面，理想是摆在第一位的，这是由"有理想"在"四有"中的核心地位和"有理想"对"有道德""有文化""有纪律"内涵与价值取向的制约、导向和规范作用所决定的。

---

① 张君法.新时代大学生理想信念培育研究[M].延吉：延边大学出版社，2022.

### (三) 要以坚定理想信念为重点

要以坚定理想信念为重点加强思想建设，使人们始终保持对马克思主义、对中国特色社会主义、对实现中华民族的伟大复兴的坚定信念。这就阐明了新时代理想信念的主要内涵，即马克思主义是当代大学生理想信念的灵魂，建设中国特色社会主义、实现中华民族伟大复兴是当代大学生共同的理想信念。只有引导青年大学生深刻理解新时代理想信念的内涵，才能使他们消除模糊认识，进一步坚定理想信念并为实现崇高的理想信念而努力奋斗。

1. 确立马克思主义的科学信仰是当代大学生理想信念的灵魂

政治上的坚定来源于理论上的坚定。正确的理想信念不是凭空产生的，而是来源于科学理论的武装。我们说马克思主义是科学的理论，是因为它深刻揭示了人类历史的发展规律，为人类的进步和解放指明了正确方向，为人们认识世界和改造世界提供了科学的立场、观点和方法。我们说马克思主义具有与时俱进的理论品格和持久的生命力，是因为它虽然诞生于 19 世纪，但并没有停滞不前。作为一个以指导革命与建设为己任的开放的理论体系，马克思主义不但不排斥而且最能够吸收、提炼人类创造的一切科学知识，并将其运用于推动社会历史的进步。我们说马克思主义重实践，以改造世界为己任，是因为一个半世纪以来，正是在马克思主义的指导下，社会主义由空想变成现实，由科学理论转变为社会实践，社会主义国家的出现和社会主义制度的建立深刻改变着人类历史的走向。虽然东欧剧变和苏联解体使世界社会主义运动遭受了严重挫折，但是历史发展的总趋势并没有改变。特别是中国共产党人在马克思主义指导下所探索的中国特色社会主义道路的成功实践，用无可辩驳的事实证明，社会主义具有光明的前途和未来。同时也证明，马克思主义仍然是认识世界和改造世界的强大思想武器。针对目前一些青年大学生所表现出的理论淡化和信仰危机，要构筑他们正确的理想信念，必须首先加强马克思主义理论的学习，用科学理论武装大学生的头脑，使之真正确立马克思主义的科学信仰。只有这样，才能使大学生保持清醒头脑，辨明前进方向，确保任何时候都在理想信念上不犹疑、不含糊、不动摇；才能使大学生自觉地把个人成才与国家富强繁荣乃至与全人类的解放紧密联系起来，报效祖国，奉献社会，创造有价值的人生。

2. 建设中国特色社会主义、实现中华民族的伟大复兴是当代大学生共同的理想信念

人们奋斗所争取的一切都同他们的利益有关。利益是驱使人们去奋斗的原动力，利益的一致是激发人们产生凝聚力的前提和基础。而理想信念与"利益"又紧密相连。目前，随着我国社会主义市场经济的深入发展，经济成分、组织形式、就业方

式、利益关系和分配方式日益多样化，不可避免地会出现社会意识的多元，这就必须有一个能够代表广大人民根本利益、被社会各个阶层广泛认可和接受、能有效凝聚各个方面智慧和力量的共同理想。因为有共同理想，才能有共同步调。这个共同理想就是在中国共产党的领导下，走中国特色社会主义道路，实现中华民族的伟大复兴。这个共同理想把我们国家现阶段的发展目标、民族的振兴和个人的幸福紧紧地联系在一起，把各个阶层、各个群体的共同愿望有机地结合在一起，有着广泛的共识，具有强大的感召力、亲和力和凝聚力，是保证全体人民团结奋斗、克服困难、争取胜利的强大精神武器。当代大学生的个人理想从本质上来说应与中国特色社会主义的共同理想保持一致，大学生只有把自己的奋斗目标和中国特色社会主义的共同理想联系起来，把个人的成长同国家前途、民族需要结合起来，自觉地把个人目标追求融入中国特色社会主义现代化建设中，融入实现中华民族的伟大复兴的崇高事业中，才能立足社会，从而实现个人理想。

# 第三章  高校思政教育的理论

## 第一节  高校大学生思政教育的教学内容创新

明确大学生思想政治教育的内容，是做好大学生思想政治教育工作的基本前提。思想政治教育内容是大学生思想政治教育目标的具体体现，思想政治教育内容的构建直接关系到思想政治教育目标的实现。

### 一、大学生思想政治教育的基本内容

根据中央有关文件的规定，当前大学生思想政治教育的基本内容应包括：世界观、人生观和价值观教育，中国精神教育，公民道德教育和素质教育。在这四个基本内容中，世界观、人生观和价值观教育是先导，中国精神教育是基础，公民道德教育是重点，素质教育是核心。

（一）世界观、人生观、价值观教育的内容

1. 世界观教育

世界观是人们对整个世界的根本看法和根本观点。马克思主义世界观是以整个世界为研究对象，是研究自然界、人类社会和人类思维的发展规律所得出的结论，是人类认识世界、改造世界的锐利武器。

马克思主义世界观教育是思想政治教育内容中带有根本性的教育，是思想政治教育的核心内容，主要体现于辩证唯物主义教育、马克思主义认识论教育和历史唯物主义教育之中。

（1）辩证唯物主义教育

马克思、恩格斯创立的辩证唯物主义是唯物主义和辩证法的有机结合。辩证唯物主义的基本观点是世界统一于物质性，意识是对物质世界能动的反映，物质世界是普遍联系和永恒发展的，对立统一规律是宇宙的根本规律等。进行辩证唯物主义教育，就是帮助人们掌握辩证唯物主义的基本观点并利用这些观点去认识问题和处理问题，最主要的就是帮助人们正确把握物质和意识的关系，坚持解放思想、实事求是的辩证唯物主义原则，教育人们用联系的、发展的、全面的观点看问题，掌握

矛盾分析法这一最根本的认识方法。进行辩证唯物主义教育，可以使人们树立辩证唯物主义的基本观点，从而提高人们认识世界和改造世界的能力。

（2）马克思主义认识论教育

马克思主义认识论是将实践观点引入认识论，科学揭示人类认识和思维发展规律的科学。马克思主义认识论的基本观点有：物质世界是不以人的意志为转移的客观存在；实践是认识的来源、目的、动力，认识是人脑对客观世界的能动反映；认识不仅反映客观世界，而且能动地反作用于客观世界。因而，进行马克思主义认识论教育，最主要的是要自觉坚持实事求是的思想路线，在实践中检验真理和发展真理，使无产阶级和劳动民众的主观认识与客观实践保持具体的历史的统一。

（3）历史唯物主义教育

历史唯物主义即社会历史观上的辩证唯物主义。它解决了社会历史观的基本问题，揭示了社会生活的客观性和社会发展的辩证法。历史唯物主义为研究社会生活和社会历史，为分析和考察社会生活中各种错综复杂的现象及揭示其本质，提供了科学的理论基础和方法论指导。进行历史唯物主义教育，最主要的是帮助人们正确认识社会发展的基本规律，坚定社会主义信念，积极投身于社会主义现代化建设事业。

2.人生观教育

人生观是指人们对人生目的和意义的总的看法和根本态度。马克思主义人生观是以实现共产主义崇高理想为人生最高理想、以全心全意为人民服务为人生的最高目的的人生观，因而它是人类历史上最科学、最进步的人生观。人生观教育主要包括人生理想教育、人生目的教育和人生态度教育三个方面。

（1）人生理想教育

马克思主义人生观是以实现共产主义为社会理想。共产主义理想作为共产主义人生观的精神支柱，是大学生坚定人生信念、明确人生发展方向的力量源泉。因此，进行人生观教育，最核心的就是要进行共产主义理想教育，引导大学生明确人生的奋斗目标，帮助大学生树立共产主义理想。在人生理想教育中，要注意层次性，既激励大学生胸怀远大理想，把理想和现实结合起来，为共产主义理想的实现积极创造条件，又把社会理想和个人理想结合起来，引导大学生在为实现崇高的社会理想而奋斗的过程中实现自己的个人理想。

（2）人生目的教育

人生目的是指人们在社会实践中关于活动的对象性的根本看法。以全心全意为人民服务为人生目的，是马克思主义人生观的核心，它主要包含站在人民的立场上立身处世、以人民的利益为言行的宗旨和尊重人民的主人翁地位三大基本内容。进

行人生目的教育，就是要对大学生进行全心全意为人民服务的教育。具体来说，就是要教育大学生正确处理个人和集体、个人利益和集体利益的关系，一切从人民利益出发，以个人服从集体、个人利益服从集体利益为思想行为准则；要引导大学生尊重人民群众的主人翁地位，支持人民群众的首创精神，虚心向人民群众学习，坚持走群众路线。

（3）人生态度教育

人生态度就是人们对人生问题所持有的较为稳定的评价和倾向。人生态度是多种多样的。马克思主义认为，对人生应持有积极进取的态度，才能使人生发展获得成功。因此，进行人生态度教育，就是要教育和引导大学生确立积极进取的人生态度，选择与人民群众和社会实践相结合的正确人生道路，把正确的人生观念转化为积极的人生实践；要始终保持坚定的生活信念和顽强的革命斗志，经得起苦乐、成败、荣辱以至生死的考验，自觉地在艰苦奋斗中磨炼自己，在社会主义革命、建设和改革的伟大事业中创造出无愧于时代的人生价值。

3. 价值观教育

价值观是指人们对人生目的和实践活动进行认识和评价时所持的根本观点和看法。作为一个历史范畴，不同社会、不同阶级的人们，具有不同的价值观；即使是同一社会、同一阶级的人们，也会有不同的价值观。因此，对价值观应当具体地、历史地分析。进行价值观教育，就是要教育和引导大学生明确人生价值，努力为社会尽责，对社会作出应有的贡献。一般而言，价值观教育主要包括人生价值目标教育、人生价值评价教育和人生社会责任教育三个方面。

（1）人生价值目标教育

人生价值目标是人生的社会目标、道德目标、职业目标、成就目标和生活目标的统一体。其中社会目标是根本目标，决定和影响着其他目标。崇高的人生价值目标，不仅起着科学的人生定向定位作用，而且具有鼓舞斗志、焕发内驱力和升华人生价值的巨大效能。因此，进行人生价值目标教育，关键是要教育和引导人们正确选择人生价值目标。人生价值目标的最优选择，必须符合事物发展的客观规律。人生价值目标的选择，还应当是责任和权利的统一、义务和权利的统一，这正是马克思主义人生价值目标的基本内涵。可见，进行人生价值目标教育，归根结底就是要教育和引导大学生树立马克思主义价值目标，坚持责任与权利、义务与权利的有机统一。

（2）人生价值评价教育

人生价值评价是指人们依据一定的人生价值标准，通过社会舆论和个人的心理活动，对他人或自己同社会的行为关系作出有无积极意义和意义大小的判断。马克思主义认为，衡量人生价值的主要标准是对社会的贡献，完成时代任务是实现人生价值的主要舞台；一个人只有树立起无私奉献的人生价值观，才能有壮丽的事业和人生。因此，进行人生价值评价教育，关键在于教育和引导大学生处理好贡献和索取的关系。总的来说，一个人的贡献应大于他的索取，才有社会价值，社会才能发展。也就是说，只有当一个人的贡献大于他的索取，他才既有社会价值又有自我价值，人类社会才能不断进步。

（3）人生社会责任教育

人生行为的本质规定就在于它是作为体现一定的社会关系而存在的，现实生活中的每一个人都要对他人和社会履行一定的义务、承担一定的责任。人生社会责任就是指人在社会关系中所应承担的扮演不同社会角色的职责和任务，具有明确的规定性、一定的强制性、与物质利益的相关性和与精神生活的联系性等特点。因此，进行人生社会责任教育，既要教育和引导大学生强化自己的社会责任感，热切关注祖国的前途命运，又要教育和引导大学生勇于斗争、敢于创新，在艰苦奋斗中实现人生的社会责任。只有教育大学生正确认识和处理好个人奋斗与集体奋斗的关系，才能真正实现人生的社会责任。

（二）中国精神教育

人是要有一点精神的，一个国家和民族更是这样。一个国家要立国强国，一个民族要繁衍发展，不可不有厚重而强大的精神力量。当今时代综合国力的竞争越来越体现在文化软实力的较量上，越来越体现在民族凝聚力、向心力、创造力的较量上，因此各国都更加关注本国文化的发展，都更注重在民众中弘扬国家精神。中国精神作为一种国家精神，生发于中华文明传统、积蕴于现代中华民族复兴历程，特别是近些年中国快速崛起中迸发出来的具有很强的动员与感召效应的精神及其气象，是中国软实力的重要显示。

中华民族拥有五千年的文明史，形成了强大的民族精神和时代精神，激励一代又一代人不懈奋斗。实现中华民族的伟大复兴的梦想，大力弘扬中国精神，需要我们进一步挖掘、阐释、提升中国精神的丰富内涵。

（三）公民道德教育

社会主义道德建设是发展社会主义先进文化的重要内容。大学生群体对推动社会主义道德建设有着极为重要的表率和示范作用。当前，我们在大学生中提倡和贯彻以社会公德、职业道德、家庭美德为着力点的社会主义道德教育，对于形成良好的社会道德风尚，促进物质文明与精神文明协调发展，全面推进建设中国特色社会主义伟大事业，具有十分重要的意义。

## 1. 社会公德教育

社会公德又称为公共生活规则，它是人们在一定经济条件下，在经济活动与一般社会生活中应当遵守的起码的道德规范和行为准则，是法律得以正常运作的一种有效的支持和补充。社会公德在人类公共生活的实践中产生，由人们世代相传并得到不断补充和发展，它的任务在于保证整个社会生活的正常进行，防止危害公共生活不良道德现象的产生和泛滥。它覆盖了人与人、人与社会、人与自然之间的各种关系，是社会工作、学习、生活能正常进行的重要条件和重要保证，是一个国家和民族文明程度和道德风貌的显著标志，也是培养社会主义精神文明和造就社会主义建设者的重要内容。在社会主义市场经济条件下，我们要在大学生群体中大力倡导以文明礼貌、助人为乐、爱护公物、保护环境、遵纪守法为主要内容的社会公德，鼓励他们在社会上做一个好公民。

## 2. 职业道德教育

职业道德是所有从业人员在职业活动中应该遵循的行为准则，涵盖了从业人员与服务对象、职业与职工、职业与职业之间的关系。随着现代社会分工的发展和专业化程度的增强，市场竞争日趋激烈，整个社会对从业人员职业观念、职业态度、职业技能、职业纪律和职业作风的要求越来越高。大学生是社会主义各项建设事业的后备力量，可以说，他们的职业道德水准直接决定着我国各项建设事业的未来。[①]因此，我们要在大学生群体中大力倡导以爱岗敬业、诚实守信、办事公道、服务群众、奉献社会为主要内容的职业道德教育，鼓励他们在工作中做一个合格的建设者。

## 3. 家庭美德教育

家庭美德是每个公民在家庭生活中应该遵循的行为准则，涵盖了夫妻、长幼、邻里之间的关系。家庭是社会的细胞组织，家庭成员之间良好的道德关系，是建立整个社会良好道德关系的基础，也是建设社会主义和谐社会的基础。家庭美德的内容渗透在家庭生活的各个方面，以尊老爱幼、男女平等、夫妻和睦、勤俭持家、邻里团结为主要内容，鼓励人们在家庭里做一个好成员。家庭美德是整个社会主义道德体系的重要组成部分，它是保证人民幸福生活，促进社会健康文明发展的保障，对于构建社会主义和谐社会具有重要意义。

## （四）素质教育

素质教育，是以全面提高人的基本素质为根本目的，尊重人的主体性和主动精神，以人的性格为基础，注重开发人的智慧潜能，注重形成人的健全个性为根本特

---

① 傅莹. 新媒体时代高校思政工作创新 [M]. 汕头：汕头大学出版社，2019：01.

征的教育。素质教育，是社会发展的实际需要，要达到让人正确面临和处理自身所处社会环境的一切事物和现象的目的。

## 二、高校思想政治教育内容的创新

自学科创立以来，学界围绕思想政治教育内容所开展的研究，主要涉及思想政治教育内容的内涵与特征特性、思想政治教育内容的具体构成、思想政治教育内容的体系构建、思想政治教育内容的创新发展、思想政治教育内容的中外比较等多个方面。

### （一）关于思想政治教育内容的内涵把握

什么是思想政治教育内容，如何理解思想政治教育内容，这是思想政治教育内容研究首要的基本理论问题。对于思想政治教育内容的内涵理解，学界大致有这样几种观点。

1. 立足思想政治教育内容与目标的内在关联予以理解和把握

有的研究者在研究中，立足思想政治教育内容与目标的内在关联予以理解和把握，强调思想政治教育内容是思想政治教育目标的具体化。比如《思想政治教育学原理》教材的界定是：思想政治教育内容是思想政治教育目标的具体化，是党和国家对社会成员实施思想政治教育时在思想、政治、道德、心理诸素质方面的要求，是决定民族素质的重要方面。也有研究者指出思想政治教育内容是思想政治教育目标的具体化，是为实现思想政治教育目标而选择的思想、政治、道德方面的知识、理论、思想、观点、准则、规范等的总称。

2. 立足思想政治教育内容的质的规定性予以理解

有的研究者立足于思想政治教育内容的质的规定性予以理解，强调思想政治教育内容的意识形态信息特性。如思想政治教育内容是根据一定的社会要求和针对受教育者的思想实际，经教育者选择设计后有目的、有步骤地输送给受教育者的思想意识、价值观念和道德规范等信息。教育者根据一定的阶级、社会、组织或群体的目的要求，针对社会发展和教育对象的思想品德实际选择、设计后，有计划、有组织地传输给教育对象的思想观念信息。

3. 立足思想政治教育内容在思想政治教育实践中的地位作用综合理解其内涵

有的研究者立足于思想政治教育内容在思想政治教育实践中的地位作用综合理解其内涵，强调思想政治教育内容的中介性特征。有研究者在研究思想政治教育内容有效性时曾指出，思想政治教育的内容，即在思想政治教育活动中教育者所意欲

传递给教育对象的思想政治观念，是连接思想政治教育者和教育对象的信息纽带，是构成思想政治教育关系的基本要素，是蕴含教育目的的载体。

（二）关于思想政治教育内容的特征特性

关于思想政治教育内容的特征特性，学界目前的研究主要有两种路向，一是对思想政治教育内容的特征特性作整体概括，以从特征特性上深化对思想政治教育内容的认识；二是对思想政治教育内容的特征特性作具体阐发，深入探讨思想政治教育内容某个方面的特性。

对于第一种研究路向，有研究者提出思想政治教育内容的内在属性，是指在思想政治教育内容生成和发展中具有稳定性、根本性、普遍性的特质，集中表现为导向性与科学性、系统性与层次性、时代性与稳定性的有机统一。思想政治教育内容一般具有三种特性：一是内容的共同性，二是内容的特殊性，三是内容的交叉性。也有研究者强调思想政治教育内容随着具体教育目标的变化而变化，随着国内外形势的发展而发展，随着被它保证的各项工作的深入而充实，带有极大的具体性、丰富性和变化性。从总体上讲，大家普遍认为思想政治教育内容具有鲜明的阶级属性、民族色彩和时代特征，既有各民族、各个时代共同相通的一面，也有其差异区分的一面；既有在相承相继中连续稳定的一面，也有随着时代变迁不断发展变化的一面。还有学者提出，思想政治教育的内容有两个特征，一是知识性和教育性的统一，二是理论性和实践性的统一。思想政治教育的内容，不仅要体现知识性、理论性，还要体现教育性、实践性，是二者的完美统一。这在一定意义上是立足于思想政治教育内容的实践运用在概括其特点。

对于第二种研究路向，一些学者对思想政治教育内容的某一方面具体特征进行了分析和研究。例如，关于思想政治教育内容的有效性，有研究者提出思想政治教育内容的有效性，体现在两个层面，即一定社会或阶级所要求的思想政治教育内容，一要具有真理性、真实性和先进性，为教育者在具体教育实践中所组织编制的思想政治教育内容；二要具有精确性、透彻性和契合性。也有研究者提出有效的思想政治教育内容要还原社会要求，把社会要求作为思想政治教育的基础内容；要明确国家意志，把贯彻国家意志作为思想政治教育的核心或灵魂的内容；要嵌入对象需要，把教育对象的需要作为思想政治教育的重要内容。也有研究者探讨思想政治教育内容的合理性，提出思想政治教育要有效实现自身的功能价值，其在内容的设定上必须具有合理性。这一合理性包括形式合理性和实质合理性两个向度。形式合理性的主要表征是满足社会的价值期待、符合具体的国情、具有完整性与和谐性。获得实质合理性的关键是要处理好权利和义务、自由和责任、实现个人价值和满足社会价值期待、内在美德和外在行为的关系。还有研究者研究思想政治教育内容的科学性，提出思想政治教育内容只有实现真理与价值的融合，才具有科学性。

（三）关于思想政治教育内容的具体构成

思想政治教育内容究竟包括哪些方面，由什么样的内容组成，这是思想政治教育内容研究必须明确的问题。关于这一问题，研究者们一方面探讨思想政治教育的具体内容。另一方面研究思想政治教育具体内容之间的逻辑关系。这方面的成果主要体现在学科不同时期的教材及相关文献之中。归纳起来，学界的研究主要有以下几种情况。

第一种情况是把思想政治教育内容概括为几个方面。思想政治教育的基本内容包括思想教育、政治教育、道德教育、心理教育四个方面。至于各教育内容之间的关系，学界的认识比较一致，普遍认为思想教育是先导，政治教育是核心，道德教育是重点，心理教育是基础。同时还提出，由于思想政治教育的重点不同，思想政治教育内容在具体实施运用过程中其结构关联方式也不同，大致可以区分为政治主导型、思想主导型、道德主导型、心理主导型等几种类型。

第二种情况是具体罗列包括些什么样的思想政治教育内容。思想政治教育内容主要包括世界观、政治观、人生观、道德观、法制观五个方面，这五个方面的内容相互联系、相互渗透、相辅相成。

第三种情况是从不同层面把握思想政治教育内容。有学者研究思想政治教育的有效性，提出可以把思想政治教育内容区分两个层面：第一个层面即特定的社会和阶级所要求、所确定的思想政治教育内容一；第二个层面即在具体的思想政治教育实践活动中，思想政治教育者根据相应的思想政治教育目的，按照思想政治教育规律的要求，对思想政治教育内容一进行组织、编制，以直接用于思想政治教育活动的思想政治教育内容二。思想政治教育内容一是具有给定性，更多表现为一种思想理论体系，思想政治教育内容二则是对思想政治教育内容一加工、组织的结果，更多表现为由这种理论体系加工而成的教育信息体系。在思想政治教育具体实践中，内容一需要向内容二转化，其转化情况直接关系到内容一的实践运用。

第四种情况是明确规定特定对象思想政治教育的内容。如大学生思想政治教育"四以"的主要任务，明确了大学生思想政治教育的主要内容。其中，理想信念教育是核心，爱国主义教育是重点，基本道德规范教育是基础，大学生全面发展是目标。军队思想政治教育的主要内容包括党的基本理论和路线、方针、政策，人民军队性质、宗旨和优良传统，我军历史使命和军人职责、法制纪律和道德规范、形势政策教育等。强调要以学习马克思主义特别是马克思主义中国化最新成果为根本，以我

军历史使命教育、理想信念教育、战斗精神教育和社会主义荣辱观教育为重点，把建设社会主义核心价值体系和培育当代革命军人核心价值观融入思想政治教育的全过程。

### （四）关于思想政治教育内容的创新发展

思想政治教育内容需要伴随着实践和时代的发展而不断发展，努力推进实践创新。思想政治教育内容的创新发展，也是学界研究思想政治教育内容的重要方面，归结起来主要开展了以下研究。

#### 1. 研究思想政治教育内容如何在迎接挑战中创新发展

思想政治教育内容创新，归根结底在于实践的发展和时代的进步。实践和时代发展提出的新要求和挑战推动着思想政治教育内容创新。在当代中国大众文化语境下，思想政治教育应构建主流文化与大众文化相契合、时代性内容与稳定性内容相结合、民族性内容与世界性内容相融合、政治性内容与生活性内容相耦合、思想性内容与审美性内容相整合的教育内容体系，并在内容创新中增强思想政治教育的主动性、科学性、针对性和实效性。

#### 2. 研究如何以社会主义核心价值体系统领思想政治教育内容创新

用社会主义核心价值体系创新思想政治教育内容，是深刻总结历史经验，推进思想政治教育科学发展的必然要求。社会主义核心价值体系的提出以体系性的内容丰富了思想政治教育的现有内容体系，实现了思想政治教育内容创新。社会主义核心价值体系把思想政治教育内容统摄为以马克思主义指导思想为灵魂，以中国特色社会主义共同理想为主题，以民族精神和时代精神为精髓，以社会主义荣辱观为基础的有机整体，把马克思主义理论与中华民族优秀传统文化结合在一起，把远大政治目标与日常行为规范结合在一起，把时代精神与历史经验、世界眼光与民族传统联系在一起，构成一个既有全球视野又有历史眼光、既立足现实又面向未来、既恪守原则又海纳百川的体系，实现了思想政治教育内容的体系创新。以社会主义核心价值体系创新思想政治教育内容，要突出思想政治教育的主导性内容、坚持思想政治教育的特色性内容、增强思想政治教育的时代性内容、吸纳思想政治教育的兼容性内容等。

## 第二节 高校大学生思政教育的环境优化

### 一、思想政治教育环境的特点与功能

思想政治教育环境，是指影响人的思想品德形成和发展，影响思想政治教育活动运行的一切外部因素的总和。相对人的主观世界和思想政治教育系统而言，它是思想政治教育所面对的外部客观存在。由于思想政治教育环境是一个复杂的综合系统，人们可以从不同的角度对其做出不同的分类。多维性、复杂性和开放性是其主要特征。在现代社会，这些特征更加明显。

（一）思想政治教育环境及其类型

一般意义上，环境包括自然环境、社会环境和精神环境。人的生存和发展离不开地理位置、自然景观等自然环境，自然环境对人的思想政治品德也会产生一定的影响，所以人们把自然环境的建设作为思想政治教育环境建设的内容之一。但是相对于社会环境和精神环境而言，自然环境并不是起决定作用的因素，起决定作用的是社会环境。所以，这里讲的思想政治教育环境主要是指思想政治教育的社会环境。在这个基础上，思想政治教育环境可以从范围、性质、状态和内容进行划分。

1. 按其影响范围划分

思想政治教育环境按其影响范围，可以划分为宏观环境、中观环境与微观环境。

宏观环境又称为大环境，主要指占统治地位的经济、政治、文化和社会心理，是影响人的思想行为和思想政治教育的社会环境或国际环境。中观环境是指影响具体个人思想行为和思想政治教育的特殊阶段与其重要背景，包括人们必然经历的家庭社区、青少年组织、学校、企业等因素和对人的思想和行为产生广泛影响的大众传媒、国际互联网等因素。微观环境又称为小环境，一般是指与人们的活动直接相关的局部环境因素，比如儿童生活的家庭、学生生活的学校班级、职工活动的企业车间、军人活动的军营等。宏观环境、中观环境和微观环境的区分是相对的，随着人们活动空间的变化而变化。三者的关系表现为：宏观环境制约着中观环境和微观环境；中观环境直接影响微观环境并连接宏观环境和微观环境；微观环境是宏观环境发挥作用的基础，对中观环境和宏观环境具有反作用。三者互相结合，共同影响着人的思想行为和思想政治教育的发展。

2. 按性质划分

思想政治教育环境按其性质，可以划分为良性环境和恶性环境。

良性环境是指对人的思想品德和思想政治教育有积极促进的环境。通常所说的

"大课堂""大家庭""思想品德的摇篮"等即是指良性环境。相反，对人的思想品德和思想政治教育具有消极阻碍作用的环境就是恶性环境，比如通常所说的"大染缸"等。良性环境和恶性环境对人的思想品德的影响一直是教育者关注的课题，我国古代就有"入芝兰之室，久而不闻其香；入鲍鱼之肆，久而不闻其臭""近朱者赤，近墨者黑"等形象而深刻的描述。当然，由于人具有的主观能动性，可以以不同的态度和方式对待不同性质的环境，因而，同样面对良性环境和恶性环境影响，产生的结果可能也完全不同。有的人"出淤泥而不染"，有的人逆境中成才，有的人可能相反。所以良性环境与恶性环境对人们思想行为和思想政治教育的影响性质不是固定不变的，两者可以在一定的条件下相互转化，形成不同的教育效果。而在现代社会条件下，我国长期的社会稳定、经济持续的发展以及独生子女时代的到来，使逆境教育的重要性和迫切性日益凸显。

3. 按状态划分

思想政治教育环境按状态划分，可以分为开放环境和封闭环境。

所谓开放环境是指思想政治教育活动能够与外界进行思想信息交流和行为交换的环境。开放按其程度不同又可以分为对外开放与对内开放、全面开放与局部开放、社会生活开放与观念心理开放，由此形成了程度不同的开放环境，也决定了开放环境的动态与变化。封闭环境是指教育活动不与外界进行思想信息交流和行为交换的环境。封闭环境和开放环境的区分也是相对的，特别是在现代社会条件下，国际交往、地区交往和人际交往越来越密切，环境的开放程度得到了广泛的提高，客观而言，环境的封闭越来越难，所以就其本质而言，思想政治教育环境是一个开放环境。

4. 按内容划分

思想政治教育环境按内容，可以划分为社会物质环境和社会精神环境。

社会物质环境是指在人类社会生活中影响思想政治教育的各种物质因素的总和，包括自然界中的属人环境、社会中的经济环境等。社会精神环境是指影响思想政治教育各种精神因素的总和。它又可以细分为制度环境、舆论环境、精神文化环境等。制度环境包括社会制度环境和单位制度环境。社会制度环境是由于社会阶级性质的不同而形成的环境。单位制度环境是由于不同的管理体制和局部文化而形成的环境，表现为严格有序或松散混乱。舆论环境包括社会舆论环境和大众传媒环境等。精神文化环境指以一定的共同价值观为指导的微观环境。

(二) 思想政治教育环境的功能

所谓功能，是指一定系统与外部环境相互联系和作用过程的秩序和能力。环境的功能是其要素相互作用的结果与表现。思想政治教育环境的功能主要体现在强化、导向、感染等几个方面。

1. 强化功能

强化是指外部刺激对人的主观认识的巩固与深化的过程。环境对人的思想品德的强化主要表现在三个方面：其一，反复强化。现代环境中，信息能够被储存起来，并可以通过传媒、网络等载体不断重复出现，增加与人们接触的频率。这样，同样的内容反复刺激人的感官，从而在人的大脑中留下了深刻的印象。其二，综合强化。一方面环境对人的作用是通过综合的方式进行的，是文字、图像、声音、动作等形式的共同作用；另一方面是通过内容和功能的综合而发挥作用。其三，累积强化。累积强化集中反映在信息环境对人的影响上，信息量的剧增，影响的持久性可以强化认知效果。除了上述三种强化方式之外，思想政治教育的强化功能还表现为舆论强化、制度强化、榜样强化等途径。舆论强化主要是通过媒介环境形成一定的舆论引导来强化人们对某一思想、行为的认识。大众传媒以其信息容量大、传播速度快、覆盖面广和吸引力强形成了对人们具有深刻影响的舆论环境；广播、电视和网络等媒体可以以不同的方式、不同的时间重复同样的主题，增强了强化的效果。制度强化是通过制度和法规建设，形成一种有利于社会秩序和谐和人们成长的环境。制度对人们的思想和行为具有直接的规范和引导作用，通过权威机制和利益引导调动人们的积极性和主动性。榜样强化是以一定的榜样为载体形成的形象强化。榜样具有明显的示范效应，特别是对正在成长的青少年具有其他强化方式无法替代的吸引力。构成榜样的前提条件是能够代表社会的发展方向，能够贴近人们的现实生活。

2. 导向功能

人是环境的产物，人的思想的形成和发展离不开一定环境的影响。因此，环境状况、特征等对人的思想道德素质的形成、发展和变化具有一定的导向性。从空间来讲，受教育者成长过程中所接触的家庭、学校、社会等环境，都程度不同地引导着其世界观、人生观和价值观的形成与变化。[1] 在现代社会，思想政治教育环境的导向作用主要是通过规范导向、舆论导向和利益导向实现的。所谓规范导向就是通过一定社会的法律制度和单位的纪律引导人们的思想和行为，规范导向具有较强的强制性。所谓舆论导向就是通过社会舆论引导人们的思想和行为，它主要通过大众传媒产生的媒介环境起作用，这种导向具有非强制性的特征。利益导向是人们在满足自己对物质利益的追求过程中形成的导向，经济环境是形成利益导向的外在动因，个体需要是形成利益导向的内在基础。在现实生活中，由于制度环境、媒介环境和经济环境同时存在，所以规范导向、舆论导向和利益导向也同时对人的思想政治品

---

[1] 陈玉书，刘素芳，王宁初 . 高校思想政治理论课学习与实践指导 [M]. 北京：中国言实出版社，2019：10.

德产生影响。改革开放以来，我国的经济环境出现了巨大的变化，不同的利益主体可以面向社会、面向市场自主竞争，形成了多元的价值取向。但是合理的竞争必须遵循社会主义方向和社会主义根本原则，社会环境的主导方向与思想政治教育的方向是一致的，市场经济的利益导向与社会主义的价值导向并不是根本对立的。社会环境不仅能够从多层次、多角度生动具体地引导人们的价值选择，而且能够为思想政治教育的发展开辟新途径，提供丰富的新资源。

3. 感染功能

思想政治教育环境可以通过直接作用于人的感官，感染人、陶冶人。在现代社会，科学技术的发展为思想的形象化提供了丰富的素材；而生活节奏的加快又增强了人们对直观形象材料的需求。所谓思想政治教育环境的感染性就是间接影响，是通过暗示、模仿、从众、集群、舆论等群众心理的影响和作用约束和规范人的行为。

社会环境的感染主要表现为情绪感染、形象感染、群体感染。情绪感染是通过社会舆论和时尚潮流影响人们的情绪，形成对社会风尚和价值取向的选择。情绪是指个体受到某种刺激所产生的一种身心激动状态，社会环境的任何变化都会影响人的情绪，特别是一旦社会出现影响较大的变化时，社会环境对人们情绪的影响也特别突出。外族入侵，可以激起人民的爱国主义情感；自然灾害，可以激发人道主义情感；和平发展，可以促进人们致力于经济建设的情感。形象感染是受到生动、直观的事物形态和典型事例触发而引起的影响。直观的事物的具体形态比如实地考察、参观访问，形象的声音和图片等，能够直接影响人的情感，诱发人们的思考。另外，先进的或正面的典型以其具体的形象，易于被人接受和仿效，具有很强的感召力；消极的或负面的形象，如果任其发展，不加制止，也会产生消极的影响。群体感染是指在一个群体中个体之间相互作用、相互影响的状况。朝气蓬勃的集体使人精神振奋，死气沉沉的集体使人心情忧郁。

## 二、高校思想政治教育环境的优化

根据思想政治教育环境的特点和思想政治教育的目的，优化和开发思想政治教育环境是一项重要的工作。马克思主义思想政治教育环境论为思想政治教育环境的优化和开发提供了理论指导，社会主义和谐社会的发展为思想政治教育环境的优化提供了现实条件。

(一) 思想政治教育环境的优化

1. 思想政治教育环境优化的原则

第一，整体性原则。思想政治教育环境是一个整体，思想政治教育又是一个系统工程，因此，优化思想政治教育环境要坚持整体性原则。整体性原则要求把思想政治教育环境要素作为一个系统来优化和建设，重视各要素之间的相互关系、相互影响。整体大于部分之和是整体性原则的核心内容。坚持整体性原则，要重视思想政治教育环境与思想政治教育其他要素之间的关系，注意要素之间的有机统一；要重视思想政治教育环境内部诸因素之间的联系，形成学校、单位、社会和家庭之间，小学、中学、大学之间的有效衔接和功能互补。

第二，互利性原则。所谓互利性原则就是要努力选择有利的环境因素，避开或排除不利的环境因素；就是在选择、利用环境的同时，对环境建设和优化负责并有利，而不是损害环境和污染环境。互利性原则是思想政治教育和个人发展的共同要求。思想政治教育是为了提高人们的思想道德素质，促进人的全面发展，思想政治教育理所当然地要选择有利的环境内容教育人们，而对不利的环境内容进行排除，这是思想政治教育应尽的责任。对受教育者来说，应有自觉学好求善，发展提升自己的主观需要，不能因为社会或某些人有问题就放弃学习和原则，更不能以社会不良风气为借口而接受不良影响。

第三，自主性原则。自主性原则的前提是要确立主体对环境的自主意识，克服依赖意识。所谓自主意识就是主体对环境的独立意识，而不是盲从意识；就是主体对环境的主人意识，而不是被动的奴役意识；就是主体对外界的驾驭意识，而不是屈从意识。主体要把环境作为自己生存发展的条件，既要承认它的决定作用，也要对它进行选择。主体如果丧失了对环境的自主性，就会在环境中漂泊不定，随波逐流，成为失去能动性的自发因素。自主性原则表现为自主选择、自主把握、自主分辨、自主取舍等几个方面。所谓自主选择，就是主体对环境变化的自主把握，对环境因素的自主分辨，对环境需要的自主取舍。自主把握是主体对环境发展变化的认识，以确立积极适应环境、支配环境的前提条件。自主分辨是指主体对复杂环境因素的分析与鉴别，是自主把握的要求。自主取舍是主体根据教育需要和自身发展的需要，对环境因素的接受和排除，是自主把握、自主分辨的结果。自主选择、自主把握、自主分辨、自主取舍是相互联系的，它充分体现了主体对环境的主观能动性。

2. 思想政治教育环境的优化方法

第一，环境选择实验法。环境选择实验法是根据培养某一方面思想道德和行为方式的需要而特意创造相应客观条件的方法。这种方法的特点是，环境设计逼真，形象具体，使受教育者有身临其境的感觉，有真实的体验，它比抽象的文字表述更富有感染力和教育性。环境选择实验，方式多种多样，已经实验并获得一定效果的方式有"生存训练""模拟环境实验""军事训练"等。

第二，环境选择隔离法。这是用相对封闭的手段选择环境的方法，它主要用于

对不良环境因素的处理。我们坚持开放，面向社会，不能脱离社会主义现代化建设的实际去开展思想政治教育。但是教育环境也不能完全等同于社会，不能与社会没有区别。教育环境的优化也不能排斥对不良环境因素采取封闭、隔离的方法。环境隔离的方法有围墙隔离法、信息隔离法。

3. 社会环境优化的措施

第一，优化传媒环境，为思想政治教育创造良好的舆论氛围。现代社会的大众传媒集新闻性、商业性、娱乐性和教育性于一体，没有差别地向全社会的各类成员传递信息。由于经济利益的驱动，必然通过各种感官刺激吸引受众，无限地追求扩大收视率和发行量，结果导致了娱乐性和商业性冲击教育性。各类大众传媒都要增强社会责任感，把推动未成年人思想道德教育作为义不容辞的职责，为加强和改进未成年人思想道德建设创造良好的舆论氛围。各级电台、电视台都要开设和办好少儿专栏或专题节目；各类报刊要热心关注未成年人思想道德建设，加强宣传报道；加强少年儿童影视片的创作生产；重点新闻网站和主要教育网站要组织开展各种形式的网上思想道德教育活动等。

第二，优化单位环境和相关的社区环境，为思想政治教育提供有效保障。单位环境是与受教育者直接联系的环境，其相对的独立性、可控性和选择性比较强，这给环境优化提供了有利的条件。改革开放以来，单位环境的优化已经积累了较多的经验，取得了较大的成效，形成了校园文化、企业文化、军营文化等个性鲜明、行之有效的单位环境建设形式。社区环境不是学校和单位可以控制的，但是其对思想政治教育的影响却越来越大，如何优化社区环境成为一个难题。

第三，建设教育场馆和社会教育基地。思想政治教育环境的优化重在建设，其中一个重要的途径就是建设教育场馆和社会教育基地。党和政府要求，各类博物馆、纪念馆、展览馆、烈士陵园等爱国主义教育基地，要创造条件对全社会开放，对大中小学生集体参观一律实行免票，对学生个人参观可实行半票。已有的未成年人专门活动场所，要坚持把社会效益放在首位，坚持面向未成年人、服务未成年人的宗旨，积极开展教育、科技、文化、艺术、体育等未成年人喜闻乐见的活动，各级政府和企事业单位要鼓励和支持面向大学生的公益性文化活动。

第四，加强党风廉政建设，提高社会综合治理的效果，形成良好的社会氛围。思想政治教育的核心内容是政治观教育，其效果直接受到党风状况的影响。在革命战争年代和社会主义建设初期，党内优良的风气感染了全社会的风尚，为思想政治教育效果提供了有力的保障。优化思想政治教育环境不能不加强党风廉政建设。此外，社会风气也是影响思想政治教育环境的重要因素。

## （二）思想政治教育环境的建设

环境蕴含着丰富的教育资源，特别是现代社会，各种各样的教育信息蕴含在政治环境、经济环境、文化环境和媒介环境之中，渗透到人们的日常生活里。思想政治教育作为有目的、有计划的教育实践活动，如何利用环境，重视环境的教育价值，是值得探讨的课题。

现代社会条件下，开发思想政治教育环境的切入点就是建设本单位的精神文化。所谓精神文化是相对于物质文化和制度文化而言，是一定群体共同的理想信念、价值观念、道德风尚、合作精神以及传统习俗等的综合，是一定群体的灵魂，反映了该群体的个性。精神文化与物质文化、制度文化的关系可以概括为后者是前者的基础和保证，前者是后者的灵魂和核心。单位的精神文化作为一种主观存在，通过单位的人际关系、舆论环境等载体表现出来，是所有有形环境的精神凝聚。通常，人们把企业的精神文化称作经营哲学，把学校的精神文化称作教育理念。精神文化的价值表现为可以把群体的发展目标和个体的现实需要、把人的外在责任与内在的德行统一起来，形成群体和社会的共同价值观，形成推动社会进步的凝聚力，从而促进社会生产力的发展。

## （三）思想政治教育情境的创设

思想政治教育情境是在思想政治教育过程中，教育者予以规定和把握的环境。教育者可以利用情境把教育内容有效地传递给受教育者。在情境中，受教育者之间互相影响可以共同内化教育内容。因此，思想政治教育情境是一种文化的、精神的、心理的、内在的、主体的体验、气氛和人际互动。思想政治教育情境创设的基本思路如下：

1. 集体学习情境的创设

集体学习是诸教育主体之间在一个共同的环境内互动式的学习。儿童之间的游戏，教育者与学习者、学习者与学习者之间的讨论，建构主义的实践共同体等，都是为集体学习所创造的情境。集体学习是教育过程中的主客体关系结构向主体间的关系结构转换的表现。集体学习的主要情境包括情趣环境、对话情境、学习型组织等。情趣环境是直接与人的兴趣和爱好联系的环境。在这种情境下，青少年的心智处于放松状态，有利于获得他们在今后的成长过程中所必需的经验和体验。对话情境是诸主体在平等的对话过程中生成意义的环境。在思想政治教育实践中，课堂讨论、理论交流、民主生活会等形式都是对话的具体方式。学习型组织的价值是团体成员之间可以在工作过程中达到学习的目的，工作过程与学习过程是统一的。在学

习型组织中，学习者之间的关系是平等的，对知识的探求是彼此的共同目标，没有领导与被领导的关系。因此，每个人的创造意识和创造能力都可以得到比较充分的发挥。

2. 认知情境创设

情境认知的突出特点是把个人认知放在更大的物理和社会的情境脉络中，这一情境脉络是互动性的，包含了文化性建构的工具和意义。情境认知为不限于人的分析单位提供了相互交织的个人认识和社会行动。也就是说，情境认知中的情境必须是丰富的，情境要素之间，情境对人的影响关系是互动的。思想政治教育认知情境包括教学过程中的认知情境、日常生活中的认知情境和大众传媒中的认知情境三个方面。课堂教学是学校思想政治教育的主渠道。以往思想政治理论课多重视讲授、讲解，忽视教学过程中的情境设置，导致理论的传授过程与受教育者的认知过程脱节。目前较多采用的认知情境有：以历史、个案等为背景资料的认知情境创设，情感认知情境的创设，以多媒体电子为手段的认知情境创设等。家庭、社区等都是日常生活的空间，生活、娱乐、交往等都是日常生活的内容。日常生活思想政治教育的突出特点是渗透性。日常生活情境的创设要重视父母、同辈人群体、校园文化等因素的影响。大众传媒是思想政治教育的重要载体，也是创设思想政治教育认知情境的途径之一。大众传媒中的认知情境建设可以区分为两个大的层面：一是社会上的大众传媒建设，二是一定的单位内部传媒环境的建设。

3. 人文感化情境的创设

人文教育为思想政治教育提供了丰富的文化背景，为思想政治教育利用更广泛的知识作为载体提供了可能。人文教育本身就蕴含了思想教育、道德教育、政治教育等内容，能够促进思想政治教育的发展。所以，人文教育是思想政治教育重要的感化情境。人文感化情境包括人文学科教育和心理关怀情境。人文学科教育是以人文社会科学的学科为基础进行的教育。哲学和历史学科的教育直接影响受教育者对一定世界观、人生观和价值观的认识。文化、艺术教育可以丰富受教育者的文化知识和审美水平，提升人们求真、求美的需要。培养人们对美感的追求、对健康精神生活的渴望，有利于科学的思想政治素质的形成。心理关怀充分体现了以人为本的教育理念，是减轻压力、缓解个人心理冲突的有效途径。

# 第三节　高校大学生思政教育的载体创新

## 一、高校思想政治教育载体概述

科学地界定思想政治教育载体这一概念，明确其含义、特征和功能，是有效选择运用适当的载体，充分发挥思想政治教育载体作用的理论前提。

### （一）思想政治教育载体的含义

思想政治教育的载体，有其自身的特定含义。在我国现阶段，思想政治教育是党以马克思主义思想体系、共产主义信仰、社会主义道德教育人民，提高人们的思想道德素质，动员人们为建设中国特色社会主义而奋斗的实践活动。要实现提高人们的思想道德素质这一教育目的，教育者就要选择一定的教育形式开展教育活动。比如在学校思想政治教育实践中，为了提高学生的思想政治素质，各级各类学校都开设思想品德和马克思主义基本理论等课程，开展演讲、竞赛、辩论等校园文化活动，组织参观、调查、参与公益事业等社会活动，不断加强学校各项管理工作。学校的思想政治教育工作者运用这些形式传递思想政治教育信息，使学生们在参与这些活动中接受思想政治教育信息，使思想政治教育的主客体之间通过这些形式而相互作用。这些形式，就是学校思想政治教育的重要载体。

作为思想政治教育体系的重要组成部分，思想政治教育载体与思想政治教育方法既有联系，又有本质区别。两者都是完成思想政治教育过程不可缺少的组成要素，都是联系主客体的纽带。思想政治教育方法的运用必须借助一定的载体，而且在一定程度上制约思想政治教育载体的选择。比如，思想政治教育主体选择了实践锻炼法，就在一定程度上决定了其运用的载体必然以活动载体为主。虽然两者联系密切，但它们之间有着本质区别，是两个不可混淆的概念。载体能够承载思想政治教育信息和内容，而方法则不能承载思想政治教育信息和内容。因此，在思想政治教育实践中，我们要注意它们之间的区别与联系，科学认识和把握思想政治教育载体的含义和实质。

### （二）思想政治教育载体的特征

所谓特征，是指某一事物区别于其他事物的显著特点和标志。思想政治教育载体的特点主要表现在以下几个方面：

1. 承载性

这是指思想政治教育载体承载社会所要求的思想观念、政治观点和道德规范等

思想政治教育信息的特性。思想政治教育信息，只有通过思想政治教育载体呈现在教育客体面前，才能为教育客体所感知，也只有通过思想政治教育载体作用的发挥，才能促进其自身的传播和交流，才能对教育客体产生影响。因此，承载性是思想政治教育载体的突出特征。

2. 中介性

这是指思想政治教育载体具有联系主体与客体、主观与客观、内化与外化的中介作用的特性。第一，思想政治教育载体是联系主体与客体的中介。思想政治教育过程中的主体与客体都是人，都是有思想、能思维的鲜活的个体生命，都有强烈的表达和交流思想的愿望和要求，思想政治教育载体作为承载、传递思想政治教育内容信息的物质手段，为思想政治教育主客体之间发生相互作用提供了阵地与平台。第二，思想政治教育载体是联系主观与客观的中介。在思想政治教育过程中，载体既能为主体所选择，也能为客体所选择，表现出一定的主观性色彩，但载体一旦被选定，就会反过来对主体和客体产生一定的客观影响。而且，载体本身既有客观性较强的有形的物质层面，又有主观性较强的无形的精神层面，还有二者统一的综合层面，它体现了主观性与客观性的统一。第三，思想政治教育载体是教育客体思想内化与外化的中介。

3. 可控性

这是指思想政治教育载体能为主体所操作与控制的特性。思想政治教育的目的性，要求思想政治教育载体必须反映教育主体的主观意志，必须能被教育主体所运用，而且思想政治教育载体是外显的物质实体，也能够被人感知、认识和把握。教育主体对多种多样的思想政治教育载体的恰当选择，就是载体可控性的突出表现。

4. 目的性

这是指思想政治教育载体为教育主体所运用的指向性特征。思想政治教育载体是内容与形式、目的与手段的统一，它作为一种工具性手段是无目的的，但在其被运用、控制、操作时就会表现出明确的目的性，即服务于教育主体，帮助教育主体完成教育任务、实现教育目标。

5. 阶级性

这是指思想政治教育载体在阶级社会里能为不同的阶级利用和服务的特性，它是由思想政治教育主客体的阶级性和思想政治教育内容的阶级性所决定的。在阶级社会里，思想政治教育主体和客体都是有阶级性的，思想政治教育就是主体向客体传播符合本阶级利益的思想观念、政治观点和道德规范的过程，而且主客体选择、运用载体也是从各自阶级利益出发的，从而使载体具有鲜明的阶级色彩。

（三）思想政治教育载体的功能

载体作为能贮存、携带其他物体的事物，具有两种基本功能：一是贮存和携带其他事物，二是促进其他事物之间的反应。思想政治教育载体作为载体的一种特殊形式，既具有这两种基本功能，又具有自己的特定功能。思想政治教育载体的功能主要表现在以下方面。

1.思想政治教育信息的承载、传导功能

思想政治教育载体既能够承载思想政治教育信息，又能够传导思想政治教育信息。承载教育信息不是思想政治教育载体的目的，"承载"为"传导"提供前提和条件，向受教育者传导社会要求的政治观点、价值观念、道德规范才是思想政治教育载体的目的和主要功能。思想政治教育是一个以载体为基本渠道，以传导思想政治教育信息为中心的过程。当载体承载着思想政治教育的各种因素并促使其相互作用时，就意味着传导的开始。也就是说，只有依托谈话、开会、品德课、管理过程、文化建设、大众传播以及各种活动等载体，思想政治教育者才能向受教育者传播各种教育信息，并引导其正确接收这些信息。

2.促进主客体相互作用的中介功能

教育应是教育者与受教育者之间交互作用的活动，它是教育者有目的、有意识、有计划地影响受教育者，变化其身心状态，促使其发展的实践活动。在教育过程中，不仅要考虑教育信息的有效传递，更要考虑到信息被接收之后的"信息反应"。思想政治教育载体就是这种"信息反应"的催化剂，它能够促进教育主客体之间发生良性互动，还能够促进客体向主体转化，进行自我教育。要充分发挥这种催化剂功能，就必须选择运用恰当的教育载体。适当的载体可以帮助教育者更好地传递思想政治教育信息，促使受教育者乐于接收信息，并在载体所能达到的作用空间内不断被强化，内化融入自己的思想和行为中，实现既定的教育目标。比如，"红色旅游"这种载体，以革命战争年代所遗留的纪念地、标志物及其所承载的革命历史、革命事迹和革命精神为基本内容，以"缅怀前人、激励今人、教育后人"为目的，因而具有极强的思想政治教育的原则性和目的性。这种载体寓教于乐，符合受教育群体的心理特征，使他们在游中学，在学中游，使教育在潜移默化中进行，有利于促使思想政治教育的客体转化为主体，实现教育与自我教育的统一。"红色旅游"这种载体在对青少年进行思想政治教育过程中就发挥了"催化剂"的功能，既有效承载和传递了光荣革命传统、先进革命精神及优良民族品质等教育内容，使教育主体与教育客体之间形成一种良性的互动，又为思想政治教育活动的开展提供了轻松舒适的环境，最终使思想政治教育达到最佳效果。

### 3. 渗透教育内容的蕴含功能

任何一种思想政治教育载体都承载着思想政治教育信息，但这种信息往往不是直观而外显的，而是内含于各种载体的运作过程之中。每一种载体都依靠自己的运作机制和实施规范，把对受教育者的教育与载体的运作过程紧密结合起来，让受教育者在接受组织者的引导、共同参与的过程中接收教育信息，潜移默化地受到教育。比如，思想政治教育的文化载体本身蕴含着大量的思想政治教育信息，是一种潜在的巨大的教育力量，它不一定有明显的具体要求，却以深刻而持久的渗透功能，影响着人们的内心世界，有利于人们形成崇高的思想品质和积极向上的人格精神。

### 4. 导向与养成的功能

思想政治教育载体的运用具有明确的目的性，带有明显的价值取向，这种目的一旦实现，就会成为教育对象的思想指示器和行为的导向仪。但是它的实现不是一蹴而就的，只有反复不断地发挥载体的作用，促使教育客体多次亲身体验、不断践行，才能形成优秀的思想道德品质，养成良好的行为习惯。比如，作为思想政治教育载体的企业文化，反映了企业员工共同的价值观和共同的追求，能够产生一种感召力和环绕力，引导员工认同企业的经营理念、价值准则和追求目标，为企业的繁荣发展同心同德、努力奋斗。在目的性很强的企业文化活动中，企业员工经过一系列活动的"操练"，经过企业文化潜移默化的熏陶和影响，就能够逐步养成一种良好的行为习惯，并不断提高人的精神境界。

## 二、高校思想政治教育载体的创新

随着改革开放的不断深入，社会情况发生了复杂而深刻的变化。面对新形势、新问题，思想政治教育既需要内容和方法的创新，也需要载体的创新，下面就此谈一些初步看法。

### （一）新形势下思想政治教育载体创新的必要性

#### 1. 社会信息化对思想政治教育载体提出了新挑战

随着信息时代的到来，社会信息化程度日益提高，带来了社会运作方式、观念形态、人们生活方式的一系列变化，也对传统的思想政治教育载体提出了新挑战。一是信息传播速度加快，使传统的思想教育载体形式显得滞后、低效而难以适应；二是信息渠道多、覆盖面广，使课堂教育中教育者和受教育者在很大程度上处于同一个"信息平台"，因而降低了教育者的权威性和影响力；三是信息网络空间良莠并存，多元文化观念充斥其间，其交互性、虚拟性和隐匿性，给思想政治教育带来了新的课题。

2. 教育改革对高校思想政治教育载体创新提出了新要求

近年来，高校开展了以内部管理体制和创新教育为核心的一系列改革与探索。改革中新事物不断出现，传统的思想政治教育，尤其是日常思想政治工作产生了不适应。一是实行学分制改革。无论是完全学分制，还是学年学分制，都是为了提高学生的综合素质，张扬学生的个性，拓宽其知识面。但随着选修课的增多，文理科之间的打通以及分级教学管理的出现，原有的班级管理模式被打破，致使思想政治教育功能被弱化，而且在教育时间和地点上很难同步。二是学生校外公寓园区的出现，打乱了学校原有的校、院（系）、班管理框架，学校的教育和管理由紧密型变成了松散型。这些新情况的出现，客观上要求我们对过去好的教育载体在继承的前提下进行优化，并不断探索新载体。

（二）思想政治教育载体创新的原则

思想政治教育的载体不可能一成不变，必须随着历史条件的变化而变化，随着思想政治教育的发展而发展，与时俱进，优化创新。因此，思想政治教育载体的优化与创新不能随心所欲，应遵循以下原则。

1. 合理继承原则

创新是在传统继承基础上的创新。传统载体当中有些合理部分应该继承。就现实而言，传统载体只是出现了不适应或者不够用，稍加改造予以优化便可加以运用。从某种意义上讲，优化也是创新。有些载体，如政治学习、办学习班、开会、做报告、课堂灌输、党团活动等都应该合理继承，只是在安排的密度、运用的时间上要恰当、适时，同时要避免单调和重复。

2. 有利渗透原则

思想政治教育是一个"灌输"和"渗透"的过程。理性的灌输固然重要，但无形的渗透，从某种意义上讲也是不可或缺的，所谓"随风潜入夜，润物细无声"，就是渗透效果的形象写照。载体的运用要有利于这种渗透。如社区文化、文化科技节活动、寝室文化建设、军训、劳动等都是一些好的载体，往往学生以主体身份参加，在其无形中受到某种启迪和熏陶，强化了正确观念。

3. 便于吸引原则

增强思想政治教育的吸引力是教育者追求的目标之一，除了在内容上做文章以外，载体的吸引也是重要方面。青年学生一般有理想、有抱负，渴望成才，同时爱美、好动、参与性强、自主选择性强。因此在载体设计上要考虑多层次、全方位、立体型，以增强载体的吸引力。

#### 4. 技术武装原则

随着科学技术的飞速发展，传统的思想政治教育载体特别是传播媒介的新知识、新科技含量越来越高。这就要求我们一方面要注重传统载体的现代化，对其"硬件"进行必要的投入和更新；另一方面，对思想政治工作者也要进行新知识、高科技的"武装"。

#### （三）高校思想政治教育载体创新的重点

思想政治教育总是要通过一定的载体进行。载体承载思想政治教育的信息，是联系主客体的一种形式。目前，高校是思想政治教育的重要阵地，所以有必要研究一下高校思想政治教育载体的优化和创新。思想政治教育的载体可谓林林总总，应重点从以下五个方面进行优化和创新。

#### 1. 优化管理载体，形成管理与思想政治教育的高度契合

管理载体，就是把教育内容与管理结合起来，渗透到广大师生员工的工作、学习、生活之中，从而达到提高思想政治道德素质，规范行为方式，调动积极性的目的。管理说到底就是执行某种规则，包括大政方针、人财物调配规则、道德行为规范、纪律约束规范等，向人们展示明确的条规，发出是与非、对与错的指令，从而调适人与人、人与社会之间的关系，调动人的积极性。思想政治教育的一个重要任务，就是要理顺人与人、人与社会之间的关系。思想政治教育的终极目的是调动人的积极性，在这一点上管理和思想政治教育达到了高度的契合。实践证明，没有管理的教育是空洞的教育，没有教育的管理是低层次的管理。这就要求思想政治教育者要主动意识到管理是教育的载体并有效地加以运用，管理工作者要学会遵循思想政治教育的规律从而提高管理水平。

#### 2. 优化服务载体，架起学校与师生之间沟通的桥梁

高校的服务工作覆盖教学、科研、生活等各个方面，它是联系沟通学校与师生情感的桥梁，是师生向心力、凝聚力、积极性的"发生器"，是思想政治教育的重要载体。目前，高校对师生的服务不尽如人意，有必要从三个方面加强：一是树立以教师为本，以学生为本的现代教育观念，把为群众服务办实事作为工作的出发点和归宿；二是改变机关工作作风，热心为基层办好每一件事情，克服"脸难看、事难办、话难听"的官僚作风，做到春风化雨，润物无声；三是切实适应高校教学、科研和后勤服务体制改革后的新情况，建立完善的后勤服务、教学服务和科研服务体系，使师生的需求做到"登天有路，入地有门"。

#### 3. 优化课堂载体，施行"文以载道"式的渗透教育

课堂集教育、管理、服务、传道、授业、解惑多种功能于一体，是学生政治思

想教育最正规的载体。"思政理论课"课堂是灌输马克思主义基本原理，强化行为规范，宣传大政方针，化解思想矛盾，培养科学的世界观、人生观、价值观的主渠道和主阵地。一般课堂除了传授知识的功能以外，也充满了"文以载道"式的渗透教育，如专业课程中的辩证法、人文精神、科学精神、创新思维的贯穿和渗透，教师人格言行的示范教育，等等。优化课堂载体，把教学与育人更加自觉地、有机地融合起来，是我们的重要职责，尤其是在学分制和学生住宿公寓化的条件下，更应如此。

4. 优化活动载体，实现教育与自我教育的有机统一

活动载体，是有意识地开展各种活动，将思想政治教育的内容寓于活动之中，使人们在活动的过程中受到教育，提高觉悟。高校的活动载体大致可分为校园文化活动、社区文化活动、社团活动、青年志愿者活动、社会实践活动、大学生科研活动、群众性精神文明创建活动等。这些活动都是适应高校形势的新变化的探索与创新。以活动为载体，有着其他思想政治教育手段所不及的独到之处：一是使思想政治教育内容为人们潜移默化地接受，二是能较好地实现教育与自我教育的统一。因此，活动载体必须大力倡导和扶植。

5. 优化传媒载体，拓展思想政治教育的新思路、新空间

高校的传媒，包括报纸杂志、宣传橱窗、广播电视、录音录像、校园网络等工具。以这些工具为载体，向师生传输思想政治教育内容，使之在接收广泛的社会信息的同时，接受思想政治教育。大众传媒载体在思想政治教育方面有极强的优势：一是传媒的渠道多，社会覆盖面广，影响大、效果好；二是适时、快捷，符合人们的现代生活节奏；三是能唱响主旋律，形成良好的舆论氛围。高校的大众传媒要真正发挥上述作用，必须坚持正确的导向，加强宏观调控，在内容上要围绕学校工作中心，在形式上要贴近学生心理、满足学生需求，以新的观点、新的思路、新的内容和形式，新的技术装备展现在广大师生面前，使之在加强思想政治教育中真正做到扩大覆盖面，增强针对性和实效性。

# 第四章 高校思政教育的机制创新

## 第一节 高校大学生思政教育的管理机制创新

大学生思想政治教育的管理机制是否科学合理，直接影响思想政治教育的效果。管理机制的涉及范围广泛，沟通回应机制、工作保障机制、风险预警机制等都属于大学生思想政治教育的管理机制。

### 一、大学生思想政治教育管理模式的转变

（一）经验型管理逐渐转向规范型管理

1. 增强制度意识，树立制度观念

一方面要正确引导大学生积极主动地参与管理制度的制定和完善，另一方面要引导大学生自觉主动地遵守各项管理制度，只有这样才能促使管理制度不断完善并在管理实践中落实。随着制度权威的形成，以及各项相关机制的不断建立和完善，群众必然会更加关心教育，并且会更加积极主动地参与教育，自觉主动地进行自我教育、自我约束、自我管理；全员、全程思想政治教育意识增强，教育者和受教育者之间的互动性也会有所增强。在这样的发展趋势下，大学生思想政治教育将会出现巨大转变，受教育者不再是单调地接受教育者的知识灌输，他们从被动逐渐转向主动。管理制度对所有人树立一致的标准和要求，个体在制度面前都是平等的，制度的权威性正是民主性、平等性、规范性所赋予的。

2. 保证思想政治教育管理制度得到群众认可

推行大学生思想政治教育管理规范化，实际上就是要按照一定规章制度设置并实行教育的目标要求、内容以及队伍建设，相关方面必须按照一定规范进行，而不是随意而动。规范型管理的实施不会一蹴而就，被管理者制度意识的增强，制度观念的确立也需要时间。要实现思想政治教育运行的制度化，思想政治教育就必须依据现代社会之需求，构建内容全面、功能齐全、配套完善的制度体系，它包含有咨询、决策制度，实施、协调制度，反馈、评估制度。管理规范化可以一步步推进，从试行开始逐渐推广为目标管理，在逐步推进下实现大学生思想政治教育管理的科

学化和规范化。

（二）粗放型管理逐渐转向精致化管理

1. 确定人在管理中的核心地位

随着时代的发展，我们所处的社会环境不断变化，信息化、市场化、现代化是当前时代发展的主要趋势和特征，而在这样的背景下，我国的大学生思想政治教育管理也从"粗放型"逐渐转向"精致化"。当前的管理就是适应科学精神与人文精神的统一思想，实现"人本管理"与"科学管理"的有机融合。一方面，大学生思想政治教育管理涉及领域很广，这不仅是资源统筹规划的工作，同时还需要对人力、物力和财力进行科学合理的资源配置；另一方面，思想政治教育管理工作对象是人，而管理的本质对象是人的思想，因此必须在管理中贯彻"人本管理"和"人文精神"的管理理念。在传统思想政治教育管理工作中，重视的是这项工作"做什么"，但是现代思想政治教育管理工作更重视的则是这项工作应该"怎么做"以及这项工作"如何做好"。可以看出，对于当前的"精致化"管理来说，更重视一些思想政治教育的细节，重视从细处着手的微观操作过程。因此，必须有针对性地进行内容管理，科学地进行管理安排，同时还要选择艺术性的管理方法，进行最优化的管理设计，只有这样才能实现真正意义上的科学优质管理。现代思想政治教育管理更重视人的主体性，强调依靠人、尊重人，充分发挥人在思想政治教育中的主观能动性，坚持将主体人作为思想政治教育精致化管理的核心。

2. 在管理中促进人的全面自由发展

随着时代的进步，大学生思想政治教育管理逐渐从"粗放型"转向"精致化"，这个过程实际上体现了一种价值追求，是对管理工作的一种精细化，对传统管理模式的优化和完善，体现了追求卓越、至善至美的工作境界。思想政治教育的重点实际上体现在其过程上，因为思想政治教育是一项长期、复杂的活动，因此教育效果通常具有一定滞后性，这就要求思想政治教育管理者要保持良好的心态，要正确认识思想政治教育过程和结果之间的关系，要在教育教学实践中持续投入工作热情，要保持自己对教育的热情。思想政治教育理念和方法的转变，要求思想政治教育管理者运用创新思维改进和优化工作体系和作业流程，积极主动地运用各种现代化管理手段，不断凝聚教育管理的组织力，不断追求主体人的全面自由发展。

## 二、建立并完善大学生思想政治教育管理体制

### (一) 建立健全沟通回应体制

在进行大学生思想政治教育时，应该建立沟通回应体制，这样可以更有效地进行观点和看法的交流、沟通，可以通过及时有效的回应解决实际问题，通过沟通回应体制，可以充分发挥教育者的主导作用，同时还可以发挥受教育者的主体作用。

在建立思想政治教育的沟通回应体制时，应该坚持以人为中心，强调人的主体性，充分发挥受教育者的能动作用，与受教育者建立平等的交流互动关系，实现双方的和谐交往、交流，而且使思想政治教育工作更有针对性，交流渠道更加畅通，教育者回应力更加强烈，从而做到化解矛盾、理顺情绪、引导有力、未雨绸缪。

建立高校思想政治教育的沟通回应体制，应坚持平等原则，营造平等交往的氛围；坚持沟通方式的多样性原则，确保上下级和师生沟通渠道畅通；坚持以鼓励为主，引导受教育者克服心理障碍，帮助其解决实际问题；充分利用信息网络技术，牢牢把握网络思想政治教育的主动权。在建立大学生思想政治教育沟通回应体制时，应该注意以下三个方面的工作。

第一，从制度角度来看，首先应该建立校领导联系院系、院系领导联系教研室、党员教师联系学生班级的制度，这样可以更深入地了解和掌握学生和教师的思想状况，收集更全面的信息，及时掌握情况，采取措施，对症下药。其次要建立值班领导"接待日"制度，尤其是校院两级领导要通过"接待日"了解师生个体需要或困惑，帮助他们疏导情绪，解决困难。再次要建立学生信息员制度，以班干部、入党积极分子为主体的信息员队伍，能够把一切情况通过正常的途径及时传送到思政工作部门；最后要建立信息反馈制度，通过联系制度和值班接待制度以及其他渠道收集到的问题，一定要按规定程序在最短的时间内及时处理，做到件件有着落，事事有回应，以取信于师生。

第二，从沟通渠道的角度来看，应该加强对网络的应用。随着网络的发展和普及应用，它对人们的思想政治生活产生了一定影响，人们的政治思想、政治情感、政治价值取向等都受到了网络的影响，应提倡通过网络正面地交流思想、交换看法、传递信息、谋面对话，倡导在网络中相互学习、相互借鉴。要开通并维护好校园网BBS论坛，把BBS论坛作为师生思想政治状况的风向标，定期研究论坛中反映集中、带倾向性的问题，判断思想政治工作形势；要利用好校长信箱、学生工作信箱等载体，确定专人负责来信的处理，每天根据师生提出的问题提交相关部门处理后，将处理意见及时在网上反馈给师生，并给予一定的教育引导；要建立网上交流视频，邀请校领导和职能部门相关领导定期或不定期地通过视频与师生面对面交流，讨论问题，提出解决方案或达成谅解等。

第三，从教育对象的角度来看，应该关注新职工、高学历职工、离异职工和离退休职工等群体的心理情况，要给予他们恰当的心理救助。通过开设心理课程、讲座等形式对教职工进行心理健康教育，帮助他们掌握基本的心理知识；通过心理咨询、开设心理热线等形式解决他们的心理问题；还可以建立心理宣泄室，让他们发泄心中的情绪，促进心理健康。

### （二）建立健全工作保障体制

随着我国社会主义市场经济的不断发展，我国大学生思想政治教育的管理制度建设提出了新要求，必须保证一定物质条件和制度条件，才能保证管理制度的正常运作。但是近年来，随着思想政治工作地位的逐渐弱化，专职思想政治工作队伍数量不足成为不争的事实，在经费投入方面相应地呈减少的趋势。与此相反，思想政治工作却面临更加复杂和繁重的任务，这与人、财、物保障的现状是严重背离的，因此必须建立健全思想政治教育人、财、物保障体制。

建立大学生思想政治教育的保障体制，可以更好地联系思想政治教育的各个保障要素，管理制度实际上就是这些要素相互作用、相互影响、相互制约的关联方式，是保障要素构成的复杂系统，包括专门的组织机构、专门的队伍机构、相关的规章与制度、必要的资金和装备以及相关的外部环境等方面的内容。建立思想政治教育的保障体制，是指通过提高思想政治教育的工作水平和整体素质，增加必要的经费投入，改善设施环境，从而更好地发挥思想政治教育的服务保证作用。

1. 建立健全大学生思想政治教育的管理制度体系

为了开展更有效的大学生思想政治教育，必须建立科学的管理制度体系，保证该制度体系与我国现行的法律法规相协调、与高等教育的发展方向一致、与大学生培养目标相适应。对于大学生思想政治教育来说，这些制度可以为其提供强有力的保障。要探索和建立强化领导和管理的具体制度，如党政联席会议制度、党群工作协调会制度、干部思想动态分析制度、领导干部联系点制度等，都是有益的探索。要充分调动各方面的积极性，齐抓共管，形成合力。要逐步制定出与新时期思想政治工作相适应的法律和规章制度，使思想政治工作能依法、有序地进行，实现由人治型向法治型、由经验型向科学化的转变。加强思想政治工作的法制建设，使思想政治工作做到规范化、制度化，保证工作体系各责任单元都能各司其职，协调配合。同时也要使思想政治工作依法行事，靠制度运作，真正做到不为哪一个人的主观意志所左右。

## 2.建立人才培养提高体制

首先，应该加强对大学生思想政治教育工作者的管理，建立健全大学生思想政治教育工作者任职资格准入制度。建立任职资格准入制度是实现大学生思想政治教育工作专业化发展的基本条件。辅导员队伍建设也要按照"高进，厚待，严管，优出"的原则制定从业标准。

其次，科学设置思想政治教育工作岗位，并保障较高素质人员的加入，以免造成人多效率低的现象。

再次，提高思想政治工作队伍的整体素质。对于政工干部，当务之急是要加强理论武装，使之逐渐朝专业化、专家化方向发展。就当前的思想政治教育工作者整体状况来说，其中很大一部分专职人员并不是思想政治教育专业出身，他们主要靠教育经验开展教育活动，对于不断变化、日益复杂的思想政治教育工作越来越不适应，因此很有必要对政工干部进行定期培训，为他们提高专业知识水平创造条件。对于思想政治理论课教师，要通过实践研讨、理论学习、鼓励考研攻博等形式加强理论研究和理论提升，同时要把理论武装和实践工作有机结合起来，安排思想政治理论课教师担任兼职辅导员或其他思想政治工作。

最后，要努力创造良好的政策环境、工作环境和生活环境，使思想政治教育者工作有条件、干事有平台、发展有空间，真正做到政策留人、事业留人、感情留人。

## 3.建立经费投入保障体制

首先，应该建立符合实际情况的资金投入机制，只有保证资金基础，才能开展大学生思想政治教育基础设施的建设，才能有力推进思想政治教育工作的发展。思想政治教育不是挣钱盈利的事业，不可能也不能搞什么创收。但是在市场经济条件下，它的运作程序也必须在市场经济的规则下进行。教育行政部门要明确设立高校思想政治教育工作方面的投入科目，确定合理的投入额度，列入预算，按时调拨。在高校，如何保证高校思想政治教育活动的正常经费，如何保证社会实践的必要经费，如何保证聘请专家学者参与教育活动的经费，如何确保从事思想政治教育专职人员待遇不低于专业教师待遇的经费等，都是思想政治教育必不可少的、应该确保的经费。从实践经验来看，一般在思想政治教育工作上获得良好效果的单位都有雄厚的资金支持；反之，缺乏经费支持的单位，即使在思想政治教育工作上付出努力，其效果往往也比较一般。

其次，要对思想政治教育工作进行经费独立预算。目前的经费预算以人事结合为基础，以分块包干使用为原则，由于思想政治工作难以量化，因此相应的经费难以得到有效保障，有时甚至出现无经费的现象。

再次，要建立单独的账户保障经费投入和运转。由于现行的思想政治教育工作条块分割，经费投入也是首先拨付给各相关职能部门，再拨付到各院系，最后落实到师生。这种层层拨付，中间环节较多，难免有拖欠或者克扣现象，从而影响工作的顺利或者有效开展。高校应该针对思想政治教育设立专门的专项资金账户，这样可以减少经费支出时的中间环节，做到及时拨付、正常运转。

最后，针对思想政治教育经费的使用建立科学有效的监督机制，保证做到专款专用。

4. 优化和改善大学生思想政治教育工作的物质条件

高校开展思想政治教育工作必须为其提供相应的物质条件，如场地和设备等，只有不断优化和改善物质条件，为思想政治教育工作创造更好的环境，才能提高教育效果。思想政治教育工作部门的活动场所，大学生心理咨询的场所，学生群体活动的场所，必要的计算机和多媒体设备，必要的专题图书、交通工具，都需要不断得到改善和优化，才能取得更好的工作效果。

(三) 建立健全风险预警机制

随着全球化进程的推进和改革开放程度的不断加深，我国已经进入关键的社会转型阶段，在这个关键的历史时期，社会进入问题的多发期、矛盾的凸显期，人们的思想观念、精神追求、价值取向等也发生了一定转变，面临各种各样的风险和考验。亨廷顿认为，一个高度传统化的社会和一个已经实现了现代化的社会，其社会运行是稳定而有序的，而一个处在社会急剧变动、社会体制转轨的现代化之中的社会，往往充满着各种社会冲突和动荡。根据中国学者的研究讨论，在中国体制转型和现代化过程中，中国社会所面临的风险是叠加的。

高校是高级知识分子的集聚地，在这里，不论是教育者还是学生都对社会风险具有较高的敏感度，并且他们会通过自己的思想和行为表现出他们对社会风险的判断。高校思想政治工作者无疑是中国社会风险最敏感的一个群体，思想政治工作无疑是防范社会风险的前沿。建立预警机制是学校思想政治工作的重要组成部分，是维系学校正常运行的教学秩序、促进校园和谐的重要防线。

高校建立风险预警机制，可以及时对各种突发事件做出反应。在广大师生的工作、学习和生活中可能会出现一些影响校园稳定和安全的事件，通过风险预警机制可以对这类事件保持警觉，从而加以防范，使之在事情发生前就拉响警报，并及时应对。

## 第二节　高校大学生思政教育的评估机制创新

开展大学生思想政治教育活动，需要了解和掌握教育的实际效果，而评估机制就是切实反映教育效果的体系。大学生思想政治教育的评估机制，是指通过对思想政治教育内容、方式方法的效果进行全面、科学的评价，进而建立的反馈思想政治教育效果的有机体系。为确保思想政治教育评价沿着正确方向，科学、有序、协调地开展，就必须要建构一套有效的评估机制。

### 一、基本的大学生思想政治教育工作评估机制建设

#### (一)建立健全政策导向机制

政策导向对于大学生的全面自由发展具有重要作用，建立健全科学、正确的政策导向机制是提高大学生思想政治效果的重要保障。一般情况下，大学生思想政治教育政策主要是指教育评价中的奖惩政策制定，主要是指各种引导性政策。需要注意的是，进行思想政治教育评价并不仅仅是评价教育对象的思想政治素质情况，更重要的是以此为依据优化思想政治教育，有效提升教育的质量和效果。评价的终点不是评价报告的提出，而是应该充分考虑评价在评价报告提出后的指导作用，因此，必须在评价中制定一系列与评价对象切身利益、发展前途等相关的政策，以此让教育教学评价具有重要的导向作用。政策导向与评价对象的切身利益以及社会发展有重要联系，因此应该按照一定步骤和阶段来落实。

#### (二)建立健全技术支撑机制

科学技术的飞速发展是社会发展的一个重要特征，随着技术的不断更新和优化，当前的大学生思想政治教育评价可以借此进一步提升准确性。因此，大学生思想政治教育评价应该充分利用先进的科学技术，以此提升思想政治教育评价的科学性、准确性，以此推进大学生思想政治教育的科学性、有效性。

第一，组织专家进行技术指导。大学生思想政治教育评价和其他专业学科的评价存在显著区别，它具有自身独特的理论体系和技术要求。因此，为了提高教育评价的准确性，应该组织专门从事评价研究的专家、教授进行技术指导，让他们作为评委或顾问提高评价的科学性、准确性。

第二，组织评价人员进行技术培训。提高大学生思想政治教育评价的科学性，必须提高评价人员的专业能力，要保证评价人员熟练掌握相应的评价技术，只有这

样才能保证评价的准确性。因此，有必要组织评价人员参与技术培训，以此提升他们的专业业务水平，以此让他们在教育评价中充分发挥作用。

第三，建构科学准确的数学模型。数学模型的运用是大学生思想政治评价具有科学性、准确性的重要技术支撑，一般情况下将数学模型运用于教育评价要构建三类模型，即检验类数学模型、信息处理类数学模型、评价定义类数学模型。数学模型的构建是提高评价可靠性、准确性的重要因素。

第四，运用高新科技成果。科学技术的运用提升了大学生思想政治教育评价的科学性、准确性，促进了教育评价的科学化发展，加强高科技程度在教育评价中的应用具有重要的意义和作用。例如，可以将现代技术设备与思想政治教育评价有机结合起来，以此实现教育评价的数字化，以保证思想政治教育评价的理论、实践与技术都能实现符合时代特色的科学化发展。

## 二、大学生思想政治教育的评估手段创新

选择合适的评估手段，是保证评估结果科学、准确的重要因素。大学生思想政治教育评估手段是大学生思想教育评估的一个重要方面和重点内容，创新大学生思想政治教育评估手段，对于揭示大学生思想政治教育的客观规律、促进教育活动的深入开展、提高思想政治教育的针对性和有效性，具有重要意义。

### （一）积极运用网络平台

随着现代数学的不断发展和进步，以及计算机的广泛应用，大学生思想政治教育评估有了新的平台和手段。利用现代数学和计算机可以实现教育评估的科学量化。传统的思想教育评估很难量化，是因为在思想现象中除了有确定性现象外，还存在不确定性现象，如随机性现象与模糊性现象。对于确定性现象可以采用严密而精确的传统数学方法进行分析和处理；而对于不确定性思想现象，就难以用传统的数学方法进行分析了。21世纪以来，相继建立起来的数理统计、模糊数学，则为解决大学生思想政治教育评估这个难题提供了有效的工具和手段。现代电子计算机的广泛运用，无疑为定量评估提供了良好的物质基础与技术保证，为大学生思想政治教育评估的科学化开辟了广阔的前景。随着网络技术的发展和普及应用，相较于传统评估，网络评估具有显著的优势，最明显的就是"时间无屏障""信息无屏障"等优势。因此，在坚持传统手法中有利方面的同时，要运用好网络这个新兴先进评估工具。网上满意度测评操作简单、点击方便，而且其匿名性使评估者敢于自由表达。网上系统评估不仅使评估成为一种常态的思想政治教育质量监控和信息服务手段，而且还可以实现过程和结果的"阳光评估"，并能降低现场评估中评估主体和受评单位的

时间成本与经济成本。

### (二)贴近学生，重视热点性和创新性评估

在当前复杂多变的国内外形势下，我国的大学生思想政治教育工作任务艰巨、责任重大。在传统的思想政治教育评估中，通常不会与学生群体有过多联系，没有充分发挥大学生群体对于增强大学生思想政治教育实效性的重要作用，这样就难以解决好难点和热点问题。比如认真学习宣传贯彻社会主义核心价值体系，深入开展中国特色社会主义理想信念教育，既是当前大学生思想政治教育的首要任务和重中之重，也是学生思想道德素质发展的必然要求，必须采取有效措施抓紧抓实。同时，与大学生切身利益密切相关的生活服务保障、贫困生资助、评优评奖、就业指导以及权益维护等，都是当前大学生思想政治教育的热点，必须从育人的高度抓实抓好。随着网络逐渐成为人们生活中的一部分，以及不断开放的社会环境，大学生的学习、生活环境也日益复杂，对于大学生思想政治教育来说，其面临着全新的问题对和挑战，尤其是在理想信念教育、心理健康教育、网络思想政治教育等领域的问题对大学生思想政治教育提出了新的挑战，对此必须加强调查、深入研究，在理论和实践形式上积极创新。要注意在创新实践的基础上坚持以学生为本，贴近学生，总结升华理论性的成果，并将其应用到新的工作实践中，从而实现大学生思想政治教育评估手段的创新。

### (三)注重差异，进行分类指导

从大学生思想政治教育活动实现的宏观层面来说，分类指导是指按照大学生的实际情况因材施教，选择最合适的教育方法和手段。而对于大学生思想政治教育评估来说，分类指导主要是在了解和掌握各校特色和亮点的基础上，指导学校之间的互相借鉴和学习，用适合本校的方法来对本校的大学生思想政治教育进行评估。由于各校基础不同、底子不同，大学生思想政治教育的评估模式是不能依葫芦画瓢的，更不能照抄照搬。可采取鼓励同类学校之间互相学习和借鉴的方法，找出差距，改进工作，从而达到拓宽眼界，开阔视野，进一步加强和做好大学生思想政治工作的目的。

### 三、大学生思想政治教育的评估内容创新

对于大学生思想政治教育评估来说，内容十分丰富、全面，包括教育目标的实现情况，教育任务的完成情况，教育内容的科学性，教育方法的合理性和教育组织形式的有效性等，都在评估范围内，都需要按照一定客观尺度进行评估，而且必须进行评估才能进一步反馈和预测。大学生思想政治教育评估内容反映思想政治教育

工作的导向性，也是学校培养人才的基本核心，它体现了人才培养的模式和社会对人才的基本要求。随着教育现代化的发展势必要求思想政治教育内容现代化。比如对人的现代化要求，即社会对人才的要求，以及个体主体性的体现，包括人的主体性精神、创新精神、发散式思维、良好的心理素质等。因此构成大学生思想政治教育评估的重要内容必须体现出主体性、多元化、个体化、求异性、可持续性特征。只有这样，才能更好地推进学校的素质教育，促进人的全面发展。

(一)加强对思想政治教育师资队伍的评估

在全新的教育模式下，教育者和受教育者之间的关系发生了改变，从传统的单向灌输，变为师生间的双向交流互动，实现了"主体客体化"和"客体主体化"，通过教师的外化与学生的内化来实现思想道德素质教育的目的。开展大学生思想政治教育必须有良好的师资队伍作保障，队伍中的教职员工必须具备良好的政治素养、道德素养，还要有较高的智力水平和良好的身体素质；要对思想政治教育事业充满热情和追求，具备扎实的思想政治教育理论功底，要对这项工作充满责任感和事业感；必须保证为人正派，言行一致，可以在大学生面前发挥良好的榜样作用。高校在构建自身的思想政治教育师资队伍时，应该充分考虑自身的实际情况，保证队伍结构的合理性，保证队伍中有经验丰富的思想政治教育教授和专家，同时有年轻又有活力的中青年骨干，还需要有精力旺盛、思维敏捷的后备军；既要保证队伍中有专职人员，也要保证有一定比例的兼职人员，要让思想政治教育师资队伍形成一张广阔的教育网，扎根于大学生群体中。在开展大学生思想政治教育工作时，必须给予辅导员和班主任充分的重视，发挥他们的力量，要重点考察他们是否切实履行了自己的工作职责。具体来说，辅导员和班主任的工作职责包括：深入了解大学生的实际情况，制订班级工作计划并按时召开主题班会，指导班级开展丰富多彩的活动等。

(二)加强对思想政治教育受教者的评估

大学生思想政治教育的对象是当代大学生，检验教育效果应该通过观察大学生得出结果，大学生的思想观念和行为习惯等可以反映思想政治教育的实际效果。因此，对大学生思想政治教育效果进行评估时必须对大学生综合素质进行评价，要将其作为大学生思想政治教育评估指标的核心。评价大学生的思想道德水平，首先应该考察大学生对思想政治理论知识的理解和掌握程度，也就是要考察当代大学生对世界观、人生观、价值观以及社会主义、集体主义、爱国主义等思想观念的认识、领会和掌握。其次要考察大学生的行为习惯，这主要是指他们在学习和生活中表现出来的道德行为，学习态度、爱国热情、做人准则、文明礼貌等都可以反映大学生

的道德水平。具体来说，可以将大学生的道德表现分为其参与各种集体活动的态度和表现、思想政治理论课及其他专业课程的出勤情况、课外科技活动参与情况、课外文艺体育活动参与情况等。大学生之间应该进行道德行为和道德观念的互评，按照自己观察的结果给予对应的评价。学生之间的相处时间较长，了解程度较深，因此可以对彼此做出比较全面，具有概括性的德育评价，同时学生参与教育评价还可以有效提升思想政治教育评价工作的参与性、民主性、公平性。

### (三) 加强对思想政治教育实施过程的评估

对大学生思想政治教育进行评估，就必须对其过程进行评估。一般来说，该过程可以分为以下几个方面。第一，对院系思想政治教育工作规划、计划的评估。从院系的层面进行考察，检查院系的思想政治教育规划、计划是否符合系统工程的指导思想，是否与上级制定的规划、计划保持总体一致；检查院系制定的规划、计划是否具有可实施性，是否可以将责任具体落实到人。第二，对教育活动的评估。对教育活动的考察主要是指对社会实践活动的考察，如社会调查、志愿活动和生产劳动等，要考察思想政治教育的社会实践活动的内容是否积极向上、形式是否丰富多彩，保证社会实践活动涉及学术、科技、体育、艺术和娱乐等各个领域。第三，对实施细节的评估。思想政治教育活动的重点在于其过程，因此必须加强对教育过程的评价，具体来说需要对教育模式创新性、依法治校及违纪教育等情况进行科学全面的评价，对学生各级组织开展教育的指导水平、管理水平和运用现代教育技术水平的考察，对教职员工在教书育人、管理育人、服务育人方面参与度及表率作用的考察等。此外，大学生思想政治教育活动是由多个环节组成的，因此要考察这些步骤和环节的连接情况，检查这一连接是否科学合理；要考察思想政治教育活动的进程是否符合大学生的思想变化规律和教育发展规律等。

### (四) 加强对大学生网络虚拟群体整体状况的评估

网络具有开放性，任何人都可以在网络平台上发表和传播自己的观点，但是这种自由性为一些图谋不轨的人提供了可乘之机，这些人在网络上散布一些不正确的思想观念，但其中一些思想观念因为迎合大学生网络虚拟群体中部分青年的偏激心理而得到认同，这样就可以直接对大学生产生不利影响，让他们产生背离社会主流倡导的错误思想观念，做出一些破坏校园和谐甚至是社会和谐的不良行为，从而造成了大学生政治思想社会化的偏离。因此，必须加强大学生网络虚拟群体思想政治教育评估，并且应该将理想信念教育作为网络思想政治教育的核心内容，要不断提升大学生对各种网络信息的判断鉴别能力以及对不良网络信息的抵御能力。

# 第三节　高校大学生思政教育的监督机制创新

随着时代的发展，网络已经成为我们生活中不可或缺的重要部分，网络的开放环境在为大学生思想政治教育带来机遇的同时，也带来了一定挑战。网络时代要求大学生思想政治教育加强监督机制的建立健全，抵御不良网络信息的冲击。同时，还要充分发挥家庭教育和自我教育在大学生思想政治教育中的监督作用。

## 一、建立健全大学生网络思想政治教育的监督机制

近年来，网络的发展对社会各个方面产生影响，涉及范围也十分广泛。随着网络不断渗入到人们的学习、工作和生活中，对他们的思想观念、行为方式等均造成了一定影响，尤其是对于正处于思想形成关键时期的大学生来说，网络对他们的成长和发展产生了巨大影响。网络在整个社会中得到了广泛应用，并且它当前已经是高校的综合信息中心，这就使其对大学生的影响十分明显，这种影响既有正面的也有负面的。一方面，随着网络的发展，它已经成为大学生获取知识和信息的重要渠道，也是他们进行思想沟通和情感交流的重要途径，在他们的学习和生活中网络都发挥着不可替代的重要作用；另一方面，网络是一个开放空间，在这个空间内充斥着各种信息，其中不乏一些不良信息，这对于大学生的健康成长造成了负面影响。网络的发展可以让世界范围内的各种文化更好地交流，可以激发世界文化的创新，而新兴文化也在很大程度上丰富了大学生思想政治教育的内容，有利于大学生思想政治教育文化事业的发展。但与此同时，网络也为大学生思想政治教育带来了一定挑战，网络的开放空间带来了新的文化冲突和社会矛盾。

### （一）加强政府对网络环境的规范与管理

大学生是国家的希望，民族的未来。在信息技术迅猛发展，社会信息化程度不断提高，世界范围内不同思想文化相互激荡的条件下，引导大学生积极学习和吸收人类文明的优秀成果，成为社会主义先进文化继承者、发扬者，这不仅是教育问题，也应该成为政府行为。

#### 1.加强网吧管理

虽然大部分大学生都拥有自己的个人电脑，但不可否认的是仍有一部分大学生会在网吧上网，因此有必要加强网吧管理。大学生上网多在网吧进行，由于缺乏管理，网络里的不良信息严重污染了大学生的心灵。

## 2.规范校园上网场所

各高校应该利用自身硬件条件优势，多建立校内上网场所，制定相关规章制度，如《大学生上网规定》《校园网络文明公约》等，对大学生上网时间、场所、活动内容等加强管理。宣传网络法制，增强管理实效，建立一套完整的网络监管体系，引导大学生自觉遵守网络行为规范，控制自身网络行为，在高校形成一种健康的、是非明确的网络环境。

### (二)加强网络资源管理，运用高新技术手段

#### 1.加强校园网络内容的筛选

从网络类型划分，可以将校园网分为教学子网、办公子网、宿舍子网等，校园网的管理人员需要全面了解并掌握校园网络的布线结构、网络系统结构和参数配置等具体情况，对每个网管交换机的每个端口要详细对应配置，如端口对应的是哪一个教室、哪一间办公室、哪一个用户或是级联到下一级交换机等，并严格做好系统参数备份，一旦出现问题，能够及时反应，一查到底，落实到具体的责任人。

#### 2.加强网络难点管理

高校应该针对大学生网络思想政治教育工作的难点进行重点管理，主要是针对骨干网、局域网、校园网加强管理，只有这样才能为开展科学有效的思想政治工作提供保障。高校应充分利用现有的网络监控管理技术，建立信息进出校园网的开关，筑起信息"防火墙"，净化网络空间。要加强对免费主页及链接的审查、落实实名制注册登记，并通过必要的技术、行政、法律手段，阻止各类不良信息进入校园网。要将管理与教育结合起来，自律与他律结合起来。通过各种形式，增强大学生上网的法律意识、责任意识、政治意识、自律意识和安全意识，培养健全人格和高尚情操，树立良好的网络道德，自觉构筑抵制不良冲击的"防火墙"。

### (三)加强立法与制度建设，建立健全网络系统管理制度体系

#### 1.加强网络与信息安全立法工作

网络近年来发展迅速，为了保证网络环境安全，我国必须进一步规范网络秩序，加强网络立法。随着近年来我国的不断努力，在网络立法方面已经取得了一定成绩。计算机与网络安全法规的出台与实施，在规范网络行为、保护网络用户利益，特别是在使青少年免受非法和有害信息的侵害等方面起到了积极的作用。只有加强网络立法，建立健全商业网站和网吧管理制度，才能有效地规范商业网站和网吧经营者的商业行为，打击其不法行为，才能为大学生的健康成长创造一个良好的社会环境。

## 2. 建立健全校园网络与信息安全管理制度

在当前的信息网络时代，高校必须进一步加强校园网的管理与监督，应该建立健全符合国家法律规定以及自身实际情况的网络管理制度，加强对网络信息的监管，以此提升校园网络的安全性，为大学生提供环境良好的网络空间。具体来说，高校应该合理规划校园网络系统，将校园网络的管理职责落实到具体的部门和个人，加强网络系统软硬件管理，建设专业的校园网络管理队伍并对他们进行定期和不定期的专业培训，建立健全校园网络信息发布与监控制度，建立健全师生网络行为监控与管理制度等。校园网对于当前的高校教育来说具有重要作用，因此必须加强校园网的管理与监控，这就要求高校建立健全科学、完备的网络系统管理与信息安全监控制度，以此保证校园网充分发挥其在思想政治教育中的作用，保证其为广大师生与员工提供良好的校园服务。

## 3. 建立健全其他相关管理制度

需要注意的是，高校建设的校园网与其他商业网站存在本质区别，校园网旨在为大学生提供服务，因此，为了保证大学生可以顺利进行校园生活，教学活动可以按一定秩序开展，就必须建立和健全一套特殊的管理制度，如网络管理制度、检查制度等。适时地约束学生的上网时间，控制学生的上网行为，加大对网络的管理力度。

## 二、建立健全大学生的自我管理与监控机制

### （一）大学生思想政治教育自我管理的要求

#### 1. 充分发挥教育和管理队伍的职能

在开展大学生思想政治教育时，高校党组织、学生工作职能部门以及教师和辅导员队伍，应该通过适当的方式和途径培养大学生的规则意识，引导大学生自觉主动地遵规守纪，对他们的违规失范行为予以谴责、惩罚，以此培养和训练他们的自我管理意识和能力。同时，要转变教育者和管理者的观念，使他们从处理琐碎繁杂的事务转移到引导、指导、检查、监督上来，既不是家长式的包办，也不是保姆式的代替，而是在学生自我管理的具体过程中，为他们出谋划策，帮助他们做出正确决策与选择。所谓检查监督，即是对学生自我教育与管理的组织工作和活动进行定期检查，既要放手让大学生自己做，也要使他们尽量少出偏差。

#### 2. 营造良好的校园文化氛围

大学生要在大学校园内学习和生活，因此需要营造良好的校园文化氛围，同时良好的校园文化氛围有利于培养大学生的健康心理活动和行为方式。由此可以看出，良好的校园文化环境可以促进大学生更好地进行自我管理。营造良好的校园环境氛围并

不是一蹴而就，需要在长期的教学与实践探索和经验积累的过程中才可以实现，校园文化是高校一代代师生共同创造的，校园文化会在潜移默化中对高校师生产生影响。大学生的思想观念和行为方式都会在潜移默化中受到校园文化的影响，这可能是有意识的也可能是无意识的，这种影响会逐渐将大学生的思想观念和行为方式向校园文化所倡导的主流的价值观念和思维方式靠拢。因此，校园文化对大学生的思想政治教育有积极作用，可以在潜移默化中提升大学生的自我教育能力以及综合素质。

高校在营造良好校园文化氛围时，应该关注以下几个方面。①加强高校的基础文明建设与教育，通过合适的方法引导大学生加强自身道德文化修养的培育；②加强学风建设，学风对大学生的学术教育和思想教育都有重要作用，良好的学风可以促进大学生养成良好的学习环境；③加强校园文化园区建设，随着时代发展，高校应该与时俱进地更新自己的教育教学硬件设施，以此改善校园的整体面貌；④引导大学生积极参与丰富多彩的课余文化活动，参与社会活动或其他校园文化活动，让大学生从实践中更好地理解并接受先进文化；⑤重视高校内部潜在的、非课程形式的教育活动，创建有利的"道德场"，形成大学生自我管理的良好环境和氛围。

### (二) 创建良好的大学生群体自我管理局面

在高校中，学生组织主要包括学生党团组织、学生会、学生社团、班委会等群体。加强大学生的自我管理和监管，需要加强校、院系、班级的学生组织的联系，构建高校校内的学生自教自律组织系统。引导各级学生组织通过开展多种形式和富有实效的活动，促进学生自我发展，形成大学生群团自上而下的自教自律局面。

#### 1. 发挥学生会职能

加强大学生的自我管理、自我监督，需要学生会充分发挥职能。校、院的学生会是在党组织领导下、团组织具体指导下的学生自己管理自己、自己教育自己的群众性组织，是党组织联系学生的桥梁和纽带。"自我管理、自我服务、自我教育"是学生会工作的基本准则。学生会通过组织丰富多彩的活动，不仅可以丰富学生生活，而且可以有效地对学生的思想与行为进行引导。

#### 2. 发挥班集体作用

加强大学生的自教自律，自我监管，必须充分发挥班集体这一基层组织的作用。班级是大学生的基本组织形式，是大学生自我教育、自我管理、自我服务的主要组织载体。班集体通过一系列主题、班会、文体活动，使教育与管理的要求转化为现实影响，产生教育效应，达到促进学生成长成才的目的。

#### 3. 加强大学生自治

大学生的自我管理、自我监督，关键还在于他们自己，只有把握这个关键才能在大学生思想政治教育中实现学生自教自律。学生自治是学生组织在党组织领导和团组织指导下的自主建设方式，一般以学生党员、学生干部为骨干开展自治活动。学生自治实际上是学生组织按照学校的培养目标与规章制度，进行自我教育与自我管理的活动。有些学校的学生为了发挥自治作用，还专门建立了学生的自教自律机构、学生监督机构，以保证学生自教自律的进行与效果。

# 第五章 高校思政教学模式的创新

## 第一节 高校思政课程"智慧教学"的创新

### 一、高校思政课程智慧课堂的理论基础

#### (一) 高校思政课程智慧课堂的建构主义理论

著名心理学家皮亚杰在研究儿童认知发展的基础上提出了建构主义理论，它是在认知主义和行为主义层面上，针对学生的教学进行相应的研究与分析。他认为教师在教学过程中应该发挥学生的主动性，学生是一个具有个性的学习者，每一个学生都有自身发展的特点及规律，在教学过程中不应该灌输单方面的知识，而应该在相应的社会生活的背景下，对学生进行帮助及学习资源的整合，促进学生对学习的自觉性。

"智慧教学"一个很重要的特征就是能够形成自己的见解，建立自己的知识体系，这也是智慧生成的关键所在。学生的思维性在于自主建构，一个学富五车的人倘若不能运用这些渊博的知识进行自主思维，形成自己的见解，也仅仅是学者而已，而不能被称为智者。在现代社会中，真正需要的不是能背诵四书五经的书呆子，而是能进行自主思维、具有很强建构性的智慧之人。为此，在我们的教育中，教师要树立建构主义的学习观、建构主义的学生观及建构主义的知识观，让学生充分发挥自主能动性，选择合适的学习方式，自主地进行知识建构，形成自己的见解，生成自身的智慧。我们要培养的是学生自主思考且善于思考的能力，让学生即使是离开了学校的学习，也能自主形成学习思考与解决问题的能力与智慧。因此，这并不是一个遥不可及、无法达成的目标，只要我们依据建构主义的教学原则，改善我们的教学环境，并重新定位我们的师生角色，教师与学生智慧共生的目标是可以达成的，我们需要有这份信心。

#### (二) 高校思政课程智慧课堂的多元智力理论

霍华德·加德纳（Howard Gardner）在 1983 年提出了多元智力理论，这一理论是以智力作为一个能力的组合过程，学生之间都存在差异性，而每一个个体，他们

的发展之间也可能会有一点差异，由于差异的存在就让每一个学生多了不同特殊职能结构的理论化模式。在多元智力理论当中，他们认为每一个学习者都会拥有 8 种智能，并且智能的发展是受相关学习环境及许多因素影响才达到不同水平的智力组合。每一个学习者之间都是存在个体差异的，无论是思维还是相关动手能力等都存在不同的差异，所以在学习方面他们的优势也都大不相同。

（三）冯契"智慧说"

"转识成智"是冯契在其代表性作品《智慧说三篇》中提出的，其论述的主要内容就是理论知识到深层次智慧的一个变化过程，它不仅可以视为一种哲学价值取向，而且在教育领域中"智慧说"也是一种极其重要的价值观念。从不知到知，再从知到智，成功实现了"转识成智"。"转识成智"也就是说个体在认知和实践过程中形成的主体与每一个不同的个体之间进行角色互换及相关角色的转化，促进主体的发展并结合相关学习情景及实际的客观问题，进行"智慧教学"课堂的设计与研究分析。高校思政课程"智慧课堂"的最终目的即为"转识成智"，提供一种可行而又简便的方法及不同的学习途径。在传统的教学过程当中，教师一直扮演着主要角色，只是简单地将相关的教材知识灌输给学生，就像机器一样机械地灌输给学生，所以学生成了毫无个性的知识接收机器。因此，教育发展过程中针对学生主体进行不同的设计是德育的重要部分，思想政治教育最终的目的是要实现理论与实践、内化与外化的统一。

## 二、高校思政课程"智慧教学"优势分析

（一）实现以"学"为主、"教"与"学"并重

与当前大多数教学理念不同的是，"智慧教学"强调教师的"教"与学生"学"并重，课堂中的教师与学生都是主体，坚持师生双主体地位，以学为主，"教""学"并重。以"学"为主是根据本杰明·布鲁姆（Benjamin Bloom）的教学目标分类理论提出，认为最基础的知识由学生课前自学，需要应用、分析、评价、创造类的知识则在课堂上完成。"智慧教学"在当前已有教学模式的基础上，更加关注学生自身情况，并通过智能化手段实现这一理念。"智慧教学"要做的是如何使学生更好地吸收与接受，将马克思主义理论知识内化于心，转识成智，外化为个人行为，而不是仅仅掌握理论知识。"智慧教学"有全过程、全方位的教学监督与系统评价，通过智能系统监督管理学生，从而培养学生自学学习习惯。"智慧教学"在学生学习过程中遇到难题时，在不打断教师及同学进度的同时又能及时将问题反馈给教师，教师通过

系统及时了解相应问题，调整教学，"教"与"学"同时进行，教师根据学生的学习反馈再进行解决。这些都是围绕学生以学为主、解决学生难题来进行设计的，教师在课堂中就把学生的疑惑和问题一起进行探讨和解决，在整个过程中，既促进了学生智慧的生成、培养了学生解决问题能力，教师也得到进一步提升，是一个相互学习和进步的过程，有利于教师与学生的双向发展。

"智慧教学"结合当代大学生的思想特点和学习特征，将"教"与"学"一体化，学生在教师有效的教学中快速得到消化，学生利用智能平台将学习效果及时反馈给教师，教师进行针对性的"教"，教师与学生共同学习和发展，使教师教学智慧与学生学习智慧同时提高，教师与学生相互进步，两者处于平等地位。智慧教学的目的在于提升学生学习参与度，重视学生学习方法的探究，通过在实践中获取知识，实现提升教师教学智慧和学生学习智慧。我们强调教师和学生智慧提升的同时，注重对学生进行全过程、全方位的评价，使学生能够通过思政课程的学习有效获得相关理论知识，进一步培养学生将知识有效地转化为解决问题的能力，从而对其内化与外化的知识进行综合的考查与评价。"智慧教学"主要针对大学生手机依赖症及"到课率""参与率""抬头率"低、实时控制大课堂教学进程难等问题，将传统的抵制手机进课堂理念转变为鼓励手机进课堂，利用手机便携性等优点，进行全员互动，学生在实际参与中学习，让课堂更有趣味性，又能全方位地对每个学生进行追踪了解。"智慧教学"关注学生课前、课中及课后一体化的考评，全过程、全方位地对学生进行综合评价，更加客观和科学地对学生进行评价，能有效提高高校思政课程的实效性。

## （二）体现个性发展，培养学生思维才智

在传统教学过程中，学生数量较大，教师难以在有限的一节课中关注到每位学生的个性特点，有针对性地培养每位学生的思维才智。"智慧教学"将课堂共享于师生，切实发挥了学生的主体作用，借助智慧平台，根据学生的个性特征和知识层面为不同学生制定不同的教学任务，充分体现学生的个性发展。教师扮演的是主导者的角色，为学生提供专业指导，启发学生思维，帮助学生思维才智的养成。在课堂讲授过程中，思政课程智慧教学鼓励教师引导学生自主探究，通过创设问题情境，引起内部的"认知冲突"，为学生提高思维想象的空间，让学生对知识自主探究、发现、讨论、总结与归纳，从形象思维到抽象思维，从分析到综合，从个性到共性，循序渐进，不断激发学生的思维灵感，提高学生的思维能力。

（三）实现课前、课中、课后的有机融合

1. 激发学生课前自主预习主动性

网络教学与线上线下教学最先提出注重学生自学，但这种自学需要学生本身具有高度的自觉性与自我要求。高校思政课作为一门政治、德育课程，其理论性与育人要求较高，依靠学生自己自学，难以达到育人效果和让学生对理论知识有深层次的理解，反而会使教学出现学生学习两极分化的情况，即有高度自觉性的学生能很快跟进课堂，而缺乏高度自觉性的学生难以跟进课堂教学进度。

"智慧教学"利用了手机的便携性，教师在课前将预习提纲发布到平台，学生进行自主预习，并对学生自主学习情况进行全过程监督，将课前学习作为思政课考查的一个环节，有效地激发了学生学习的自主性。学生针对教师发布的提纲进行目的性预习，区别于传统模式学生自主对课本进行预习，目的性预习能有效了解学生知识掌握情况，将最基础的知识教给学生自己，有效避免课堂上出现对于学生熟练掌握的知识，教师反复讲授，对于学生难以理解的知识，教师忽视的情况。预习阶段学生将简单知识自我消化，有助于课堂上"教"与"学"同步进行提高课堂实效性。同时，一般在预习前，教师根据学生情况，将简单、容易掌握的内容通过图像、音频、视频等方式传授给学生，激发学生自学主动性，提升自学效果。

2. 课前、课中、课后能与学生有效沟通

传统高校思政课教学注重学生课堂中的学习和交流沟通，在教学改进中也是主要针对课堂中教学活动进行改革与完善，对学生课前和课后的关注相对较少，导致高校思政课课前、课中与课后教学相脱节，不能有效地衔接。学生课前情况不能及时反馈给教师，课中囿于教学要求，教师难以一一解决每位学生的问题，课后受时间与空间制约，教师与学生又难以进行有效的沟通。高校思政课作为一门育人课程，必须要注重学生长期培养，因为思想道德和价值观的引导是一个长期的过程，要将课前、课中、课后融合，才能全方位地观察学生，教学实效性才能真正得到提高。

"智慧教学"与传统教学不同的是，更加关注课前、课中和课后的有效衔接与融合，全方位、全过程地掌握学生学习情况，了解学生发展状况。主要是通过运用智能软件进行监管，教师后台跟进和反馈给每位学生，在课前、课中实时掌握学生情况，及时与学生沟通，打破了传统时间与空间的限制，实现课前、课中、课后教师与学生的有效沟通。"智慧教学"与混合教学、网络教学及线上线下教学不同的是，"智慧教学"中智慧软件只是教师教学智慧发挥的一种展现形式，这种形式对教师的课堂教学具有辅助作用，主要是通过手机进行，教师可以随时随地掌握学生实际学习情况，做到课前、课中、课后都能与学生进行及时的沟通与交流，全方位考查学

生，实现对学生的长效引导和监管。

### 3. 及时推送相关学习资料

与以往的教学相比，"智慧教学"注重给学生及时推送相关学习资料。虽然在以往的教学中也有资料的推送，但相对来说，缺乏推送的及时性，不能及时根据学生需求进行推送，具有一定的滞后性。推送相关学习资料与时事热点，能增强大学生在高校思想政治理论课中对马克思主义理论知识的掌握和理解，结合社会实际，将理论与实际结合，更有效地帮助学生学习。学习资料的及时推送能及时帮助学生自己主动解决疑难问题，这是高校思想政治理论课教学的需要。

所谓"智慧教学"，综合已有的研究，它包括两个方面，一是智能化教学，二是教学智慧。智能化教学指将人工智能等融入高校思政课堂，这种智能化不仅能及时掌握学生情况，还将对每位学生进行智能化分析。将教师教学智慧与智能化信息技术结合进行资料推送，教师结合学生实际情况，筛选相关学习资料加入教学平台，教学平台通过智能化分析学生情况，对不同的学生有针对性地将教师事先发布的相关资料主动、及时地推送给学生，及时巩固和强化学生知识，帮助学生解惑释疑。

### 4. 教学考评智能化

随着新媒体技术的发展和应用，对高校思政课进行智能化考评是教学改革的趋势和教学需求。传统的教学评价主要依赖教师人工进行，由于环节的复杂，需要教师耗费较多精力进行，尤其是在大课堂中的教学，教师精力有限，难以关注到每位同学的情况，智能化考评通过试题的方式和人工课堂记录的方式对学生进行教学评价。但这种方式不仅耗费教师的精力和时间，也耗费课堂教学的时间。智能化考评，将考评与教学同时进行，更加合理和科学地对每位学生进行客观分析与评价。

"智慧教学"鼓励手机走进课堂，以疏代阻，利用手机减轻教师教学负担的同时，"智慧教学"软件通过每节课学生的参与进行大数据分析，全景式记录学生学习情况，综合地为教师提供该学生详细的学习数据与量化成绩，形成智能考评系统，减少了教师教学工作量，使教师能投入更多精力关注学生。日常考评中，实现智能考勤，课前、课中与课后的测评和考核智能化，全方位掌握学生实际的思想道德情况，并进行考评，解决传统高校思政课中考评粗浅、片面化的问题，有助于教师将更多精力放在关注学生、关注教学过程上。

## 三、高校思政课程"智慧教学"的优化路径

### (一) 利用学校教育平台普及理念

学校教育平台是个专门的教育场所，是对受教育者进行有目的、有计划、有组

织、有系统的知识、技能培养，以及品德、智力、体力、美感、劳动全面培养活动的空间。学校作为实施教学活动的主要场所，亦是开展思想政治理论课"智慧教学"的主要阵地。相比于家庭教育和社会教育，学校教育拥有职能的专门性，即"培养人"的专门职能，其所有的事物均以"培养人"为中心，围绕"培养人"来进行。它拥有专门的教学队伍、专门的教学设备、专门的教学手段与专门的教学目标，专门性地培养安排奠定了学校教学平台的主导地位，同时也相应地要求学校教学平台具有严密的组织、系统的内容与稳定的形式。思想政治理论课程"智慧教学"作为一种教学活动，自然是以学校作为教学的主要场所，如何切实利用好学校这个专门的教学平台开展思想政治理论课程"智慧教学"，是各界教育研究者与实践者需要深入探讨的问题，其首要的解决方式便是相应理念与知识的推广与普及。在学校广泛普及思想政治理论课程"智慧教学"的理念与知识，是迈入高校思政课程"智慧教学"活动的第一步。

（二）高校寻求国家、社会的经济支持

经济支持是教学活动运行的重要保障，任何教学的提出和运行都离不开物质条件的支撑，同时，对教学的探索是提升高校思想政治理论课教学实效性和教学质量的关键。高校思政课程"智慧教学"的目的就在于提升课程实效性，激发学生学习兴趣。高校思政课"智慧教学"是借助一定的教学软件进行的，高校对软件的开发或者使用需要经济支持，在国家扶持下，还可以向社会寻求支持，能有效确保高校思政课程"智慧教学"顺利运行。单纯依靠国家扶持与投入，"智慧教学"在短期内难以运用到高校思政课堂中，其耗时与周期较长。主动寻求国家与社会的经济支持，避免坐以待毙，有利于高校思政课程"智慧教学"进一步广泛推进，增强高校思政课教学质量。

（三）培养专业"智慧"师资队伍

第一，智能化信息技术掌握。高校思政课程"智慧教学"是教师智慧、学生智慧与智能化的结合，教学的智能化要求教师对信息技术充分掌握。就目前高校思政课专任教师队伍情况来看，专业的信息技术师资队伍缺乏，致使大多数高校思政课仍停留在传统的单向灌输式教学，学生学习兴趣难以被激发，教师为完成教学任务而教学，缺乏智慧性教学。相对于传统高校思政课教学，"智慧教学"顺应时代发展，有效利用信息技术手段，结合教师教学智慧，即对"智慧教学"环境下复杂的教学情境有敏锐的察觉能力、能迅速准确地做出判断和反应的能力，使学生通过思政课的学习，提升解决问题的能力。"智慧教学"在传授理论知识的同时，更加注重学生

的互动参与和实际能力提升，前提是"智慧教学"得以有效开展。"智慧教学"的有效开展，需要教师对信息技术有一定的掌握，教师要比学生对新媒体更为熟悉，才能积极推进教学，这就要求培养专业的师资队伍，保证教师有效地解决在教学过程中面临的技术问题，思政课程"智慧教学"才能得以顺利、高效地开展。

第二，教师教学智慧。教育者在复杂的教育教学情境中能够准确、快捷地处理教学过程中面临的教学困境，如在处理事前难以预料、必须特殊对待的问题时，以及对待一时处于激情状态的学生时，教师所表现的能力。[①] 这是对复杂的教学情境有敏锐的察觉能力，能迅速准确地做出判断和反应。高校思政课程"智慧教学"作为将智能化、智慧化与思政课结合的一种模式，互动性强，教师在教学中面对学生难以预料的回答和互动较多，这就对教师的教学智慧要求更高，要求思政课教师转变传统思维方式，并且不断充实自己的专业知识和清楚地了解学生的专业背景，更加关注课堂细节，了解学生需求，能迅速作出反应，解决问题。将教师的教学智慧同智能化技术结合，两者是高校思政课"智慧教学"必不可少的，只有两者同时推进，才能有效提高教学质量。

### （四）实现教学内容智慧性转化

教学内容与思想政治理论课教学相关性最高。高校思想政治理论课教学改革的同时，需要有与之相适应的教学内容适配，要注重对教学内容的转化。思想政治理论课程"智慧教学"是人的智慧与人工智能相结合的教学模式，对思政课教学内容的转化有更高的要求。同时，思政课是关于大学生政治、德育的课程，如何转化是关键。"智慧教学"改革的目的在于激发学生的学习兴趣，调动学生的学习积极性，让学生"转识成智"，增强教学实效性。虽然高校思政课智慧模式顺应了当前时代要求、学生的发展需求及学生特征，但不能脱离高校思想政治理论课课程内容结构合理、功能互补、相对稳定这一特征。所以，"智慧教学"教学内容智慧型转化是在教材的基础上进行的，首先将教学内容划分为主题型与渗透型，再利用智能化手段推送相关热点、结合时事展开教学，使教学内容鲜活起来，才能有效地提升思政课教学质量。

---

① 李才俊，罗茂，胡守敏.高校思政课实践教学设计 [M].成都：西南交通大学出版社，2022：12.

## 第二节　高校思政课程与"学生骨干宣讲法"模式的结合

### 一、"学生骨干宣讲法"实践教学模式的基本概述

（一）相关概念

1.实践教学概述

在实践教学的理解中，实践的内涵更倾向于名词的词性解释。而理论在现代汉语词典中同样有两层意思，一种为名词，意思为人们由实践概括出来的关于自然界和社会的知识有系统的结论；另一种为动词，意思为辩论是非、争论、讲理。理论教学是教师以课堂讲课为主要形式传授理论知识，帮助学生形成扎实的理论基础。实践教学和理论教学在高等学校培养人才中具有同等重要的地位，两者相辅相成，不可分割，但又相对独立。实践教学是对理论教学的证明、补充及拓展，有着极强的操作性和直观性，目的在于培养学生的创新能力和实践动手能力，在培养学生创新精神和实践能力中有着理论教学不可替代的重要作用。

2."学生骨干宣讲法"实践教学模式内涵

杨曙霞、张光映老师认为"学生骨干宣讲法"是教师根据一定的理论教学内容，在各个班级里选择一部分积极参加实践教学活动的学生骨干，在对他们进行理论知识、实践基地介绍和外出安全要求等充分培训后，组织学生到实践教学基地进行现场教学学习，在教学过程中要求学生做好现场记录，学生骨干回校后经过教师的指导，选择自己喜欢的主题或视角，面对班级全体学生进行实践教学的感悟宣讲，以这种间接、同辈教学的方式实现实践教学的全员化，最终达到提高理论教学实效性的目的。① "学生骨干宣讲法"实践教学模式是根据其特定的理论基础和思想政治理论课的教学目标，在思想政治理论课实践教学中按照其固定的教学程序和科学的评价方法对学生进行实践教学，不断加深学生对理论知识的理解和实践过程的感悟，做到理论联系实际，从而实现知行统一的稳定的实践教学模式。

（二）"学生骨干宣讲法"实践教学模式的理论基础

1.马克思主义认识论

马克思主义认识论是融合了实践和辩证法思想的认识论，将主体与客体、认识与实践的关系更清晰地呈现出来。

---

① 杨曙霞，张光映．思想政治理论课实践教学"学生骨干宣讲法"的探索与总结 [J].大理大学学报，2019，4（1）：59-63.

在认识与实践的关系上，认识的主体与客体是改造与被改造、认识与被认识的关系。不论是改造与被改造，还是认识与被认识，认识主体都是通过实践，发挥其主观能动性作用于认识客体。实际上，改造与被改造，就是实现主体的客体化，即认识主体本质力量的物化（人的体力和智力）。实现客体的主体化，即客体属性、规律内化转变为认识主体的体力和智力。认识与被认识，实质上是客体经过人脑的一些"改造"，这些改造使客体成为观念性的存在。这种双重关系依赖于实践，通过实践实现的主体能动性，即人们在改造世界中认识世界。人的这种实践活动具有极强的目的性，客体被主体改造并在主体的头脑中反映出来。

高校思想政治教育作为学生在成长过程中必不可少的一个环节，最重要的目的之一就是促使学生能够更加全面客观地认识世界并改造世界。在教学过程中，课堂教学是对学生进行外部理论知识灌输的过程，而让学生能够将理论知识内化于心，使之成为自己的力量才是高校思想政治教育根本的目的。而只有经过实践，才能让理论知识真正入心，使理论内化于一种信念或行为。实践教学在高校思想政治教育过程中的作用和地位可见一斑。

2. 人的全面发展理论

人的全面发展理论是马克思主义思想的根本价值和最高使命，也是基础理论的关键组成部分，又是马克思主义中国化发展的时代需求。

人的全面发展就是人的本质的东西的全面发展，是指个体以一种全面的形式、以一个完整的人的形式，拥有人所该具备的全面的特质，也就是各方面能力的全面发展，表现在劳动及其能力的提高、人的社会关系的进步及人的个性需求的满足等。

"学生骨干宣讲法"实践教学模式中贯彻落实"人的全面发展"的理念。授课教师在进行实践教学的整个过程中，培养了学生观察现象、思考问题、收集资料、制作教学课件和课堂教学等各方面的能力，促进了学生的全面发展。因此，学生的全面发展理论对于"学生骨干宣讲法"实践教学模式有较强的理论借鉴意义。高校要落实立德树人的教育目标、推动大学生的全面发展，需要大力坚持实践育人的政策方针。

3. 教育的双主体理论

教育的双主体理论认为教育者和受教育者都可以作为教学过程的主体。它不同于传统的思想政治教育中教育者是主体、受教育者是客体的教学，它打破了教师讲、学生听的教学方式，在教学过程中将学生也作为教学活动的主体，也就是说学生可以作为课堂知识的传授者。在课堂上，教师和学生可以平等地进行交流，师生双方可以在实践教学活动中进行平等有效的思想交流和知识共享，用这种方式来实现教学的效果。教育活动的效果取决于师生在互动过程中是否有效，这是双主体理论的特征。教学过程是师生之间双向互动的过程，这不仅是教育者发挥主导作用并对受教育者产生教育影响的过程，而且也是受教育者受到教育影响并进行自我教育的过程。因此，在整个教学过程中，实现师生双向平等的交流与互动、建立更加融洽的师生关系、提高学生的语言表达和分析总结能力，也可以使思想政治理论课更接地气、顺应时代潮流、更加有效。

师生双主体的教学方式方法在"学生骨干宣讲法"实践教学模式中很好地得到了体现。在对学生进行实践教学的理论铺垫时，教师通过对理论知识的深入分析讲解，引导学生理解和掌握与实践教学相关的马克思主义基础理论知识和党史国史、改革开放史、社会主义发展史。在学生骨干宣讲时，学生骨干以自己的独特视角和讲解方式将在实践教学基地的所见、所闻、所思、所感与同学们交流、讨论。在此过程中，学生成为教育活动的主体，学生可以在此过程中充分发挥主观能动性，锻炼自身全面发展的能力、丰富思想、拓宽眼界，促进知识的升华，提高师生互动的有效性，促进师生的共同进步和发展，使思想政治教育理论课不再是枯燥无味的纯理论课程，而是能够发挥学生主体性、融入情感共鸣、具有亲和力和针对性的课程。

## 二、高校思政课程"学生骨干宣讲法"实践教学模式的优势

### （一）创新教学理念，学生成为教育主体

"学生骨干宣讲法"模式以培养骨干学生宣讲员为切入点，创建固定的教学实践链条，通过学生自我教育方式间接达到实践教学全覆盖。更重要的是，骨干学生通过实践，在有所收获的基础上及教师指导下，经过查阅资料、撰写宣讲稿、制作PPT、试讲等环节，最后在教师组织下对班级学生进行宣讲。宣讲成员对其他学生分享自己的实践感悟，自己既是深受教育的客体也成为教育主体，产生了较好的朋辈教育效果。这一模式克服和化解了实践教学中面临的许多困难和问题，如学生人数多，实践基地有限；组织管理困难，经费有限；有的教师对实践教学环节重视不够，没有用心策划、精心指导，教学效果不理想；学生实践中的安全保障问题；实践环节成绩的合理评定难；有些参观考察活动走马观花，效果不明显，等等。通过骨干宣讲，上述许多问题基本得到解决。

### （二）利用本土资源，理论联系实际

实施"学生骨干宣讲法"，根据思政课程教材内容和课程教学目标，精选实践教学内容，整合、利用地方特色教育资源，凸显乡土特色。

在开展校外实践活动之前，各门课程之间通过协调后，由任课教师选拔学生骨

干并对其进行专题辅导，做好充分的准备。在实践活动结束后，通过骨干互动交流、专题研讨、教师指导，形成有质量的宣讲稿、PPT、小组学习报告等，通过试讲后在课堂进行面对班级学生的宣讲，让未能外出参与实践的学生分享自己的实践感悟，扩大实践教育面，增强实践教育实效。

（三）操作简便，滚动发展

以教研室为课程单位，学院领导积极参与组织协调，集中各方面资源和条件搞好实践教学。学生骨干培养出来后，利用实践教学学时，在课堂上进行集中宣讲，学生之间互动讨论，达到学生的"自我教育"。参加宣讲的同学，其课程的实践教学成绩与宣讲活动挂钩，其他同学根据参与听讲、讨论、问答等表现评定实践成绩。通过课程的实践教学，建立学生骨干宣讲员档案库，以滚动发展、连续运作的形式，不断扩大宣讲员队伍，培养更多的学生成为骨干宣讲员，并且采取以老带新、教师指导等形式，不断提高骨干宣讲的质量，增强教学效果。

## 三、"学生骨干宣讲法"的实践

（一）前期准备

首先是理论铺垫，即对实践活动内容及调查研究对象相关知识提前讲解，安排学生自主收集资料与学习。理论来源于实践，没有凭空而来的理论，任何理论都不可能脱离实践而独立存在。在将学生带到实践基地前先对学生进行必要的理论知识的讲解和铺垫，有助于学生更好地理解外出实践的目的，然后安排学生从图书馆或网络上收集一些与实践教学内容相关的资料，提前了解以助后续理解。

其次是对各班骨干学生进行培训。因为每个班级的学生人数较多，有很多硬性条件的限制，我们不可能将所有学生都带到实践基地进行教学，这就需要我们在实践前期选拔一些对实践教学有着极大兴趣或是本身在班级具有较大号召力、口头表达和文字能力较强且愿意主动参加实践教学的学生作为骨干，一般为每个班级选择3~5名学生骨干；在前期理论铺垫的基础上再次对这些学生骨干进行培训，培训内容包括实践活动内容、实践目的、安全注意事项等，让学生带着目的和任务去参观实践基地，这样学生骨干才能在回到班级后将自己的所闻展示给同学，将自己的所感、所悟宣讲给同学。只有这样才能给学生以心灵的冲击，达到情感的共鸣，最终达到实践育人的目的。

最后是保障环节，即联系教学实践场地和联系学校后勤中心，安排校车接送学生往返。实践教学基地的选取要与理论教学内容相匹配，另外，实践教学基地应该具有典型的教育意义、具有民族特色等。此外，教师在联系实践场地时应与实践基地的讲解员、聘请的专家等沟通交流，以便后期学生对实践基地概况进行讲解和对学生现场讨论进行点评等。

（二）实践教学

当学生到达实践基地后，在现场进行现场体验并开展实践教学，由实践基地的讲解员对基地概况进行讲解和对学生提出的问题进行解答。参观完成后，在基地现场组织学生骨干进行现场讨论交流，分享自己的所见、所闻、所感，并由教师或者专家进行现场点评，不断加深学生的感悟。而学生骨干在基地现场学习的时候，不仅要记下听到的东西，也要用相机或手机等电子设备记录自己看到的东西，以便回到学校宣讲时让同学们有身临其境的感受，实现全员参与，从而达到实践教学全覆盖的效果。在实践过程中注意引导学生用描述记录、叙事记录、工艺学记录等方法对实践教学过程中的场景、人物、现象、事件进行记录。

（三）学生骨干宣讲

学生骨干回到学校后，根据自己在实践教学基地学习的内容，选择一个适当的角度或主题，制作 PPT、试讲，教师给出指导意见，经过多次修改，最终将实践教学的内容呈现并在课堂上给同班同学宣讲，以达到实践教学的全覆盖，提升实践教学的实效性。指导教师要在学生骨干宣讲的选题、文字稿的组织、PPT 的制作、试讲等方面，认真反复指导好学生骨干。同时，在学生骨干宣讲后，教师要及时对学生宣讲的全过程给予点评，还要注意引导学生之间的交流互动，提高学生的参与感、认同感和获得感。

（四）实践成绩评定

当学生骨干对实践教学的内容宣讲完后，学生骨干提交宣讲文稿，班上的同学要根据宣讲的内容撰写学习报告，教师对学生的宣讲文稿或学习报告进行评定。评定成绩要求：学生骨干围绕宣讲主题，感悟宣讲，并提交宣讲文稿；各小组完成一篇主题学习报告，并作交流汇报，各小组在汇报时应该紧密围绕主题结合当前国家、社会和自身问题，思考并阐述感悟。

一般评定标准：各班成绩可分为优（100～85分）、良（84～80分）、中（79～70分）、差（69～60分）、不及格（小于60分）五个档次。注意在对学生进行成绩评定时，学生的理论课成绩和实践成绩应分别评定，让学生充分重视实践教学，才能突出实践育人的重要性。

### 四、高校思政课程"学生骨干宣讲法"实践教学经验

#### (一)加强建设，建立稳固的、有特色的实践教学基地

"学生骨干宣讲法"要取得实实在在的成效，首先要走出校园，有与教学内容相关联的、稳固的、多样性的校外实践教学基地；要让学生到社会、到人民群众中去切身感受和了解我国的国情、社情、民情，拉近与人民群众的情感，从而培养他们服务社会和群众的意识。要开展好实践教学，基地是首要保障，稳固的实践教学基地，对不断提升学生的实践能力和社会责任感、促进学校与社会紧密联系具有重要作用。高校要高度重视思政课实践教学基地建设，结合实际情况建设能充分满足实践教学需求的基地。值得注意的是，思政课的实践教学基地建设与发展要紧密联系当地的红色资源、传统文化资源、新时代中国特色社会主义建设和改革资源，要深入挖掘本土文化中的育人因素，建立生动、直观、有特色的、稳固的思政课实践教学基地。

#### (二)坚持理论性与实践性相统一

"学生骨干宣讲法"实践教学模式要坚持理论性与实践性相统一。这种教学方法打破了原来实践教学的常规，即大学生写读书报告、学习原著的心得体会、观看影片后的交流等课堂实践，或是让大学生自己去进行社会实践、社会调查，提交社会实践报告等，这些实践教学方式在实施过程中难度较大，实效性也不是特别好。因此，高校要积极推行学生实践教学，这种实践教学方法通过组织学生到基地进行实践教学，将教学内容与红色资源有机地结合起来，让学生能够有身临其境的感受，得到思想的碰撞和心灵的冲击，最大限度地亲身实践和体验，提高实践教学的实效性。

#### (三)利用当地教育资源进行特色教学

"学生骨干宣讲法"实践教学模式利用当地特有的教育资源，彰显出其特色。在我们运用"学生骨干宣讲法"实践教学模式进行教学时，我们选取的实践教学基地，或是当地特有的红色文化基地，或是对马克思主义中国化传播作出巨大贡献的英雄人物代表故居，或是能够表现民族团结一家亲的民族团结示范村庄，或是能够展现新时代生态文明建设成就的美丽乡村，或是乡村振兴中代表产业兴旺的农业生态旅游休闲园区，等等。这些都是可以选择的实践教学资源，将这些资源融入思想政治理论课实践教学中，不仅能对学生进行较好的爱国主义、民族团结、生态文明建设等教育，而且能够让学生更好地感受、了解历史文化、民俗风情、风俗习惯等，在实践中将中华民族团结的理念播撒在学生的心中，铸牢中华民族共同体意识。

（四）结合实际进行实践教学

"学生骨干宣讲法"实践教学模式坚持与实际相结合会显示出更好的效果。随着教育部发出打造中国大学"金课"、建设一流课程的号召，社会实践课在大学教育中占据了越来越重要的位置，要想打造这样一门具有特色的一流课程，最有效的方法就是将学生都带到社会实践中去，只有让学生亲自感受，才能有所感悟。但是，思想政治理论课实践教学如何做到学生的全覆盖，一直以来都是全国高校思政课实践教学难以破解的难题。将学生带出校园，首先面临的是安全保障问题，学生人数众多，出了学校仅靠几位教师是很难保障的；其次就是实践经费的问题，学校能够划拨的实践教学专项经费较少，想要实现实践教学的全覆盖难度较大的。因此，为解决学生实践教学中存在的困难，实践教学必须结合实际状况进行教学。首先，在班级里进行筛选，选取部分学生骨干到基地实地考察、学习；其次，由学生骨干回到班上以现场图片、视频等方式对同班同学进行宣讲；最后，以全班同学上交心得体会的方式对学生进行实践教学的考核。这种方法间接地实现了对学生实践教学的全覆盖，能够很好地解决实践教学经费、保障体系不是很完备等难题，对于全国同类高校的思想政治理论课实践教学有很好的借鉴作用。同时，在宣讲过程中让学生骨干也得到了很好的锻炼，使其综合素质得到有效提高。

## 第三节　高校思政课程 STEMP 教学设计模式

### 一、STEMP 思政课教学要素分析

STEMP 思政课教学是科学（Science）、技术（Technology）、工程（Engineering）、数学（Mathematics）、社会实践（Society Practice）等多学科要素整合于思政课教学全过程的教学模式。以"毛泽东思想和中国特色社会主义理论体系概论"课程为例，运用马克思主义认识论和西方心理学研究方法，以提升思政课教学的科学性；运用互联网信息资源平台的构建，信息化教学程序，以提升思政课教学的技术性；构建马克思主义理论系统工程，以推进各门思政课的资源共享、教学联动和学科互补，提升思政课教学的系统性；将学情数据分析贯穿思政课教学全过程，为教学改革提供实证依据，以提升思政课教学的实证性；通过校内外社会实践培育学生发现问题、分析问题和解决问题的能力，以提升思政课教学理论与社会现实紧密结合的实践性。

STEMP 五大要素之间在逻辑关系上是以社会实践（P）作为统领，在课堂实践、校园实践和社会实践的各条线上融入科学（S）、技术（T）、系统（E）和数据实证（M）等学科元素。首先，教育的核心本质就是实践，STEM 元素必须通过各级各类的教育实践项目融入思政课教学。STEM 作为提升认知的手段，必须融入教育实践项目，发挥各元素的功能。其次，以信息化主导的新科技革命引起当代教育实践发生了根本性变革，STEM 元素全面渗透到当代教育并深刻地融入教育实践，有利于思政课教学从理论研究落实到教学实践中去，直接呈现思政课教学的实践成果和检验标准。最后，STEM 元素作为自然科学的研究方法融入思想政治教育研究及思政课教学，要求从社会科学研究转向技术化研究、数字化研究、量化分析等实证研究，这一转变对思政研究提出了技术化、规范化和可操作要求，更加注重思想政治教育研究的准确性、有效性和可实施性，从整体上提升思政学科的研究能力。

## （一）科学思维方法

在思政课教学中运用科学思维方法既是教学的方法论问题，也是科学精神、科学素养，科学态度等教育观问题。科学思维的动因是在追求真理的教育实践中秉持实事求是的科学态度，将科学精神、科学素养和科学思维方法运用于教育实践领域，转化为思政课教师在教学实践中的科学技术手段，体现教育工作者对于科学的尊重和真理的遵循。首先，科学思维的培育要求思政课教师通过严谨规范的逻辑训练和科学方法的学习，主动学习并运用先进的教学设备和信息化教学手段。科学素养的获取要求思政课教师打通各学科的知识共享环节，尤其重视与计算机网络专业、信息统计专业、系统工程专业、教育心理学专业、社会学专业之间的互通互联，积极构建信息化教学资源平台。其次，要求思政课教师运用科学思维方法专业地开展教学调研和数据统计，学习和掌握系统化的教学工程思路，遵循心理学规律和基本方法，了解和把握学生的个性心理特征，学习掌握科学的研究方法，积极投身于社会实践调研，真正将思政课上成具有科学探索精神的"大思政"课程。最后，师生共同拓展思政学科的立体化发展思路，形成各具路径特色、资源特色、平台特色的师生互动、校园内外联动、课堂内外联动的课程，有效提升思政课教学质量和社会实践的科学性，强化思政课程的理论说服力、思想引导力和情感渗透力。

## （二）信息技术路径

信息化学习是全员学习和终身学习，信息时代的思政课教学环境存在信息适应性问题，这不仅是信息量的适应，还包括信息路径的适应，要求思政课教师在与学生有效沟通的路径选择上善于学习和运用网络信息技术。基于"互联网＋"时代大学生主体性增强、信息渠道多元化、社会价值体系构建多渠道化、社会学习信息化等德育规律的新特点、新趋势，推进思想政治理论课与全天候信息、情感双向互动的微信、微博等新媒体技术的深度融合，探索课堂教学模式、教学结构和教学体系的信息化、一体化创新，实现课堂教学线上线下的完美契合，推进教材体系向学生认知体系和信仰体系的有效转化。思政信息化要求思政课教师树立信息化教育理念，提升技术素养，适应信息时代的学习方式和生活方式，充分利用信息资源，全面融入信息化教育环境，熟悉信息化教学手段，构建新型师生沟通交流方式，把握网络共享的发展机遇，促进课堂教学信息化、课后辅导信息化、校园文化资源信息化和社会实践组织信息化。信息技术手段和网络学习路径为思政课教学提供了广阔的发展路径，成为提升思政课教学影响力、号召力和感染力的基本元素。

（三）学科系统构建

基于马克思主义理论研究工程的学科发展思路，"马克思主义基本原理""毛泽东思想和中国特色社会主义理论体系概论""思想道德与法治""中国近现代史纲要""形势与政策""大学生心理健康"等公共政治理论课已经形成了系统化的学科构建体系，并不断完善资源共享、课程融通、教学互补的思政系统工程，成为高校思政课教学的发展新动态。首先，各门思政课程的教育资源基本实现针对全校各专业师生的开放布局，下一步就是STEMP思政课教学模式与课程内容的有机融合，以进一步打开思政课教师的系统化教学思维，形成思政课程之间的互补关系，利用"马克思主义基本原理"的理论支撑、"思想道德与法治"与"心理健康与维护"的教育方法与手段、"中国近现代史纲要"的史学实例支持、"形势与政策"的理性判断，以及"毛泽东思想和中国特色社会主义理论体系概论"课程系统化的宏大叙事，促进各门思政课程之间的资源共享、课程共建和教学共通。其次，各门思政课程的学习任务布置方面应做到互通有无、优势互补，防止知识点重复教授、作业重复布置、考核点重复交叉，主动倾听学生对于各门思政课程的建议，调查分析学生的课程教学反馈，构建师生之间的教学交流通道，各科教师之间做到知己知彼，避免单打独斗，共同引导学生综合运用"马克思主义基本原理""毛泽东思想和中国特色社会主义理论体系概论""中国近现代史纲要""思想道德与法治""形势与政策""心理健康与维护"等思政课程理论，形成系统化的认知结构。再次，思政课教师的能力与素养的系统化培训，要求构建全方位的教师发展规划，从传统的听讲座、读原著、学文件、记笔记，到田间地头的走访调查、思政基地的参观实训、基层单位的案例采集、各学科技能的全面学习，形成全国统一的思政课教师发展大规划、基层单位教师培训计划和马院教研计划及实施方案。最后，系统开展课堂实践活动、校园文化实践活动和

社会实践活动，通过不同场景的实践活动全面提升学生的实践认知能力和活动组织能力，激发学生多角度思考实际问题，在实践中发现真问题，提出真对策，培养学生的独立思考意识、调查分析能力和实践素养，以系统化的思政实践体系树立科学的世界观，培养科学的实践方法论。

### （四）实证数据分析

贯穿思政课教学全过程的实证调研及教学平台的数据统计与分析，为思政课教学改革和研究工作提供了数据材料，思政课教学的过程考察和教学研究离不开数据实证分析。思政分析从运用问卷星等软件进行问卷设计和数据分析，到运用专业统计软件进行数据建模，或借助网络教学后台数据进行学情分析，都需要思政课教师引导学生进行专业的量化分析和系统的实证研究。首先，精准把握思政课教学各个环节的信息数据，能够直观反映学生的学习偏好和心理动态，以及对思政案例的情绪反馈和社会实践过程的心理反应，反映思政课教师的情绪状况、师生互动的心理活动形态和学生的认知体验等。其次，有针对性地提升教师的教学能力和学生的综合素质，定向解决教学中的各种问题，形成有依据的教学过程评价和学业成绩评定。再次，通过数据统计及时反馈教学效果、学生综合能力的提升状况，以促进师生互动。最后，为优化教学模式提供数据参考，将师生在教学中的主观体验转化为量化指标和数据模型，为思政课教学改革的成果推广提供实证依据。

### （五）思政课社会实践

高校思政课社会实践在思政课教学中占据非常重要的地位。首先，思政课社会实践从社会化程度上包括浅层社会实践，如问卷调查、参观走访、样本摸排等偶然性、间接性、近距离的社会实践，还包括深度体验、参与实操、精准访谈、长期观察等持久性、直接性、零距离的深层社会实践。其次，思政课教学网络平台日趋完善，思政课社会实践的渠道和路径也日益多元化，思政课实践既包括教师带领学生走向社会所做的调研考察，也包括将各行各业骨干精英请进课堂进行面对面交流谈心的实践，还包括集中于思政课网络教学平台上的"云实践"，即以网络"云组织"的实践形式，集中寒暑假期间分布于各地的学生，通过统一布置学习参观的实践任务，将直接实践与间接实践有机结合，以提升社会实践中学生的实践自主性和组织透明化。再次，思政课实践与其他专业实践相比，是对于学生的世界观、人生观和价值观的培育，而专业实践注重组织方案、操作方法、实施手段和工作技能的提升与优化。思政课实践的政治方向性是实践原则，培育社会主义现代化建设事业的接班人是实践目标。在涉及社会热点问题时要求把握政治方向，在理解国家政策环境和政策实施情况方面则注重把握政治原则，在调查分析改革开放的政策实施影响和社会成果方面要求坚持客观理性的态度，在调查思政课教学所涉及的历史案例、伟大人物、历史事件等方面要求进行正向宣传，才能真正通过思政课社会实践将课程内容落实到底，真正触及学生的内心世界，树立起正确的世界观、人生观和价值观。最后，思政课社会实践是 STEM 等元素融入思政课教学的重要路径，为培育学生运用科学技术手段和数学工具发现问题和解决问题、激发创新思维、拓展创新实践、培育多元人才提供了重要思路。创新是引领发展的第一动力，创新型人才需要创新实践的培育，要求把思政课教学投入动态发展和全面开放的创新实践环境，考察社会实际、理性定位发展规划，将人生目标与社会主义现代化建设的伟大事业紧密结合，深刻把握新时代的发展特征和社会发展态势，以马克思主义世界观形成科学理性的社会认知和实践态度。

## 二、STEMP 元素融入思政课教学

### （一）科学（Science）元素融入思政课教学

思政课教学中所运用到的科学元素既包括教育心理科学理论和基本方法，也包括社会学、政治学、经济学、传播学及数学方法。其中数学运用将在下面单独进行阐述，此处重点论述心理学融入思政课教学的重要性。善于运用心理学原理及方法引导学生进行课堂和课后学习，是思政课教师必备的心理技能。课堂心理学运用直接影响师生关系，间接影响到学生是否具有课后学习的积极性。因此，心理科学素养关系到思政课教学的全过程。从师生双方的心理体验（适应性、获得感等）指标上进行思政调研和数据分析，才能有针对性地进行教学案例的设计、教学环节的衔接和教学效果的评估，切实提升思政课教学质量和教学效果。

### （二）技术（Technology）要素融入思政课教学

无论是思政课教学信息资源及其技术平台，还是思政课实践教学的数据统计技术路径，抑或是思政课教学前期调研的心理实验技术手段、技术要素融入思政课教学都对思政课教师提出了全员技术培训、提升技术素质、开展技术实践等要求。技术要素对于思政课教学的深度融入体现在两个方面：一是要求思政课教师有能力运用信息化教学软件组织教学和考核、查找教学资源、开通网络交流通道、批改网上作业、实施信息化管理；二是要求学生善于运用信息平台完成各项学习任务，通过技术通道改变学习方式、交流方式、作业形式和实践方式。线上线下混合式思政课教学是思政技术化的发展趋势，信息化思政课教学资源系统和网络教育平台日益发

展普及，思政课堂上各种 APP 软件和课下慕课、微视频和专题讲座等各类思政学习网站呈现出总爆发样态，各高校之间交流合作的网络论坛和公众号迅猛发展，网络信息技术在思政领域的推广运用已经全面深入。

### （三）以工程（Engineering）思路开展思政系统化教学

马克思主义理论研究工程是由多门思想政治理论课程体系、教材体系和学科体系有机融合的"大思政"系统工程。以系统工程的建设思路开展各门思政课之间的资源整合、平台整合、师资整合，形成从内容到方法上有机互补的思政课教学系统，对于完善学生的思政课程认知体系，厘清思政课程内容之间的逻辑关系，应对网络信息碎片化、网络学习原子化、网络认知浅表化等信息化学习可能出现的问题，具有非常重要的现实意义。

### （四）数学（Mathematics）元素融入思政课教学

数学元素融入思政课教学的路径包括：①学生在思政课社会实践环节的数据调查和分析过程；②思政课教师针对学生的学情数据分析；③信息化教学资源平台运用的后台数据分析；④贯穿思政课教学改革全过程的学生适应性分析。

数学元素是学生开展社会实践、获取实证支撑的重要手段，也是思政课教学改革科学性的论证依据，还是针对思政课程进行全程监控、把握思政课教学规律的基本方法，思政课教学资源平台的运用情况也可以根据后台数据统计得到信息反馈。总之，数学元素的运用是量化分析的基础，是思政学科发展目标、规划和方案的科学决策支撑，是开展思政学科各方面调查研究的基本路径。

### （五）社会实践（Society Practice）元素融入思政课教学

思政课社会实践在思政课教学过程中是理论联系实际的关键环节，也是综合型人才培养的基本路径，还是科学技术元素、系统工程思维和数据分析能力得以聚合在思政育人目标中的重要因素。思政课教师既是马克思主义基本理论的灌输者，又是理论联系社会实际的引导者；既是思政学科特色的见证者，又是多学科融合的倡导者；既是 STEMP 思政课教学模式的设计者，又是通过社会实践环节贯彻执行 STEMP 思政课教学模式的实施者。课堂上，思政课教师以思政课教学为社会实践项目的具体实施提供目标方案和实施动力，在课堂教学过程中为社会实践提供目标方案和动力推进；在课后辅导答疑的交流环节，思政课教师将学生在课堂上获得的间接认知，推进其找到转化为社会实践直接认知的动力；在课外社会实践环节，思政课教师成为组织管理社会实践方向、目标、方案及具体实施的引导者，也是联结学生群体与社会实践基地的重要媒介，还是引导学生如何开展实践、如何进行真实调研、如何分析数据、如何提出问题、如何推出原因和对策的指导老师；最终，思政课教师是学生投身于社会工作岗位的积极推动者，其身份从思政课教师真正转化为实践导师，这取决于学生的自愿选择，以及思政课教师在社会实践过程中所发挥的主导作用。

### 三、STEMP 思政课教学步骤

#### （一）前期准备阶段

1. 开展前期的学情调研工作

主要运用调查问卷的宏观摸底、个别访谈的微观探底等调研形式，既要对思政课教师的教学方法开展调查，也要对教学对象的认知层次及心理偏好进行摸底；既要对思政课实践基地进行调查，也要对校园文化活动开展调查，以及对思政信息化教学平台的资源运用、管理状况等进行调查。

2. 构建信息化教学资源平台

充分利用信息化教学手段，形成包括思政课教学服务、社会实践服务、思政资源服务、校园思政文化活动等内容的多元互补、资源共享、信息流动、文化开放的思政课教学载体，发挥信息化教学软硬件程序的思政平台价值，根本提升思政信息化教学水平。

3. 构建思政课社会实践基地

为了加强思想政治理论教学与社会实践之间的有机结合，形成课堂内外教学资源"请进来、走出去"的实践教学机制，必须积极完善社会实践的教学服务体系、过程指导体系和评价考核体系，形成信息化管理、网络化展示、多元化资源对接的理论与实践相结合的社会基地体系。

#### （二）教学导入阶段

1. 思政课教学目标导入

思政课教学目标的导入是以问题提出布置学习任务、以任务分配实施教学方案、以主题设置安排教学步骤、以人员安排进行系统化操作，是思政课教学展开的首要环节，是以教学任务为中心，展开理论学习主线，疏通师生互动路径，考察教学对象的专业基础，形成认知体系的对接和团队合作的组织关联，提出贴合学生发展实际的教学目标任务框架体系。

### 2. 思政课教学情境导入

思政课教学情境导入是基于学生的年龄特点，遵循马克思主义认识论，通过意象法运用、元认知培育实施情境导入，围绕思政课程的知识点和理论主题，将历史事件、历史人物、历史场景通过场景再现、台词设计、情节编排、历史串联、情境转换、人物塑造等情境教学手段，激发学生的心理体验和情感共鸣，形成丰富的感性认识，为下一步的理论教学做准备，从而达到情境导入的教学目标。

### 3. 思政课程内容导入

大、中、小学的思政课程内容上具有高度一致性，但是各专业学生的思政知识层次存在着客观的差距。人文社会科学相关专业的学生在思政课程导入方面难度较小，而理工科专业的学生则需要思政课教师在学情调查的基础上，针对学生的思政基础知识层次，预先设计好课程内容导入方案，进行相应的案例选择，布置不同的课后资料阅读。这就需要充分运用信息化教学平台，在基础知识测试的基础上，根据不同学科专业的学生制订不同的学习计划，有差别地发送不同的思政理论学习任务，配置相关的学习资料，提供有难度差异的社会实践主题，并进行不同程度的学业辅导。

#### (三) 师生互动阶段

1. 思政课堂教学的主要形式是思政课教师承担理论教学的讲解任务，然而讲解的精准性取决于课前是否提出学生普遍关心的问题，经过课前充分的讨论、辩论环节，让学生带着问题来听课，以主动提问的形式捕捉课程知识要点，以答疑解惑的形式开展课堂互动，穿插学生演讲、情境教学、互问互答等群体参与的学习形式，锻炼学生的语言组织能力、还原历史事件能力、独立思考能力、现场展示能力及团队合作的组织素养，将课堂打造成集思广益、思维碰撞的教学空间。

2. 社会实践环节也是师生互动最为频繁的环节，学生社会实践能力的提升需要思政课教师在各个环节进行指导。从实践基地的建立到走访调查的联系，从实践主题的选择到实践方案的设计，从调查问卷的修改到指标数据的分析，从实践报告的撰写到成因对策的推广，都需要师生之间密切互动，发挥团队合作精神，提出问题和有效对策，全面提升实践组织能力、团队协同能力、实证研究能力。

3. 思政考核评价过程也是师生互评、互动相对频繁的环节。STEMP 思政考核包括平时业绩考核和期末总评考核，在考核规则、细节和方案的制定过程中，师生存在交互评议的对等关系，班集体同学之间也具有交互评议的机会。互评互议还贯穿于各种演讲辩论和情境教学环节，学生主动参与到各个互评互议环节，点评教学效果，及时反馈问题，这成为最能够激发学生学习积极性、主动性和创造性的方法。

（四）信息反馈阶段

STEMP 思政课教学改革的成效和问题是通过思政课教师和学生给予信息反馈，对思政课教学过程、细节和结果进行经验总结、数据分析、系统查验与规律探究，从而得到可靠的素材。

思政课教学的信息反馈来源包括教师或教务管理部门主动采集的学生学业信息，或对于思政课教学的评估。任何学生所发送的学业信息，其反馈对象都是教师及教学管理部门；而任何教师所发送的教学信息，其反馈对象则是管理者、教师同行及其学生。这是因为思政课教学的信息反馈活动是针对思政课教学公开的信息反馈，并不具有私密性。教师和学生无论是在课堂上还是在课后的信息传递活动都具有公共性，教师和学生针对教务管理的信息反馈、教师同行之间的信息反馈及学生之间的信息反馈，只要涉及教学方面，都属于公共信息范畴。教学信息反馈的公共性决定了思政课教学评价的公正性和公开性，也决定了教师对于学生学业考核的公正合理性。因此，对于信息反馈的严肃对待和认真处理的态度，是保持教师考核、学生考核、管理考核公正性的基本前提。教师主动收集教学信息反馈是教师的责任，学生认真对待教师的信息反馈是学业的保证，教务管理部门认真回馈和处理好师生反馈的信息是提高管理质量的基本保证，拓宽教学信息反馈渠道、完善信息反馈制度，是思政课教学健康发展的必备前提。

基于信息反馈前提下的思政课教学评价要求教务管理部门运用科学技术系统建立相对客观的第三方评价体系，对反馈信息进行归类整理和筛选甄别，与教师的业绩考核和职称评定挂钩。

（五）教学研究阶段

1.高校要定期开展教学研讨的教研室活动、教师说课活动、教学研究论坛和名师教学经验讲座，研究如何在思政课教学过程中融入 STEMP 元素，并撰写相关的研究成果，合力申报国家级、省级、校级教学改革课题项目，最终形成一系列的教学改革研究项目。

2.STEMP 思政课教学模式推广及研究成果的普及阶段，包括马克思主义学院与其他学院在 STEMP 的技术合作过程中开发的"课程思政"项目，与当地革命文化基地、红色文化教学点及地方历史文化资源共同开发的社会实践基地项目，与各地基层社区党组织、基层企事业单位共同开发思政课教学示范点，以及高校之间合作开发思政课教学实验室，共同构成 STEMP 模式下的"大思政"格局。

3.选拔各个年龄段的思政名师，作为 STEMP 思政课教学模式的典型推广人，

共同发掘 STEMP 思政课教学模式的理论与实际相结合的着力点，深入课堂内外、校园内外、网络内外，以专题调研方式征集学生对于 STEMP 思政课教学模式的意见与建议。在各科学生中广泛征集 STEMP 各类技术人才，以开辟校园文化活动的经典诵读、志愿者活动、思政论坛等方式，共同开发 STEMP 思政课教学的校园文化模式和社会实践模式，推出 STEMP 思政课教学的案例资源系统、数据分析系统、信息化教学系统和社会实践系统，将 STEMP 思政课教学模式的研究成果"落地生根"，使其成为新时代高校思政课教学的崭新模式。

### 四、STEMP 思政课教学设计

教学设计又称为教学系统设计，现今，研究较多的是第二代理论，该理论对教学设计定义为：应用系统的方法，把学习理论的教学理论转化为具体的教学过程。

一个较为完善的教学设计的目的就是教师更好地实施教学过程，学生更容易学习各个知识点。教育者（教师等）应当根据国家立德树人的教育目标，根据当地的教育实际情况、学生实际接受能力情况、具备教学资源条件等因素，运用科学的理论和系统的方法，精心设计教学和解决问题的方案，形成实际可行的教学设计，最终把教学设计应用到教学当中，并对教学中学生反馈的意见进行修改和不断完善，以检测设计是否有利于教学、是否让学生高效率地学到知识。一个好的教学设计既有利于教育者的"教"，也有利于受教育者的"学"，探索和研究具有实际意义的教学设计，就显得尤为重要。

STEMP 思政课教学模式是整合科学（Science）、技术（Technology）、工程（Engineering）、数学（Mathematics）、社会实践（Practice）等多元学科要素，促进高校思想政治理论教学的科学化、实证化、信息化、工程化和实效性，通过思政课堂教学、校园文化活动、思政专题讲座、基地参观学习、微视频竞赛及学校各类项目的实践活动，整合教学资源、优化教学平台、丰富教学手段，汇集马克思主义基本理论、社会学、政治学、教育学、心理学等科学支撑，集中课堂讲授、网络交流、实践考察等学习路径，推进课堂内外、校园内外思政课程与"课程思政"的有效融合，充分做好教学前期准备、中期教学检查、后期教学反馈等组织管理环节的数据收集、量化分析和实证考核工作，全面发展学生的理论分析能力、语言表达能力、活动组织能力、实践动手能力等综合素质，激发思政课教师的教学主导力、活动组织力和实践引导力，以充分体现 STEMP 思政课教学模式对于新时代高校思想政治教育的发展意义。

（一）思政课教学科学化

以科学理论支撑提升思政课教学的说服力。

思政课教学科学化要求以多学科理论作为科学支撑。思政课教学不是孤立于高等教育之外的政治说教，而是整个高等教育体系中重要的组成部分，从科学性上与其他学科具有共同的理论基础。其中，马克思主义认识论以其实践方法论成为思政课教学最重要的科学方法；教育信息化理论以揭示信息传播学规律支撑起网络思政课教学的理论基础；系统工程理论为马克思主义理论研究和建设工程提供了学科融合、课程融合、教学融合的系统发展思路；量化分析理论为思政课实践教学提供科学实证方法和技术手段；教育心理学理论直接服务于思政课堂内外的师生互动交流，成为思政课教师必备的理论素养；社会学理论是思政课教师组织和指导社会实践必备的理论功底。以上各门学科理论及其方法共同构成思政课教学的科学化特色，要求思政课教师认真研究马克思主义基本理论及其他学科的科学性，深刻把握思想政治教育的规律性，全面学习中国共产党的党史、新中国的发展史、改革开放史和社会主义发展史，深入研究人类社会发展规律、中国特色社会主义建设规律和中国共产党人的执政规律，厘清马克思主义中国化、时代化和大众化的理论逻辑、历史逻辑和实践逻辑，全面提升思政课教师的科学素养、科学精神和科学能力，培育具有科学观念、科学信仰和科学方法的新时代大学生。

思政课教学科学化要求做好各个教学环节的科学论证与研究工作。思政课教师在精读马恩经典原著和马克思主义中国化的理论成果的基础上，基本了解心理学理论、社会学方法、统计学知识、系统思维方法及信息化教学技能，在研究思政课程的教学大纲和教材的框架体系的基础上做好教学材料科学化、教学资源信息化、教学平台技术化和教学实践组织化的加工梳理工作；做好思想政治课课堂教学前期的学生状况调查分析工作，以作为教学改革的科学依据；做好思政课堂教学过程中的师生互动工作，为教学改革提供心理研究基础；做好课后"第二课堂"的学情数据分析工作，为信息化教学做好各项技术准备和完善工作；在思政课实践环节做好组织引导工作，为思政课教学成果做好实践论证与梳理工作。

思政课教学科学化要求引导学生以科学的态度开展思政学习。真理就像一块燧石，它受到的敲打越厉害，发射出的光辉就越灿烂，这是对认识规律的形象描述，也是对于高校思政考核的重要启发。首先，思政课教师要在课前为学生推荐合理的阅读书目清单，在书目设计方面遵循教育心理学和马克思主义认识论，尊重青年学生的个性心理，建构科学的思政认知体系；其次，在思政课教学过程中运用科学量化方法建立日常微观考核与期末总考核相结合的科学考核体系，实施量化考核；最

后，在社会实践环节遵循社会学原理，制定科学合理的社会实践方案，实施科学的网格化管理，以理论联系实际的原则发挥思政社会实践对于学生学习认知的强大催生力，在实践中激发学生的主观能动性，培育学生自主学习的基本素质。

思政课教学科学化要求以科学方法关注学生心理健康的维护工作。首先，思政教育科学化就要以尊重青年学生身心健康的规律作为前提。高校学生面临着学业深造、就业迷茫、经济不独立及情感情绪等多方面的压力，而且逐渐远离家人，独自承担生活重担和工作重任，面临着人格独立和经济依赖的矛盾。思政误教学包括引导学生身心健康的内容，需要以专业的心理科学方法引导和防护青年学生的心理成长。其次，心理学方法在思政课教学中的广泛运用主要是通过思政课教师掌握学生的心理动态，发挥教师的主导作用，通过丰富多彩的课堂教学引导学生坚持正确的政治立场、政治方向和政治原则。培养什么人，是教育的首要问题。高校思想政治理论课担负起端正学生思想、提升学生政治觉悟、注重道德品质、加强文化素养、投身实践锻炼等任务，思政课教师在关心学生成长、关注学生思想动态、把握学生心理特征、研究学生成长规律等方面责任重大。掌握和运用心理学知识可以帮助教师充分调动学生的积极性，营造学生主动参与的课堂氛围，增强师生之间、同学之间的交流合作学习。最后，综合汲取心理学各家理论与方法，才能有效应对学生的心理需求。

（二）思政课教学技术化[①]

推进思政信息化教学，构建资源共享平台载体。

信息时代的思政课教学技术化主要是通过构建资源共享的网络平台，促进思政信息化教学。与信息技术融合成为信息时代思政课教学的重要标志。

首先，大数据云计算、自媒体支持高等教育智慧化和思政课教学技术化，运用网络载体构建信息化思政课教学平台，打破学科藩篱及高校与社会之间的"围墙"，整合信息资源、社会资源、文化资源、历史资源及思政课教学资源，构建思政课教学资源共享系统，促进"课程思政"的跨课程、跨专业、跨学科、跨学院等信息化合作，营造一专多能复合型人才的培育环境。

其次，信息化教学情境下教学角色发生转变，教师从传统的知识传授者转变为学生学习的引导者和辅助者，从教室空间的组织者转变为信息空间的维护者、信息资源的提供者、信息互动的引领者、自主学习的管理者，学生从传统教学的接受者转变为学习资源的搜索者、学习方法的探讨者、学习问题的发现者、学习规划的制

① 李振宇.高校思想政治理论课多媒体教学艺术研究[M].天津：天津人民出版社，2020：06.

定者，塑造主动思考、积极参与的创造主体、信息资源的加工主体及知识体系的建构主体。思政课教师应积极提高信息化教学及管理水平，推广和使用信息化教学程序软件，如慕课、微课、翻转课堂、雨课堂、对分易、超星学习通、智慧树等，推进"课程思政"与思政课程的深度融合，活跃课堂气氛、组织网络研讨、加强网络互动、及时沟通信息、集中信息化教学资源，为学生的个性化学习搭建成果展示空间平台。

最后，思政信息化教学对于教师和学生的能力都提出了崭新的要求。信息化教学能力的培训目标，要求教师通过培训大力提升信息化思维、信息技术理念、信息教学素养和信息化教学能力，把握信息化教学的发展趋势，制定信息化教学的学期规划和具体步骤，整合信息化资源并运用于思政课教学，利用信息化手段进行教学成果的展示和评价，借助信息化平台对社会实践进行组织管理。思政课教学信息化也能考察学生的自学能力、信息资源的选择能力、网络情境下交流沟通的能力、自主完成课程作业的能力、主动提出问题和解决问题的能力，以及社会实践成果转化为网络作品的能力。与此同时，还要求师生构建学习共同体，通过信息化技术手段实现终身学习和自主管理。

（三）思政工程系统化

集中整合思政课教学、教师和实践资源，构建"大思政"工程的系统教学体系。

马克思主义理论研究和建设工程简称"马工程"，是以思政课程的教学与研究共同建构的系统工程，整合了"马克思主义基本原理""中国近现代史纲要""毛泽东思想和中国特色社会主义理论体系概论""思想道德与法治""形势与政策"等思政课程资源，构建马克思主义学科知识体系，以互融互通的"大思政"系统工程拓展思政知识体系，有效应对信息时代青年学生思想碎片化的问题，跨越公共理论课各行其是的平行关系、打破政治理论课与专业课之间的学科壁垒、融通学科之间条块分割的认知体系，以全面发展的人才标准促进高校师生的综合素质提升，以全面发展的教育思路强化思想政治理论课与专业课程体系之间的学科关联，以新时代的资源共享营造合作交流的教育环境，以共同打造系统化的思政工程。

（四）思政实证化

贯穿思政课教学全过程的调查研究和数据采集，为思政实证化提供佐证材料。

思政课教学的创新方案及其实际效果如何，思政改革如何体现青年学生全面发展的人才培养要求，思政课教学各环节之间如何衔接，如何推进思政课程与"课程思政"之间的融合关系等问题都需要以调查研究为依据，开展思政实证化研究。贯

穿思政课教学全过程的问卷调查和数据统计需要师生进行技术合作，比如以统计学方法进行教学案例的反馈分析、教学过程的评价分析、成绩考核的评定分析、实践能力的测评分析、思政素养的量化分析等，为思政课教学提供实证依据。

（五）思政实践化

构建思政实践评价机制，提升实践考核成绩占比。

首先，思政课实践是检验思政课教学过程合理性及教学实效性的根本标准，也是直接反映学生实践素养的课程。思政课实践对于培育学生理论联系实际的态度、关注现实问题意识、团队组织合作意识、调查研究分析能力都至关重要。这一观点表明，没有社会实践，一切认知都缺乏坚实的客观基础和事实支撑，人的认识就只能停留在抽象的文字、概念和理论层面，而意识不到现实差距、问题症结和真理论证的重要性。

其次，"毛泽东思想和中国特色社会主义理论体系概论"课程与中国国情实际息息相关，社会调查研究对于理解教学内容至关重要，实践课程对于师生深入研究中国国情实际、理解国家大政方针及其改革实践、培育学生爱国、爱党、爱社会主义的情怀来说不可或缺，是提升学生社会认知度，确立正确的人生目标和积极的人生态度，以崇高信仰踏入社会，以坚定信念热爱祖国，拥护中国共产党的领导，以饱满的青春热情投入中国特色社会主义伟大事业之中的重要课程。

最后，思政课以铸魂育人为己任，是为了解决好"培养什么人、怎样培养人、为谁培养人"这个根本问题。思政课实践教学对于学生感受新时代的发展节奏，融入改革开放的社会大潮，投身于中国特色社会主义现代化建设具有重要的现实意义。为了全方位地开展思政课实践教学，马克思主义学院应打开课堂内外、校园内外"引进来，走出去"的学习之门，采取多种形式开展多层次的实践活动，如以专题研讨为主题的调查研究、以志愿服务为内容的深入社会实践、以红色基地为支撑的参观访学、以团队下基层的学习锻炼等，丰富高校思政文化氛围，形成理论与实际紧密联系的学习风气，让思政专业的师生都能够亲身获得社会体验、融入社会发展洪流、锻炼实践能力、适应新时代的发展要求。

# 第六章　高校思政教学方法的创新

## 第一节　慕课在高校思政教学中的应用

### 一、慕课与传统思政课

新时代思政教育工作要想真正打动学生，将思政课真正上到学生心里去，就要提高思政课的亲和力、时代感、实效性和学生的获得感，而不仅是一种简单的纯理论和说教；还要将思政课与新的教学手段、教学媒介相结合，借助融媒体和移动互联网等学生熟悉的新技术、新方法开展思政课，做到在慕课的新手段下，在不改变思政课育人功能的前提下，从配方、工艺、包装上以学生喜爱的方式改进思政课。

（一）思政慕课与传统思政课的区别

思政慕课是一种新兴事物，要想让其促进思政课教学改革，将其优势发挥到思政教学中去，就要分析思政慕课与传统思政课的区别与联系，继而分析这种区别的利弊、如何发挥不同之处的革新作用，来进行思政课改革和思政课教学。剖析比较思政慕课与传统思政课，至少存在以下几个方面的区别值得研究。

1.时间和空间上的差异

传统思政课要求学生到教室完成一节课的学习，学生和教师采取每周见面的方式进行思政课教学；思政慕课采取碎片化的学习方式，在一台电脑或者一部手机前就可以完成课程学习。虽然思政慕课没有传统上课的那种"仪式感"，但是学生可以以自己比较舒服的方式进行学习，地点可以在宿舍里、家里、公交地铁上或者咖啡厅里。

2.教学核心上的差异

传统思政课堂基于思政课的公共课特性和课程本身的政治理论的严肃性，在教学环节中通常以教师为核心，教师主导教学的过程，以教师讲授为主，即使不乏一些讨论或者小组活动环节，最终落脚点还是理论的阐述。不仅如此，由于课程本身的严肃性，学生来上思政课也往往表现得很严肃，也许是因为大班教学人比较多或者对于理论的敬畏，学生参与课堂讨论远不及专业课那么积极。慕课依靠技术手段隐去了面对面的"尴尬"，采取边看慕课边在旁边讨论框或者弹幕输入参与讨论的方

式，使学生在上课的过程中有任何想法都可以畅所欲言，在一定程度上实现了以学生为中心。

### 3. 教学主体上的差异

传统的思政课有着明确的大纲和教案，其假定前提是学生处于一个蒙昧或对相应知识的无知状态，教师以其理论储备为学生灌输传播理论知识。在教学中，教师以传授为使命，顺带解决学生一些问题。如果学生不提问，教师也就不知道学生对理论掌握得如何。思政慕课由于技术的引入，教师在线边讲或者边讨论的同时，学生的问题或者疑点就能反馈给教师，教师可以边看各种反馈边安排整个教学过程。有的问题学生特别感兴趣，或者结合当下特别紧密学生希望多听，教师就可以安排后面的教学进度多讲；有的问题学生可能手里有更好的佐证资料，可以在慕课系统上共享，真正做到以学生为主体，改变了思政课教学的"供给侧"，提供学生所需要的内容。这种主体的转换也改善了思政教学师生的人际互动。

### 4. 培养目标上的差异

传统的思政课认为，课堂除了传播理论知识、帮助学生树立理想信念和"三观"等以外，还要提升学生的人格魅力，这种提升是和教师的身教和传导、感化不可分割的。思政慕课在理论传授、立德树人等"言传"方面的教育上是丝毫不落后的，但是缺乏一种"身教"的平台。"身教"是需要面对面接触形成的，并不是隔空的电脑、手机或者技术手段能进行的。

### 5. 评教体系上的差异

传统思政课的教师评价体系（在一些普通高等院校将其简称为"评教"体系）单独适用一套标准，既不同于专业课，也不同于外语、体育等其他公共课。思政慕课必然要采取与之不同的评教标准，除了评价指标中的一位或多位教师的教学态度、教学内容、教学效果或者印象之外，还要评价慕课的制作效果、互动及交互效果、界面是否友好等。

### 6. 载体上的差异

传统思政课除了某时某刻在某个教室现场讲授以外，并无什么载体将其固定下来以供事后重听或者复习。因此，传统思政课如果遇到学生请假、缺勤或者学生期末对一学期中的某一点、某个问题不明白想重新听一遍教师的讲解，则只能找教这门课的教师重复讲解，或者课上用录音笔等录下来，但这种方式毕竟不甚方便，因此不可持续。

现实中经常出现的情况是，一个问题想再听一遍教师是怎么讲的，如果学生不好意思问，一般就听不到。思政慕课利用技术将每一节思政课固定下来，通过网络可以回放收看、收听，这就极大地方便了学生请假后补课或者课后复习。教师也可以通过回放观看自己的授课过程，完善自己讲课的不足，不断提升思政课教学水平。

（二）慕课与传统网络公开课

慕课不同于传统网络公开课，虽然这两者有一些相似之处。慕课是一个完整的教学过程、一种与融媒体和"互联网＋"融合的教学方式，传统课堂的环节慕课丝毫不会缺少。在线进行课程讲解的同时，正常教学环节中的课堂讨论、课堂交流互动、课堂问答、课后作业及测验一个都不会少。慕课建立起一套系统完备的学习过程管理、质量监控、成绩评价体系，作业通常采取主观题教师在线评、客观题机评的模式，成绩由课堂参与在线听课互动，课后作业和期中、期末机考测试等组成。而网络公开课仅仅是录下来上课的一部分实况，以便更多的人在其他时间观看"录像"，其他人再看到的就是"录播"而非"直播"，往往也不具备课堂交流等交互环节和课后作业环节。

## 二、慕课在思政课教学中的作用

慕课和传统教学方式不尽相同、各有千秋，近几年中国慕课迅猛发展甚至慕课总量位居世界第一，必然有其客观需求和原因。思政慕课在解决师生比、大班授课等长期困扰普通高等院校思政课教学的"老大难"问题方面的确发挥了独到的作用。

（一）弥补了传统思政课课堂教学的不足

综观全国大部分普通高等院校，传统的思政课教学采取的是大班教学授课的形式，由四到六个教学班合并在一起，一两百名甚至更多学生一起上一节思政课。这种教学通常在大的阶梯教室中进行，一名思政课教师在讲台上卖力讲课，上百名学生坐在教室里面听，教师要借助扬声器才能将声音传播到每个学生耳朵里面。而往往坐在后排或者边上的学生要看到大屏幕上的课件或者教师的板书则比较费劲，如果大教室侧面没有屏幕，单靠看教室前方黑板旁边的大屏幕往往看不清楚。这种靠扬声器才能听清老师讲课，难以看清黑板和大屏幕的上课方式，从手段上就造成了师生之间的疏离，给学生以思政课"飞在天上"的感觉。

慕课则可以很好地解决这一教学形式的问题。还是以一个年级一两千名学生为例，一门思政课通常配有至少四名思政课教师。一个不争的事实是，一个教师同时管理几十个学生的教学效果，远比同时管理一两百名甚至更多学生的效果好。如果采取小班面授与慕课相结合的方式，由一部分学生接受思政课教师面对面在小教室里面授课，由于师生配比更科学，所以一个教师面对几十个学生，既可以关注到每个学生的课堂反应，也可以正常进行交流、提问等环节，而且在开展一些思政课教

学环节中的角色扮演、问题研讨、翻转课堂等活动也可以得心应手地进行。与此同时，另一部分同学在机房或者宿舍电脑前或者是手机前，采取慕课远程同步在线直播的形式、每个学生面对屏幕中的教师，可以清楚地看到教师讲课的动作和表情。同时，可以采取创新的师生互动交流的方式，比如学生提问可以采取"弹幕"等视频网站流行的年轻人喜闻乐见的方式，教师或者同时听课的学生可以对"弹幕"提问进行实时解答。在在线慕课过程中，为了增添其趣味性还可以设置一些小的"关卡"，比如中途弹出一些小题目，或者点击一些课程过程中的积分框增加积分，或者每一节课结束的积分抽奖等，并且为了调动学生的积极性，还可以设置一些参与度排名榜之类。总之，传统思政课课堂教学的这些不足都可以借助"融媒体＋慕课"的形式加以改善。慕课可以轻而易举地完成讲解、互动、交流、反馈、答疑等环节。

（二）为思政课过程考核实现了设想

课程考核是一门课重要的一个环节，也是一门课"教"与"学"状况的反馈。课程考核可以加强学生对一门课的重视程度，备考的过程也是对一个学科的知识进行集中梳理的过程。当前思政课改革提倡更加注重过程，实现从教材体系向教学体系的转化。慕课可以做到将这门课学生学习的每个环节"留痕"，比如登录出勤都会有所记载，记录学生在某时某刻在线学习这门课，并在其中进行了哪些互动环节，一个学期提交了几次作业和测验。这样考核平时成绩比课堂点名抽查更为科学，点名只是点到学生出勤与否，而慕课的过程痕迹化管理不仅使教师可以了解学生有没有在线出勤，而且可以了解其整个学习环节。课后作业和测试在慕课系统提交，既便捷又便于系统自动批阅成绩记入平时成绩，真正实现客观公正的过程考核。而且批阅后的作业可以很迅速地反馈给学生，不像传统思政课期末交了作业师生基本就不再见面，并且避免了一个教师一学期教几百人，作业也很难返回到学生手中的局面，毕竟思政课理论传授和育人才是最终目的，在这个过程中作业的订正其实是至关重要的。

这种过程考核的方式会使学生更加注重学习思政课的整个过程，而不仅是期末考试这个最终结果，注重过程才会沉浸其中，沉浸其中才有可能真心喜爱、终身受益乃至毕生难忘。

**三、慕课对思政课的新要求**

（一）对思政课程提出了更高的要求

慕课改变了纯课堂思政课教学"我讲你听"的模式，在"互联网＋"和融媒体的背景下，实现了学生随时随地可以借助科技媒介学习思政课。但是随时随地可以学习思政课，并不等于学生随时随地想要学习思政课。慕课是一把双刃剑，如果学生本身对思政课感兴趣，慕课借助手段的创新，使思政课学习讲授与视频、媒体融合而"声情并茂"，锦上添花；如果学生本身对思政课并不感兴趣，而是迫于教师的督促和签到的压力去课堂，那采取慕课的方式就会给学生逃课以可乘之机，他们可以"灵活"地打开慕课界面，然后做其他的事情。所以，实施慕课教学的前提是要提高思政课的吸引力和学生的获得感，使学生至少是大多数学生认同并愿意上思政课，这样才能保证他们在教室外、屏幕前能够主动听课并完成学习。这就需要思政课本身的配方要更先进，包装要更独特，工艺要更精湛；更加贴合学生的实际，更有时代感，使学生自主自愿地坐在电脑前参与思政慕课的学习，这就对思政课的吸引力提出了更高的要求。

（二）对思政教师提出了新要求

从传统课堂到慕课教学，从线下几百人的大教室到互联网或者移动互联网线上，这种时空的转换对于在传统课堂授课若干年的思政课教师来说，必须进行技术的跟进和角色的调整，这就对传统思政课教师提出了新的要求。

首先，思政课教师在备好本职课程的同时，还要掌握好融媒体慕课的必需技术。教师不仅要能讲好思政课，还要掌握在线回复学生问题、回应学生讨论、随时发布测验、发布课件及有关视频、在线布置小组作业并进行跟进指导等手段，这不仅要求教师在镜头前能自如讲课、熟练使用慕课软件，还要求教师熟悉一些配套辅助软件的使用，如抖音、视频、剪辑软件等。

其次，思政课教师要处理好线上教学与线下教学的关系。虽然慕课教学大大弥补了传统思政课课堂教学的不足，但是我们必须始终牢记思政课的育人属性，切忌过于沉迷五花八门的技术，而忽视内容本身、忽视思政课本身的育人属性。再新的技术手段、再多好看有趣的视频也不能替代理论本身。良好的课堂讲授能力，得体的教风、教态，扎实的理论讲授基本功，无论何时都是思政课教师立足的根本，在此基础上，实现传统课堂与慕课、线下教学与线上教学的互补。

（三）对学生提出了新要求

很多学生本身对学习思政课并没有真心实意的兴趣，只是迫于考试和学分的要求，他们习惯于中学政治那种教师盯着学、看着背、反复督促的学习模式。一些学生在教师的不断监管下，高考或者会考的政治科目也能取得一个较好的成绩。如果在普通高等院校思政课中实施慕课教学，就需要学生有较强的自主学习能力，至少

具备能够按时登录并观看完课程的自觉性，并且完成课后作业、讨论等环节。这对于国内相当一部分普通高等院校的大学生来说，并不是一件容易的事情。他们可能一开始出于好奇可以按时完成课程，但是要坚持一学期自主观看、自主完成作业就需要一定的定力或者辅助手段。

## 四、慕课在思政课教学上的应用路径

### （一）充分发挥公共图书馆的作用

慕课是"互联网＋思政课"的一种有益探索。什么是"互联网＋"？简而言之就是将互联网和其他传统行业或者传统事物进行有机结合。思政慕课就是融媒体互联网时代和主阵地、主旋律的思政课的有机结合。这里面的"＋"是加速发展、破旧创新的意思。在融媒体时代，人人有终端、处处可上网、时时有连接、物物可传播。图书馆在融媒体时代起到信息源的作用，应当对接当前思政慕课，将图书馆中关乎人类智慧结晶的馆藏资源用于思政慕课中。比如将传统文化诸子百家的馆藏资料，用于思政慕课中的中华民族传统美德的部分；将抗日战争、解放战争的馆藏资料用于思政慕课中弘扬中国革命道德的部分；将思政慕课在线资料、在线课程或者在线课堂中加入相关联的图书馆或者电子图书馆资料链接……其中，普通高等院校图书馆在思政慕课中发挥的作用是精英教育的模式，主要针对的是普通高等院校大学生的思政课教育；而社会公共图书馆则在思政慕课中发挥大众教育的模式，主要针对社会公众或者全民思政教育。

随着融媒体的发展，数字阅读成为广大公众特别是年轻人最为常用的阅读方式，碎片化的阅读已经成为很多人的阅读习惯。图书馆提供的慕课检索平台也必须符合大众这种阅读和检索习惯，毕竟"易检索到"才是坐下来参与思政慕课的前提。

### （二）创建独具特色的思政慕课

近年来，在高等教育领域，的确出现了"慕课热"现象。基于慕课的便捷性和其在促进教育公平中发挥的作用，我们可以断言，慕课将在未来相当长的时间内继续"热"下去。然而，正如多媒体幻灯片及 PPT 课件代替传统板书一样，技术手段的运用将弥补传统教学的不足，但是不会完全替代传统的教师讲授，思政慕课也是一样。它可以作为适应新时代上"活"思政课的一个手段，但不会完全替代思政教师对学生的面对面指导。我们如何避免跟风，切实发挥思政慕课的作用，做出思政慕课独有的特色呢？

首先，融合而非替代传统的思政课堂教学。思政慕课是大学思政课教学手段的一种融时代有益尝试，但并不能等于思政课全部。普通高等院校思政课除了理论传播的"教书"属性外，还承载着思想教育的"育人"属性。这是思政课与其他专业课或者外语、高数类公共课的最大区别。思想教育功能如果离开了面对面交流，效果就会大打折扣。技术的优势是有目共睹的，但是传统课堂也并非一无是处，否则也不会在我们高等教育发展历程中经久不衰。因此，要辩证地将思政课传统教学与思政慕课融合起来，使两种方式实现优势互补，针对每所院校自身的情况，承担起大学生思想教育的使命。

其次，可以用翻转课堂的理论改善思政慕课，形成"思政慕课＋翻转课堂"的模式。传统课堂遵循"先教后学"，先认识后实践的逻辑顺序，采取典型的教师课堂讲授，学生在课堂内学，课后完成作业的模式。翻转课堂遵循"先学后教"的模式，由学生课下自主完成学习并提出问题，课上和老师一起交流、研讨事先发现的问题，并探寻解决方案。思政慕课可以学习翻转课堂的理论，比如一所普通高等院校一个年级的学生采取思政慕课的方式完成一门思政课的学习，可以在学生每周在线观看思政慕课并且完成在线相关环节的基础上，在期中和期末或者每个月，选取固定的时间，由本门课本校的思政课教师集中采取面对面的上课方式，解决这段时间学生在思政慕课学习中遇到的问题。其过程不仅是答疑解惑，还有理论和相关问题的研讨，这种形式类似翻转课堂。这样，既发挥了思政慕课本身的技术优势，解决了师生配比不足的问题，又弥补了师生缺乏面对面"言传身教"的弊端。

### （三）完善慕课教学平台建设

第一，加强顶层设计，打造覆盖全国高校的慕课平台。慕课平台建设是一个综合的、系统性的工程，包括网络教学传输和交互系统、网络教学资源系统、网络教学管理系统等要素，其搭建需要资金、技术、人才等多种支持。因此，首先，高校必须加强顶层设计，重视慕课平台的开发和建设，积极投入人力、物力、财力进行物质支持。其次，慕课的建设具有开放性，不能局限于少数学校开发，国家应积极推动不同层次的学校自由进入并共同开发建设维护。要遵循由重点建设到普遍建设的战略。先由具有较高科研水平的"双一流"高校带头开发平台，然后以此为中心由点及面地向省重点高校及其他地方高校辐射，推动慕课技术的普及、建设和推广，最终建成覆盖全国的高校思想政治教育慕课平台。

第二，健全激励机制，提升教师网络教学水平。高校思政课教师是推进思想政治教育改革的原动力，要呈现慕课在教育教学中的价值，首先要鼓励教师学习新媒体新技术。高校要健全教师进行教学创新和教育改革的激励机制，加强对思政课一线教师的网络技术培训，邀请慕课课程研发的专家来校进行交流座谈、分享经验。

同时，对于积极参与、探索慕课课程开发的教师，要给予表彰和奖励，这样才能真正调动教师参与网络课程制作、应用网络课程的积极性，形成崇尚创新的氛围。

# 第二节　翻转课堂在高校思政教学中的应用

## 一、翻转课堂的定义

"翻转课堂"教学模式，顾名思义，即把传统课堂进行翻转，变教师主体为学生主体，变传统讲授为充分利用新媒体等技术开展开放性和多样性课堂，最终都是以实现思政教学的最终目标为出发点和落脚点。现阶段，学术界对"翻转课堂"的概念界定总体上体现在以下几个方面。

### （一）课前预习

课前，学生对学习内容的选择具有充分的自主权，可充分运用新媒体技术进行"淘课"预习。

### （二）课堂学习

课中，学生通过教师引导对课堂进行主动学习、讨论和总结，运用教师讲授、视频音频学习、小组讨论等形式对课程主体内容进行学习和掌握。

### （三）课后复习与考核

课后，学生回顾总结相关知识点并主动完成线上考核，教师在考核学生时充分体现人性化和主体性的特点。

## 二、翻转课堂运用到思政课程的作用

### （一）提高了教学实效性

"翻转课堂"教学模式一改传统由教师主导的教学模式，让学生在课前、课中、课后各大环节充分参与课堂，依靠信息技术给予学生多种学习模式和丰富的学习资源，开拓了学习的阵地。因此，开展"翻转课堂"教学模式，有利于将课堂的主动权交给学生，帮助学生开拓学习阵地、丰富学习资源、创新学习模式。大量的事例表明，自从我国实行新的课程标准以来，翻转式教学模式的出现顺应了我国教学改革的潮流，是对传统教学模式的深刻变革，该教学模式无论是从理论还是从实践层面，都起到了提升高校教学成效的显著意义。

（二）提高了学生的参与性

大学生作为高校课堂的主体，其自身特点是对思政课进行课堂改革的主要考量因素，个性化强、有独立意识、原始知识丰富、网络时代原住民等均是当今大学生的显著特点。思政教师在应对学生的思考角度和结果时，应以引导和鼓励为主，在开展课堂教学时也应积极调动学生参与到讨论的队伍中来。"翻转课堂"教学模式在增强学生课堂参与度上应用最广。课前，学生自主学习教师上传和自己搜索的内容；在"翻转课堂"的教学实践环节，教师利用多种教学方式和教学思维构建系统化的教学体系；在课后环节，教师引导学生进行自主复习和测试；在"翻转课堂"的考核评价环节，考核主体应注重增强考核内容的多元化发展，方方面面都体现了思政课堂不断增强学生课堂参与度的要求。

（三）改变了教师的教学理念

高校思政课作为大学生思想政治教育的主阵地，其课堂效果的发挥在一定程度上决定了高校开展思想政治教育的成效。我国教育部门针对思政理论教学颁布的相关政策和文件中明确提出，要切实推进思政理论教学方法和教学模式的变革。教师角色由知识传授者向学习引导者转变，教师教学方法由传统讲授向教学视频的筛选、制作与上传转变，引导学生建构主体知识体系。"翻转课堂"模式的着重点是教师在教学过程中发挥好自身的引导角色，引导学生在该模式下进行自主探究和自主学习，从内心增强对思政课程的兴趣，并不断培养自身的实践能力和创新能力。简单来讲，思政教师利用该模式教学应做到将学习的主动权真正交到学生手中。

### 三、高校思政课翻转课堂的发展路径

"翻转课堂"教学模式名义上是对课堂进行翻转，实际应用却体现在课前预习、课中授课、课后复习及评测的全过程中。高校应及时做好信息技术完整性和教学资源的整体性建设工作，这是开展"翻转课堂"教学的前提和基础，同时还要保证教师及学生都具有学习先进技术与手段、创新教学方法的意识和能力。

（一）构建师生双主体

思政教师在开展教学中应一切以学生的根本需求为主，以促进学生的全面自由成长为基本立足点，因此在利用"翻转课堂"教学模式进行思政教学的过程中，需要将教师和学生共同确立为教学的主体，制定合理的人才培养方案和思政教学任务。

首先，学生主体不可逆。基于建构主义理论和人本主义理论的"翻转课堂"教学模式，充分尊重学生这一课堂活动的主体，在充分尊重学生认知能力和学习结构特点的基础上，科学设置思政课程的教学内容和教学课程。由于学生独立意识强且热情主动，高校思政课堂以学生为主体，其课程设计可以以学生主动完成学习为主。其次，教师主体不可弃。教师传统教学授课形式虽使思政课略显枯燥，但不可否认，高校思政课仍是一门传授理论知识、传递价值理论、塑造学生世界观、人生观和价值观的课程，要想使大学生形成正确的"三观"，必然离不开思政教师的正确引导。最后，教师学生双主体是选择。宏观地进行分析，利用"翻转课"堂模式开展教学需要教师和学生形成合力。构建师生双主体，既可以使思政课摆脱枯燥与理论性强的固有思维，又能充分发挥学生的主体性，同时教师仍能传道授业，从而真正实现思政教学和"翻转课堂"模式的有机融合，进而达到高校开展思政教学的最终目的。

## (二) 提高教师的自身素养

与传统的教学模式相比，翻转式的教学模式要求教师开创全新的教学体系。首先，教师应坚定自身理想信念。在新媒体和信息技术在教学过程中得以广泛应用的今天，思政教师必须在纷繁复杂的信息内容中坚定自身的理想信念，并引领学生树立正确的价值观。其次，在信息化教学的大形势下，高校的思政教师也应加强自身的信息化素养，掌握基础的计算机知识和技能。在开展翻转式的思政教学过程中，思政教师应对该模式与传统教学模式进行合理的比较，并不断学习制作视频、搭建网络学习平台、与学生在线互动、甄别优质网络学习资源等技术，提高自身的信息化教学水平。最后，思政教师也应注重提升自身的科研能力，从而最终达到"以研促教、研教一体"的目标。理论知识和教学方式都不是一成不变的，思政课教师必须不断提高自身教学的专业性，从历史维度、现实维度、理论维度、实践维度等多维度为学生阐述理论、分析理论、提升理论。与此同时，教师应在教学过程中加强对教学方式的研究，通过对教学过程的分析总结和对相关研究的学习提炼，进一步提升自己的课堂教学能力。

## (三) 注重课前、课堂和课后环节的紧密结合

"翻转课堂"教学模式的最大亮点就是将学生的课前预习、课堂表现和课后复习三个环节进行广泛结合，以此实现思政教学的全方位育人、全过程育人特点。首先，在"翻转课堂"教学的课前预习环节，教师通过将本节课堂教学需要掌握的知识点和教学重难点制作成小视频，让学生提前进行自主观看和学习。教师鼓励学生在中国大学生慕课、智慧职教、知名大学网络学习平台、网易公开课等信息平台自

主"淘课"，选择自己感兴趣的视频进行自学；教师要求学生将自学成果整合成自己的知识体系，并上传到平台或以书面形式在课堂上呈现。其次，在"翻转课堂"教学的课堂教学环节，这一环节要求学生自主探究。传统意义的思政课最大的不足在于教师全盘灌输、学生被动接受、普遍教与学的特点。"翻转课堂"主张针对不同学生的特点开展差异化教学，学生通过成果展示、学生讨论、案例分析、视频学习、归纳总结等环节进行互动学习；通过展示自学成果、讨论课堂主题、归纳习得的知识建构自己的知识体系；教师对学生学习过程及成果进行引导，并对知识点进行梳理和呈现，使课堂效果实现质的提升。最后，在思政翻转式教学的课后复习环节，该环节要求学生巩固提升。思政教室应充分运用第二课堂，这是高校思政课教学改革的一大要求。思政教师应注重学生课堂学习的巩固提升，一方面要求学生按时完成平台的测评任务，查验自身理论学习的效果；另一方面主张学生走出课堂，即走进社会，通过拍摄微电影、参观实践教育基地等实践教学形式在实践中将理论落地，在实践中升华理论，同时，通过微信公众平台、网页、手机 APP 等进行延伸阅读，丰富自己的知识体系。教师在利用该模式进行教学的各个环节都需要做好对学生的考核评价工作，考核方式、考核内容和考核主体的设计都应本着调动学生学习自主性的根本目的。

（四）注重思政重、难点知识

首先，在将翻转式教学引入课堂时，教师应强调视频学习只是一种方式，其内容不是课程学习的主要内容，将学生从课前的分享与讨论中抽身，进入真正内容的学习。其次，在课堂环节，教师应着重针对教学的重难点进行教学设计，成果展示、课堂讲授、课堂讨论等都要围绕教学的重难点展开。最后，在课后反馈阶段，教师可基于学生的实践表现进行主观性考评。在利用"翻转课堂"进行思政教学的过程中，教师能否对整个教学课堂进行合理引导、学生是否能最大限度地吸收课堂教学知识点，成为衡量该教学模式是否有成效的关键因素。

（五）教师统一管理思政教学课堂

利用翻转式的教学模式开展思政教学对教师提出了更高的要求，教师必须有效负责整个教学课堂的准备工作，比如根据学生学习特点筛选教学内容、制定教学方案、使用合理的教学手段等，同时还需在平台及时查看批改学生的自学成果，这对教师课前组织和管理能力是一大考验。与此同时，利用"翻转课堂"教学模式的最大特点就是让学生学在课前，在该模式的课堂教学环节，教师主要为学生解答疑难问题、组织学生展开课堂讨论，并引导学生掌握相关理论，提升相关能力。为进一

步提升课堂有效性，教师应组织小班讨论，将学生以小组形式进行相关内容的分享、讨论与展示，教师有进行针对性地进行点评，这既考验教师的知识水平，也考验其课堂管理水平。另外，考核和评价环节尤其是对教师和学生的考核评价，是该教学模式的重点内容。思想政治教育课程是对学生价值观进行正确引导的重要武器，因此，对学生的考核评价不应集中在理论知识层面。高校思政课是立德树人的关键环节，是大学生思想政治教育的主阵地，其对学生的考核与评价不应只是学生对理论知识的掌握程度，更应是思维能力的提升、正确价值观的养成、自身素养的提升等。这就要求教师应进一步探索学生考核方法，考核学生在"翻转课堂"整体教学过程中的表现及核心价值观的养成，以此有效调动学生的学习自主性和学习自觉性。

（六）线上与线下相结合

教育领域构建线上线下双渠道，即实现现实教学与网络教学的结合。高校思政课开展"翻转课堂"教学模式，其前提正是信息技术手段的广泛应用，因此构建线上线下双渠道是必然选择。在利用"翻转课堂"进行思政教学的过程中，思想政治教师应明确"颠覆课堂""翻转课堂""对分课堂"三者的异同点，进而将现代化的教学设备和教学方法充分利用起来，从而调动学生的思政学习积极性和学习主动性。第一，教师应分专题研究"翻转课堂"教学模式的适用内容，并提前组织集体备课，教师分工完成课前自学微课内容的录制。第二，思政教师应充分尊重学生的身心发展特点和认知能力特点，为学生制订个性化的学习方案。第三，教师要帮助学生筛选适合的网络视频和文字材料。第四，教师要合理分配微课内容、自主探究内容、讨论内容和课后实践内容，不同环节学习内容的设置都要给学生留白，启发学生思考。综上所述，教师在进行翻转式的思政教学过程中，应做到统筹兼顾教学方法、教学内容、教学模式。

（七）灵活设置思政课程

具体来讲，高校的思想政治课程包含"近现代史"、"毛泽东思想"、"马克思主义哲学"、"法律"、"思想政治"、"形势政策"等多种内容。不同课程对知识目标、情感目标和能力目标的要求不同，在课程内容的理论性上也有所区别。因此，利用"翻转课堂"教学模式开展思政教育必须根据此课程设置的具体情况而定。对于理论性强的课程，教师在课前自学阶段可提倡学生多学习知名大学的视频课，为课堂讨论阶段奠定理论基础；对于思想与情怀要求较高的课程，比如"中国近现代史纲要""思想道德与法治"等，教师可推荐学生多看相关视频、多搜集相关案例，既为课堂学习提供案例依据，也为学生价值观的培养与塑造打下基础；对于时事要求较高的课程，比如"形势与政策"课，教师可推荐学生多看新闻、刷学习强国APP、多查阅网页和微信公众平台的推送，了解当今的时事热点，为课堂学习提供现实指引。

# 第三节　VR技术在高校思政教学中的应用

## 一、VR的概念

VR全称Virtual Reality，其中文名字叫虚拟现实，可从狭义和广义的角度对其进行划分。狭义的VR技术是指借助电脑或者融入式设备模拟出虚拟世界，提供给用户视觉、听觉、嗅觉、触觉的真实体验感，让人身临其境，达到一种超模拟的效果。广义的VR技术泛指一切与之有关的能够实现模拟仿真的软件与硬件，以及所使用的技术与方法，例如"人工现实""虚拟环境""赛博空间"等。借助人机交互，达到现实与虚拟空间的有机转换，使人沉浸于逼真环境之中，实现部分或全部效果的技术统称为VR技术。

## 二、VR技术应用于思政教学中的作用

### (一) 促进了师生双主体的形成

将VR技术应用于思政课教学契合了建构主义学习理论，具有相应的理论基础。学生通过主动建构知识的意义，生成自己的经验、解释、假设，教师从环境上予以支持。学生和学生，学生和教师，对共同关注点进行交流、探索和质疑，关注彼此的想法，完成知识意义的建构。VR技术应用融入思政课教学中，使教师和学生成了思政教育的双主体，教师创设好了虚拟的环境，学生在设定好的虚拟环境中主动思考、构建知识和情感表达，达到对思政知识的理解和掌握。

### (二) 突破了时间和空间上的局限

高校思政课教学，尤其是实践教学，往往受到时空限制，教学资源分配不均等诸多因素影响。VR技术视域下高校思政课教学打破时空限制、为更好地节约教学资源提供了可行方案。VR技术的应用完全使学生置身于一个沉浸式的VR世界中，在这个虚拟现实的世界中完全打破以往时空的束缚，可以使教师足不出户就能完成相应的教学任务。与以往传统的实践教学相比，VR技术视域下的实践教学更加方便实效，有利于节约教学资源，并且能够使学生完全沉浸其中，接受逼真的教学信

息。VR 技术拥有强大的构想力、创造力、超现实力和远程虚拟现实强大功能，为打破时空限制，节约优化教学资源，提高学生学习效率奠定了基础。

（三）丰富了教学内容，提高了教学效果

随着时代变迁、科学技术的飞速发展，VR 技术虚拟现实场景更加信息化、逼真化、人性化。教师通过 VR 技术虚拟书本上的人物事件，可操控客户端，有重点、有计划、有目的地引导学生开展课堂教学。学生则完全可以通过 VR 设备与历史人物对话、参与历史事件。学生在虚拟现实的世界中以自然的方式与虚拟世界中的舞台进行交互，相互影响，从而产生身临其境的感受和体验。VR 技术的操作实施依附庞大的数据库，学生在沉浸式 VR 情境中，可以通过 VR 设备主动检索大量信息，激发思维灵感，提高自身的动手动脑能力，大大提高思政课教学的实效性，达到"思政＋信息技术"的创新。同时，针对思政课课程中含有的抽象难以理解的内容，VR 技术还能够变抽象为具体，将枯燥乏味的理论知识转化为通俗易懂的文字图片，从而大大降低了学生理解难度。通过化文转图，可以有效实现降低思政课堂单调性、乏味性，缓解学生视感疲劳。

（四）提升了学生的学习兴趣

传统思政课教学，教师主要采用的是讲授方式，学生通过阅读和聆听来获取知识。这种获取知识的方式只调动了学生听觉和视觉功能，学生兴趣不大，很容易陷入疲劳状态。VR 技术具有交互性、沉浸性和逼真性的特点，使思政课的教学环境、教学方式和教学主体发生新的变化，给学生带来视觉、听觉和触觉等感官的刺激，使枯燥无味、艰深难懂的教学内容生动化、可视化和具象化，产生一种身临其境的感觉，提升学生学习的兴趣，提高学生对思政课的心理接受度。

（五）充分体现了以学生为本

高校思政课教学以人为中心，在教学设计、教学过程中，注重突破传统教学模式的弊端，构建适应新时代下的大学生求知特性，不断赋予高校思政课的新特性与新模式。随着"两微一端"的迅速普及，互联网和移动新媒体正逐渐改变青年人的生活方式。"无人不网，无日不网，无处不网"的现象已然成为主流社会常态。将思政课融入 VR 课堂，能够有效刺激学生动手、动脑、动嘴能力，不断激发其学习热忱，充分调动学生在思政课堂上的积极性、主动性、创造性。同时，"VR＋高校思政课堂"将改变传统单调乏味的课堂教学模式，打破"一言堂"现状，时刻以学生为本，围绕学生开展教学，将以师为主体转变为师生双主体，充分尊重学生主体地位。将 VR 技术应用于思政课教学的过程中，教师借助 VR 技术，可以通过操控平台及时掌握学生动态，便于加强师生之间良性互动，让思政课堂更加接"地气"，更具活力。

（六）调动了学生的主观能动性

将 VR 技术应用于思政课教学中具有明显的现实性。现在的学生大都从小开始接触互联网，对新技术和新媒体有一种亲切感，利用这种方式学习新知识，具有较好的效果。VR 技术将"看不见"的理论转换成"看得见"的场景，正符合学生学习的心理。当今时代是一个创新者的时代，VR 技术以创新思维和全新的视角，激发出思政课活力，契合时代的发展需求，将真实的社会关系场景重现在屏幕之中，这让思政课教学如虎添翼，充分发挥了学生学习的主动性。VR 体验是一种新的教学形式，通过创设具体的教学情境，使学生虽身在学校，却能体会资源所提供的虚拟情境，具有趣味性和参与性，学习由单向传递转化为双向互动，使用心学习变为身心并用，充分调动了学生学习的积极性。

（七）促进了思政教育资源的均衡发展

VR 技术具有虚拟现实性，打破时空限制，已然不是梦。未来高校思政课教学将实现足不出户完成相应的实践教学任务，相较于以往长途跋涉、跨区域进行的实践教学形式，VR 课堂形式对学生可控性更有保障，可以避免意外事件的发生，将危险系数降到最低，时刻坚持以人为本的教育理念。同时，VR 技术在某种程度上具有均衡不同高校、不同区域教育资源分配的优势。教师利用 VR 技术可以实现区域之间教育资源的共享化，使不同区域、不同高校教育资源的均衡化成为可能，实现教育的协调化与均衡化发展。目前，我国区域经济发展水平不均衡，势必造成东西部教育资源差距悬殊的现实问题，同时，高校之间师资力量分布不均匀等问题也较为严重。面对这些客观的现实问题，VR 技术完全突破了时空限制，打破了传统实践教学模式。在虚拟学习环境中，不同高校、不同区域教学资源实现共享已然成为可能，进而实现协同发展，共建和谐高校思政课教学环境。

### 三、VR 技术应用于思政课教学的有效实现路径

（一）教师方面

在心理方面，为了提高 VR 技术在教学过程中的效果，应从学校支持、模范示范等方面，增强教师的自我效能；从个人目标、个人评价和个人学习等方面，培养

教师的乐观心态；从心理辅助、心理培训和社会支持等方面，培育教师的坚韧品质；同时利用系统思维，加强自我效能、乐观心态和坚韧品质的协调与联结，促使其整体功效的最大化。在能力方面，当 VR 技术应用于思政课教学时，教师应不断学习，提高自己教学资源的设计能力、开发能力、升级能力。在行为方面，促进教学准备中的行为转变，适应信息化教学备课，创新教学资源和环境，利用互联网搜索资源。

（二）教学方面

1. 课堂

实现"VR+思政课堂"教学，需要倾力打造"三模式"下的"VR+思政课堂"教学。一是构建线下"VR+思政课堂"教学。着力打造现实版精品 VR 思政课堂教学，充分挖掘 VR 技术的优势，大力投入硬件设施建设，渲染思政课堂文化氛围，创新思政课堂教学理念，致力于打造形式新、内容新、理念新、实效新的思政课堂教学效果，实现新时代下与时俱进的"VR+思政课堂"教学。二是打造线上"VR+思政课堂"教学。"VR+思政课堂"教学需要充分发挥互联网的积极作用，依据互联网优势所在，实现不同院校、不同区域的"VR+微课思政课堂"教学资源共享，实现足不出户跨时空学习的目的，充分发挥线上"VR+微课思政课堂"教学的作用，构建平台共享、资源共享、教学共享的高校思政课教育教学模式，充分发挥线上"VR+思政课堂"教学的积极作用。三是打造线上线下双结合的"VR+思政课堂"教学模式。基于"教育三个面向"的教学理念，"VR+思政课堂"教学亦是如此，应高瞻远瞩，与时俱进，打造多领域、多平台、多方位的思政课堂教学模式，打造线上线下、网上网下协同发展的"VR+高校思政课"教学模式。

2. 教学内容

VR 技术与思政课教学的核心是开发优质的课程内涵，而不仅仅是一个场景的呈现，要拓宽思政知识延展性，精选课程核心内容，实现知识传授与价值引领两者结合。为了切实提高思政教学的实效，一方面要通过 VR 技术所展现的内容，使学生真正喜欢上思政课，实现思政课的教育价值；另一方面，做好思政课内容融合和深化。现今，孤立和单一的知识点不再能满足学生对知识的渴求，要通过 VR 技术所展现的内容，激发学生的学习兴趣，抛砖引玉，由浅入深，用开放性视角过渡到更高层次的学习。同时，充分发挥学生的积极主动性，自动自发构建新知识，促进学生在情感、心智和伦理等方面健康发展。

3. 实践教学

一是现场实践教学与虚拟实践教学互补。针对思政课理论知识不仅仅是学懂、学通、学透，更重要的是有所思、有所悟，学以致用，践行于实际。学生在参观纪念馆、博物馆、历史文化圣地的实践教学过程中，亦可借助 VR 设备，体验虚拟现实中的纪念馆、博物馆、历史文化圣地，体验现实与虚拟中不一样的感受，使学生真正观有所感、学有所获。二是虚拟现实中的"VR+ 思政"实践教学。"VR+ 思政"实践教学可以借助 VR 虚拟现实的强大功能，打破时空限制，实现足不出户体验不同区域的实践教学。同时，随着"互联网＋教育"及大数据的发展，网课资源共享已然成为共识，不同高校倾力打造的精品思政实践教学课程，亦可实现协同发展、资源共享。三是虚拟创新"VR+ 思政"实践教学。一切现象的呈现皆源于现实，"VR+ 思政"实践教学的内容制作及教学设计的过程不是一成不变的，亦可在原有实践教学的基础上，基于历史事实，进行人为内容的融合、升华、创新，打造与众不同、内容丰盈、有趣有意义的"VR+ 思政"实践教学课程。

4. 教学方式

通过"学生讲解＋深度体验＋个性讨论"启发教学、激发兴趣、增强体验。传统的思政课教学主要采用灌输式的讲授法，不能很好地形成师生的互动机制，发挥学生的主观能动性；而通过 VR 技术，实现教师逻辑思维的直观化、知识的可视化，就便于更好地组织探究教学，让学生在教师的引导下，主动参与到发现问题、寻找答案的过程中，启发学生独立思考的能力，切实提高学生解决问题的能力。

通过综合教学，系统集成，融会贯通。综合教学是指整合传统的课堂教学和虚拟的实践教学，集成各种教学方法、教学内容和教学手段。一是综合传统的课堂和实践教学与虚拟实践教学学习相结合，优势互补，形成一种复合的教学方式，为学生提供多种选择。二是综合高校思政课实践教学内容。比如"思想道德与法治""毛泽东思想和中国特色社会主义理论体系概论""形势与政策"等内容，通过 VR 技术，实现虚拟课程内容之间的有机整合。三是综合高校思政课实践教学资源。VR 实践教学可以使用多种载体、网页、手机等，以实现资源共享的多样化，让学生更好地学习。

通过虚拟教学，规避风险，便于管理。随着 VR 技术在教学活动中的应用，改善了教学环境，创新了思政课的教学方式。通过 VR 制作和教材改编，让学生身临其境，实现思政课的切身体验。这样可以减少学生外出实地参观考察，特别是疫情防控期间，可通过远程教学平台，开放教学资源，只要学生具有相关的设备和软件，就可以跨越教室空间、多媒体设备等硬件环境，投入到逼真的 VR 教学环境之中。同时有效解决了组织难、费用高和安全性低的思政课实践教学难题，使学生体验感更加丰富，提升思政教学的实效。

（三）课程方面

在"VR+课程思政"教学过程中，需要从以下几个角度进行。一是借助课程的相关性。诸多学科内部都存在其共性与特殊性，知识内容的相关性亦不可分割。这必然要求学科知识教授需要不同学科知识作为铺垫，穿插其中。将VR融入不同课程，以本课程学科附加思政教育内涵，从共性中赋予思政内涵教育，穿插VR思政课程内容，增强课程的学理性、教育性。二是辨析课程的区别性。挖掘课程教学既是一门艺术，也是一份心力活。学者需要悉心深究，方能发现不同课程其区别所在。面对不同学科固有的特殊性，VR融入不同课程的过程中，需要赋予符合本课程特色的思政教学内容、教学模式、教学技巧，切忌照抄照搬、不知变通，只有这样才能达到"VR+课程思政"教学的初衷。三是立足课程，创新VR教学。从课程教学到课程思政教学，从思政课程教学到课程思政教学，概念的延伸，教学目的、教学意义转折显而易见。实现"VR+思政"课程到"VR+课程思政"的华丽转身，无疑给广大教育者带来新的挑战与磨砺。要立足原本课程，打造适应本课程的VR课程思政教学。

（四）共享机制建设方面

共享机制在实践上可以有两种方式：一种是全国的资源整合与共享，另一种是省级的资源共建共享，这两种方式建成后都可以有效整合资源。利用VR技术建设思政课教学资源的过程中，现存在教师不太懂VR技术，技术人员不太懂思政教学的情况，需要制定统一的标准和制度，建立好VR技术开发、引进、运用等相关配套机制，这要协同高校和VR技术开发机构方可完成。一方面，高校通过建立相关配套机制，及时获得学生和教师的使用反馈，将技术需求及时反馈给技术方；另一方面，VR技术开发机构根据反馈收到实际需求，保障硬件设备使用的延续性和软件设备开发的时效性，让整个VR思政课资源紧跟时代发展和理论创新的步伐，与时俱进，不断产生新的效果。

## 四、VR技术在思政课实践教学上的应用

自古以来，实践是检验真理的唯一标准，真理得来不仅依靠书本传承，更重要的是实践检验。VR技术视域下"中国近现代史纲要"教学亦是如此，并非仅仅局限于课堂，更重要的是走出课堂，走进"中国近现代史纲要"教学实践基地，感悟历史事件、历史人物，置身其中，切身感受。VR技术应用于"中国近现代史纲要"实践教学应从两个角度思索：一是致力打造VR技术下的"中国近现代史纲要"实践教

学，以改变传统的"中国近现代史纲要"实践教学模式，将 VR 技术融入"中国近现代史纲要"实践教学中，将实地参观教学与虚拟现实教学完美、融洽结合，弥补现实实践教学呆板、僵硬的教学模式，将死的事物活灵活现，以填补实践教学基地遗漏的地方，完美演绎过去这一时刻发生的历史轨迹，实现师生与古人对话，培养师生以史为纲、以史为轴、以史为镜，知其兴替、明其得失、知其然更知其所以然的意识。二是实现线上与线下、虚拟与现实相衔接，VR 技术视域下"中国近现代史纲要"实践教学未来发展趋势必然是领域协同化、专业化。在"中国近现代史纲要"实践教学探寻 VR 技术应用过程中，不同学科、不同高校、不同区域实践教学要相互借鉴相关实践教学成果，实现成果共享化，构建 VR 技术视域下"中国近现代史纲要"实践教学新篇章。

# 第七章　高校思政教育工作队伍的创新

## 第一节　高校思政教育队伍的建设目标

### 一、确立新时代高校思想政治教育队伍建设目标的意义

确定高校思想政治教育队伍建设目标，是高校思想政治教育队伍建设的首要环节，它不仅为高校思想政治教育队伍建设指明方向，凝聚高校各方面力量，增强高校师生行动的自觉性，而且为高校思想政治教育队伍建设决策提供了标准和检查评估队伍建设的效果依据。高校思想政治教育队伍建设目标贯穿高校思想政治教育队伍建设的全过程，不断推动着高校思想政治教育队伍建设的有效进行和创新，对于提高高校思想政治教育队伍建设水平具有极其重要的意义。

（一）思想政治教育队伍建设的基本前提

高校思想政治教育队伍建设，实际上是思想政治教育队伍建设的内容、原则、方法等众多要素的展开，而这些要素的确定又取决于思想政治教育队伍建设目标的确立。不同的目标要求有与之相适应的建设内容、原则和方法。只有确立好高校思想政治教育队伍建设的目标，才能对这些要素做一个合理的统筹安排。目标不确定，这些受目标制约和为目标服务的教育要素就无法发挥其应有的作用。同时，任务是目标的具体化，只有当目标确立后，才能按照目标的要求，制定出高校思想政治教育队伍建设的具体任务，从而促使教育活动有目的、有计划地开展。如果高校思想政治教育队伍目标不确定，思想政治教育队伍建设就无所适从，就会使队伍建设陷入混乱和无序的状态。所以，确定高校思想政治教育队伍建设目标是开展思想政治教育队伍建设的基本前提。

（二）为思想政治教育队伍建设指明方向

高校思想政治教育队伍建设具有明确的目的性。只有确立了思想政治教育队伍建设的目标，才能明确思想政治教育队伍建设的方向。目标方向的正确与否至关重要。高校思想政治教育队伍建设只有坚持正确的方向，才能焕发出巨大的精神动力，指引队伍建设顺利推进。目标方向错误，不仅会背离队伍建设的初衷，而且会造成

人力、物力、财力的巨大浪费，更无法保证思想政治教育的有效性。在我们国家，思想政治教育为实现党的基本路线、纲领和政策服务，充分体现社会主义制度的性质与发展方向。因此，高校思想政治教育队伍建设目标必须体现社会主义方向。

（三）增强思想政治教育队伍建设的自觉性

确立思想政治教育队伍建设的目标，能够促使高校有关部门自觉地按照目标要求去行动，避免走弯路，避免盲目性。目前，一些高校思想政治教育队伍建设没有取得明显的成效，一个重要的原因就是缺乏明确而科学的目标，致使思想政治教育队伍建设实施起来抽象空洞，不能获得预期效果。正确的目标能够使各有关部门明确自己的职责和任务，在职责和任务的鞭策下，增强开展思想政治教育队伍建设的自觉性。有了自觉性，有效性也会有所提高。一般来说，两者是正向的关系，自觉性越高，有效性就越高。所以，确立高校思想政治教育队伍建设的目标是提高高校思想政治教育队伍建设有效性十分重要的环节。

## 二、新时代高校思想政治教育队伍建设的目标

高校思想政治教育队伍建设的目标，是高校思想政治教育队伍建设所预期的理想效果，它贯穿高校思想政治教育队伍建设的全过程，对高校思想政治教育队伍建设具有重要的指导作用。就具体内容而言，高校思想政治教育队伍建设的目标是要打造一支政治强、业务精、作风正、运转高效的思想政治教育队伍，实现高校思想政治教育队伍的素质、数量、结构、管理的合理与完善。

（一）素质优良

高校思想政治教育工作者的素质，指能有效实现自己所担负的主体性功能而应具备的一系列素质的总和。思想政治教育队伍是思想政治教育的组织者、实施者、指导者和调节者，其素质的高低直接影响着思想政治教育的效果。高校思想政治教育队伍只有具备良好素质，才能提高大学生思想政治教育队伍建设的针对性、实效性和吸引力、感染力。

中国特色社会主义已经进入新时代，新时代新形势不仅引起了经济社会生活的重大变化，而且也引起了人们生活方式、思维方式、精神状态、价值观念和社会心理上的重大变化。在这样一个新的历史时期，高校思想政治教育如何跟上时代的步伐，适应改革和建设的需要，是高校思想政治教育工作者面临的新课题。高校思想政治教育要迎接新挑战、取得新成绩、开创新局面，关键是要进一步提高高校思想政治教育队伍素质。这不仅是高校思想政治教育本身的要求，也是高校思想政治教

育工作者履行自身职能和责任的要求。在高校思想政治教育过程中，思想政治教育队伍担当着多重角色，包括教育者、管理者和服务者。每一种角色都要求有一定的素质和能力。高校思想政治教育对队伍建设的要求主要体现在以下几方面。

1. 政治素质

具备良好的政治素质，是思想政治教育工作者应当首先具备的最基本的素质，是思想政治教育工作者素质的核心。

政治素质有很鲜明的时代特色，不同时代的思想政治教育工作者政治素质内涵是不同的。新时代高校思想政治教育队伍的政治素质主要包括以下几个方面：第一，坚持党的基本路线，忠诚于社会主义事业。贯彻党的基本路线是思想政治教育的主要任务。在党的基本路线的指导下，用中国特色社会主义共同理想和实现中华民族伟大复兴的中国梦把全体中国人民团结在党中央周围，坚持社会主义道路，坚定不移地贯彻党中央精神，服从和服务于全党工作的大局。第二，坚持党性原则，具有强烈的事业心和高度的责任感。思想政治教育是党实现政治领导的重要途径，作为党的思想政治教育工作者，必须具有坚强的党性，自觉地按党性原则办事，在思想上、政治上和党中央保持一致。要做到这一点，思想政治教育工作者必须增强马克思主义理论素养，坚持个人利益服从党的利益，坚定为共产主义事业奋斗终生的信念。思想政治教育工作者要热爱党的思想政治教育事业，在自己的工作岗位上忠于职守，充分发挥主动性、积极性和创造性，努力把工作做好，为党的思想政治教育事业奉献自己的才华和力量。第三，具有较高的政策水平。政策和策略是党的生命。思想政治教育工作者政策水平的高低，决定着思想政治教育水平的高低。思想政治教育工作者的主要任务之一，就是要宣传党的路线、方针和政策。这就要求思想政治教育工作者必须率先理解党的政策，掌握党的政策。如果思想政治教育工作者对党的政策不明白、不理解，其后果十分严重。第四，具有较高的政治水平。思想政治教育工作者政治上要能够辨别是非，在错综复杂的形势面前，要能够把握住正确的政治方向；要具有较高的政治觉悟和党性修养，以充分发挥思想政治教育工作者的模范和表率作用。

2. 思想素质

思想政治教育工作者担负着对教育对象的宣传、教育、导向作用，应该具有较高的思想素质。

首先，高校思想政治教育工作者要坚持马克思主义的立场、观点、方法。要做好思想政治教育工作，思想政治教育工作者自己的思想观点一定要正确。因此，思想政治教育工作者要努力提高自己的思想觉悟，树立马克思主义的世界观，才能在学习和实践中不断提高自己的思想觉悟，使主观认识符合客观事实发展的规律，运用马克思主义的立场、观点和方法，分析周围环境和人们的思想，有的放矢地做好思想政治教育工作。

其次，高校思想政治教育工作者要具备现代化的思维方式和思想观念。思维方式是指以一定的社会文化、知识结构、方法等因素所构成的思考问题的方法和程式。社会存在决定社会意识，社会主义现代化建设需要和造就现代化的人，而思维方式的现代化是人们思想现代化的先导，如果没有思想政治教育工作者思维方式的现代化，就不可能通过思想政治教育工作去塑造现代化的人。所以，确立现代化的思维方式是思想政治教育工作者思想素养的一个重要方面。我们所处的时代是新技术革命突飞猛进的时代，这必然给我们带来许多新的矛盾和新的问题。为了适应时代要求，更新观念已迫在眉睫。思想政治教育工作者必须更新陈旧观念，树立新的观念，用新的观念来看待和评价现实的人和事，这是新时期对思想政治教育工作者的基本要求。

最后，高校思想政治教育工作者要具有良好的思想作风。良好的思想作风是取得思想政治教育成功的基本保证，高校思想政治教育工作者应该努力培养实事求是、公正民主、严于律己、批评和自我批评、谦虚谨慎、艰苦奋斗的作风。

3. 知识素质

思想政治教育是一项综合性、知识性和专业性极强的工作，没有丰富的知识是无法驾驭的。丰富的理论知识是思想政治教育工作者施教的武器，缺乏理论知识或理论知识不完善、不丰富，思想政治教育就势必成为肤浅的空谈。进行思想政治教育，光有政治素质与道德修养还不够，还须有一定的教育功底，也就是说，除政治坚定和道德高尚外，思想政治教育工作者还要有扎实的理论素养和过硬的教育能力，要能写会说。

高校思想政治教育队伍建设中必须要求选聘的人才具备广博的文化知识，要有扎实的理论基础以及较好的专业技能。具体来讲，思想政治教育工作者不仅要具备比较系统的马克思主义理论修养，还要具备思想政治教育的专业知识和辅助知识。

首先，高校思想政治教育工作者要掌握马列主义和马克思主义中国化最新成果，这是思想政治教育工作者的基本要求。对受教育者进行马克思主义理论教育是思想政治教育的主要内容和主要任务。掌握了马克思主义理论，即掌握了思想政治教育的思想武器和思想政治教育的主要内容。理论是行动的指南，理论上的成熟是政治上成熟的基础。思想政治教育工作者能否做好思想政治教育工作，思想政治教育能否有成效，在很大程度上取决于思想政治教育工作者的理论水平高不高，理论根底厚不厚，理论基本功过硬不过硬。有些思想政治教育工作者感到工作吃力，事倍功半，对马克思主义基本理论知之不多、理解不深是重要原因。因此，要提高思想政

治教育的质量，就必须努力提高思想政治教育工作者的马克思主义理论素养。

其次，高校思想政治教育工作者要熟悉思想政治教育的专业知识。这是做好思想政治教育的基本条件。思想政治教育的专业知识主要是指党的思想政治教育的基本理论、基本知识和基本经验以及与思想政治教育比较密切的心理学、教育学、伦理学、社会学等专业知识。只有掌握这些知识，思想政治教育工作有了坚实的基础，才有可能成为思想政治教育的内行和专家。

最后，高校思想政治教育工作者要掌握一些必需的辅助知识。思想政治教育工作者具备广博的知识，可以提高工作的有效性。为此，思想政治教育工作者应该有意识地学习历史学、逻辑学、法学、美学、民族学、文学艺术等方面的知识。特别是在网络信息时代，思想政治教育工作者必须掌握计算机、网络方面的知识和技能。此外，思想政治教育工作者还应该对受教育者的专业基础知识有所了解。这样，思想政治教育工作者既懂教育又懂专业，与受教育者容易沟通思想，即使是教育和批评，也容易使人心悦诚服，具有说服力和感染力。

4.心理和身体素质

较强的心理和身体素质是思想政治教育工作者赖以完成思想政治教育任务的重要基础。

良好的心理状态和较强的心理素质是保障思想政治教育任务顺利完成的必要条件。高校思想政治教育队伍只有具备了良好的心理素质，才可能灵敏地调节自己的情绪，维持心理平衡，创造一个良好的心境，沉着应对外界的各种刺激，保持深沉、乐观的精神状态，在教育过程中以自身的良好性格和果敢的意志等素质去影响和感染教育对象，增强思想政治教育的实效性。

身体是革命的本钱。体魄健壮、精力充沛是思想政治教育者必须具备的身体素养。思想政治教育的任何一项具体工作，如调查研究、科研、教学、谈心等，都要付出巨大的心力和体力。只有身体健康，才能精力充沛；只有身体健康、精力充沛，才能保持敏捷的思维，才能巧妙地运用各种因素、积极推动思想政治教育工作的开展，顺利地实现思想政治教育的目标。

(二) 规模适当

唯物辩证法认为，事物是质和量的统一体，二者相互制约、相互影响。事物的质量不高或是数量不足，都会影响事物的发展。因此，高校思想政治教育队伍建设，一方面要高度重视思想政治教育队伍的总体素质；另一方面也要充分重视高校思想政治教育队伍的规模，必须保证队伍的数量，使队伍达到合理的规模。这是因为思想政治教育队伍的数量不足，特别是数量低于基本需求时，会直接影响思想政治教育的实施和人才培养的质量。从一定程度上讲，高校思想政治教育队伍的规模越大，思想政治教育工作者个人承担的任务就越轻，也更有利于工作质量的提高。当然，高校思想政治教育工作者的数量也不是越多越好，数量过多，人浮于事，容易导致相互推诿、扯皮，最终也会影响工作的效率和水平。因此，要充分重视高校思想政治教育队伍的规模，必须保证工作者的数量，在满足思想政治教育工作需要和保证效率的前提下，保持思想政治教育队伍合理的规模。

从现实来看，近年来，随着高校思想政治教育队伍建设的不断推进，高校思想政治教育队伍规模也在不断扩大，但是高校思想政治教育工作者的人数增长速度远远跟不上学生规模的扩张，思想政治教育工作者总体数量不足的情况一直没有得到很好地解决，特别是在一些民办院校和独立学院，思想政治教育工作者数量不足的现象还很普遍，"缺编"问题更为严重。在思想政治教育工作者数量不能满足高校思想政治教育需要的情况下，思想政治教育工作者不得不超负荷工作，工作质量难以得到保证。例如，由于高校思想政治理论课教师数量不足，每个思想政治理论课教师不得不承担很重的教学任务，很难保证教学质量。同时，由于思想政治教育工作者数量不足，思想政治教育工作者承担了超负荷的工作量，客观上没有时间去学习进修、培训和进行理论研究，严重影响了思想政治教育队伍整体素质的提高，最终必然影响高校思想政治教育工作的水平和质量。

（三）结构合理

高校思想政治教育队伍是一个由多个层次构成的集体，同时每个层次又是由多个个体组成，这就意味着思想政治教育队伍建设存在结构优化的问题。同样多的人和部门，同样的工作任务，不同的人员配备方式、人员构成和组合方式，必然会产生不同的工作效能。合理的队伍结构可以更加快速有效地提高思想政治教育队伍的工作效率。因此，高校思想政治教育队伍建设的一项重要任务，就是要考虑如何科学配备人员，如何优化队伍的性别结构、年龄结构、学历结构、专业结构和职称结构，如何对人员进行合理分工，最大限度地发挥出这支队伍的工作效能。

（四）管理有效

管理是做好工作的保障。高校思想政治教育队伍的管理就是有关部门和个人为实现一定的发展目标，通过组织实施学习、教育、培训、管理、制度建设等环节，对思想政治教育工作者进行塑造，促使其得到发展的活动。做好高校思想政治教育队伍的有效管理，就是要让高校思想政治教育队伍所有成员各尽所能，相互合作、齐心协力，释放潜能，提高高校思想政治教育队伍的工作效能，增强高校思想政治

工作的实效性，提升高校思想政治教育水平和质量。

高校思想政治教育队伍建设是一项系统工程，需要从不同的层次、领域与环节加以保障。高校思想政治教育队伍的管理，一是要从人才标准、选拔程序、培养培训、职称评聘、薪酬奖惩、退出、绩效考核、工作分析与设计等方面建立健全制度，使队伍管理工作规范化、制度化。二是规章制度要科学合理，要完善、系统、具有操作性。三是要维护制度的权威性，严格按制度办事。四是思想政治教育队伍的管理需要根据思想政治教育的动态变化，把握新问题、新情况的发展趋势，考察其变化的规律与特点，及时做出回应。总之，通过对高校思想政治教育队伍建设进行系统的管理流程设计和规范化，激发高校思想政治教育队伍的工作积极性，提升其业务水平，从而改善高校思想政治教育现状，增强高校思想政治教育工作的实效性。

## 第二节　高校思政教育队伍建设的策略与途径

### 一、强化合作意识，统筹多维力量，形成思想政治教育合力

党政齐抓共管，相关部门和人员紧密配合，形成思想政治教育合力，是党的思想政治教育的宝贵经验。中国共产党刚刚成立时，中央组织机构尚不健全，但却设立了组织与宣传部门，负责领导对工人的宣传组织工作，并发挥了重要作用。党的十一届三中全会后，党的思想政治教育组织机构自上而下更完备和成熟，其动员、组织、宣传的作用更明显。可见，建立健全相应的组织机构和职能部门，党政工团齐抓共管，专业队伍与群众队伍紧密配合，形成思想政治教育合力，是思想政治教育顺利开展和取得成效的重要保证。

高校思想政治教育要致力于改善学校内部环境，统筹校内多维力量，推进教书育人、服务育人、管理育人相结合，形成高校内部思想政治教育合力。高校思想政治教育涉及高校多个部门、多类别人员，需要多部门、各类人员之间密切配合，形成思想政治教育合力。高校思想政治教育工作系统具有显著的整体性特征。它虽然是由诸多要素共同组成的，而且目标、内容、教育者和教育对象等要素都具有自身的功能，但其最佳效果的形成并不是各要素功能简单相加就可以达成的。只有在服从高校思想政治教育整体目标和功能的前提下，充分调动各组成要素的积极作用，并使其密切配合，协同运作，才能共同形成育人的合力，并取得整体最优的效果。具体来讲，就是要动员整合高校内部各种力量，形成教书育人、管理育人、服务育人相统一的全员育人、全程育人和全方位育人的大格局。

首先，高校思想政治教育队伍内部要协调配合。高校思想政治教育队伍是一支

由高校党政干部和共青团干部、思想政治理论课教师和哲学社会科学课教师、辅导员班主任和心理咨询教师等组成的专兼职结合的综合性队伍，开展高校思想政治教育工作，任何一支力量单兵作战都是不科学的，都不能达到思想政治教育的综合效果。高校思想政治教育队伍内部分工明确，有着各自的工作职责：党政干部和共青团干部负责领导、组织、协调，宏观把握工作；思想政治理论课教师和哲学社会科学课教师负责对基本理论、知识和党的路线、方针、政策的传递和培养，是一种显性教育；辅导员班主任和心理咨询教师主要负责日常的思想政治教育工作，在对学生活动的组织中、生活的关怀中、就业的指导中展开工作，产生潜移默化的影响。在合理分工的基础上，高校思想政治教育队伍内部必须密切配合。如果高校思想政治教育队伍内部缺乏合作，缺乏信息与资源共享，就不能形成思想政治教育合力，有时还会相互抵消、冲突。如有的辅导员对学生的思想政治教育不够重视，经常在思想政治理论课时间安排一些学生来办公室做其他事；有些党政干部名义上属于思想政治教育队伍成员，但始终将自己的工作定位于普通的行政工作和管理工作，将自己的工作对象定位于教师而不是服务学生；而思想政治理论课和哲学社会科学课教师同样也是将自己定位于课程教学与科研，对学生课外的思想政治教育行为一概不关心，认为那是辅导员、班主任的事。事实上，离开思想政治教育队伍之间的密切配合，是做不好大学生思想政治教育工作的。如学生思想上的一些难点问题仅靠辅导员自身的力量是难以有效解决的，必须充分借助思想政治理论课教师的力量，发挥他们在理论教育方面的优势。

其次，高校从事思想政治教育工作的部门之间要协调配合。高校思想政治教育是一项牵涉高校多个部门的集体性工作，必然需要多部门密切配合，形成思想政治教育合力。高校的思想政治教育工作通常由党委宣传部、团委、党校、学生处、教务处和工会、马克思主义学院等单位共同来完成。高校中的马克思主义学院负责理论教学，这是思想政治教育的重要途径。其他的思想政治教育由学校党团工作、辅导员工作、教学育人、管理育人、服务育人、课外活动和社会实践中来实现。显而易见，高校思想政治教育各部门密切协同，形成合力，方能有效。但是，从目前情况来看，在形成合力共同推进思想政治教育方面，高校做得还不够，存在力量分散的问题。

最后，高校思想政治教育队伍和其他教职工队伍之间要协调配合。高校承担着培养德智体美劳全面发展的社会主义事业的建设者和接班人的重任，其中德育处于首要的地位。思想政治教育队伍是高校思想政治教育的主力军，但不是唯一力量。其他专业课教师、行政管理人员、教学辅助与后勤人员均承担着结合本职工作开展思想政治教育的任务。高校其他专业课教师、行政管理人员、教学辅助与后勤人员

虽然从事的工作内容不同、形式各异，但是在根本目的上是统一的，在教育方向上是一致的，都是为大学生成长成才服务。如果高校教职员工认识不到这种一致性，传播错误观点，必然削弱甚至抵消思想政治教育工作者的教育成果。高校思想政治教育工作是一项系统工程，需要调动各方面的资源和力量形成合力，构建整体性思想政治教育工作模式。构建这一工作模式，需要调动高校教职员工参与思想教育工作的积极性，高校必须进一步增强全员育人的意识，采取积极的政策导向，对教师参与思想教育工作进行科学合理的评价考核，及时表彰和奖励思想教育工作的先进典型，还可以在职称评定、津贴评定等过程中充分体现思想教育工作的价值比重，吸引广大教职员工参与思想政治教育工作，充分调动其积极性和主动性。

## 二、强化专业意识，健全选优机制，促进队伍职业化发展

思想政治教育是一项专业性极强的工作，思想政治教育工作者必须具有丰富的专业文化科学知识和较强的能力。建设一支高素质的思想政治教育队伍，是新时代加强和改进高校思想政治教育工作的内在要求和迫切需要，而专业化是高校思想政治教育队伍建设的必然选择和主要目标。

就知识结构而言，思想政治教育工作者首先要掌握扎实的专业理论知识。思想政治教育是政治性、实践性很强的科学，思想政治教育工作者必须具备扎实的思想政治教育学基本理论和党的大政方针方面的知识。同时，思想政治教育学是一门多学科交叉的应用性科学，它广泛吸收、应用与思想政治教育相关的心理学、教育学、伦理学、政治学、管理学等学科的理论成果，只有熟悉这些相关知识，具备专业知识，才能提高思想政治教育工作者的业务能力和专业水平。其次要掌握广博的综合性知识。思想政治教育工作同经济工作和技术工作不一样，它是做人的工作，而人是有感情和意识的，这种感情和意识又是不断变化的，思想政治教育工作有着特殊的复杂性。要做好这项工作，不仅要有扎实的专业理论知识，还要了解经济学、美学、法学、历史学、逻辑学、语言学、文学艺术以及统计学、计算机、网络技术等方面的知识。

就能力结构而言，思想政治教育工作者应该具备较强的工作能力。一是思想政治教育工作者应该具备科学的管理能力。思想政治教育管理就其本身而言，管理的科学化是直接的、根本的目标。科学化的管理是规范化管理、制度化管理和民主化管理的有机统一。规范化管理要求在思想政治教育管理过程中遵守科学的程序规范和方法规范，杜绝私人感情和片面因素，使思想政治教育这一系统工程能够协调有序地顺利进行。制度是管理活动正常运行的轨道。思想政治教育解决的是人们心灵深处的思想认识问题，其主旨在于塑造人的思想道德品质。思想政治教育是否切实

可行，能否取得预期效果，取决于思想政治教育管理的制度化。思想政治教育工作者只有发扬民主作风，坚持民主方法，虚心接受他人意见、建议，不搞"一言堂"，才能保证思想政治教育目标的实现。二是思想政治教育工作者要具备科学的预测和决策能力。思想政治教育是立足现实、面向未来的活动，其效果只有在将来才能得到体现。因此，强调科学的预测，强化思想政治教育决策的未来意识，有助于遵循人的思想活动发展规律，从而确定思想政治教育的目标并选择合理的实施方案。人的思想具有复杂性、可变性、突发性等特点，如果事先早有预见，就能够使决策更趋于合理，更具科学性，从而制定出科学的实施方案和具体措施，保证思想政治教育工作的正常开展。三是思想政治教育工作者要具备掌握高科技手段的能力。在现代科学技术，特别是现代网络信息技术对人类生产生活影响日益深刻的今天，思想政治教育工作者必须具备运用现代高科技手段的能力，能够熟练应用现代科学技术手段有效地完成思想政治教育任务。

### 三、强化成长意识，加强培养培训，提高队伍综合素质

高校思想政治教育队伍，是培养人和塑造人的主体力量，其素质状况直接决定着思想政治教育的效果。思想政治教育工作者需要成长，其素质与能力的提升单靠自我学习、自我修养显然不够，需要更多的关心与爱护。[①] 为了尽快提高思想政治教育队伍素质、促进其尽快成长成熟，高校除了要做好选配工作外，还必须要抓好对思想政治教育队伍的培养培训工作。

加强对高校思想政治教育队伍的培养培训，既是时代发展的需要，也是思想政治教育队伍自身状况决定的。

第一，随着时代的发展和社会的进步，对思想政治教育工作者的素质要求也越来越高。一是经过多年的改革开放，中国特色社会主义进入新时代，思想政治教育无论是面对的对象、所处的环境还是所承担的任务都发生了深刻变化，现实生活中出现了许多新情况、新问题，一些问题又比较复杂，单靠思想政治教育工作者个人的力量，难以把握住问题的关键和实质，难以妥善地把问题回答好、处理好，这在客观上要求加强对思想政治教育工作者的教育培训，通过培训，用权威的声音解答思想政治工作中普遍性的困惑，让思想政治教育工作者在培训中增进学习和交流，在学习和交流中探索新的思路和方法。二是在信息化飞速发展的互联网时代，互联网已经成为社会生活的一部分，广大的高校大学生更是与互联网接触密切，从聊天工具到网页微博，从各种论坛到个人博客，网络已经成为大学生学习、生活中不可

---

① 王薇. 高校思想政治教育热点与多元探讨 [M]. 北京：北京工业大学出版社，2023：04.

或缺的一部分。网络的迅速发展为高校思想政治教育工作提供了新的方式和契机，也提供了广阔和丰富的教育资源。互联网已经成了思想政治教育工作的一个新的重要阵地。思想政治教育必须占领这个阵地，利用网络对大学生进行教育和引导，这就要求高校思想政治教育队伍必须掌握网络技术，要学会利用网络开展思想政治教育。

第二，高校思想政治教育队伍总体素质与新时代思想政治教育面临的形势和承担的任务还不相适应。高校思想政治教育队伍的大多数从业人员忠诚于党的教育事业，工作兢兢业业，高校思想政治教育总体是有成效的，但是也有一些人还没有自觉地认识到思想政治教育是一门科学，没有从教育培训体制上解决思想政治教育人员的教育培养和提高的问题，导致一些思想政治教育工作者没有经过专业训练，专业基础知识薄弱，业务水平不高，在思想政治教育中不能自觉地按照教育对象的思想活动规律和思想政治教育规律去进行工作，还没有克服思想政治教育某些方面的随意性和盲目性。

总之，有计划、有组织、有步骤地开展思想政治教育队伍不间断的各种形式的培养培训，对于不断提高思想政治教育队伍的整体素质，落实党中央提出的"加强和改进大学生思想政治工作"，促进高校思想政治教育工作走向科学化和队伍建设走向专业化，具有重大意义。

### 四、强化创新意识，创新方式方法，提升队伍工作能力

随着中国特色社会主义进入新时代，思想政治教育的内容、目的和任务都相应发生了变化，对思想政治教育提出了新的更高要求。如果我们仍然运用过去那种比较单调的工作方法，不能掌握和运用适应新形势的工作方法，势必会形成思想政治教育与教育对象相脱离的被动局面，不能达到思想政治教育的预期效果。因此，做好新时代的思想政治教育工作，关键是与时俱进，坚持改革创新，不断探索新思路、新方法，实现自身的不断创新。

时代的发展日新月异，新科学、新技术、新知识不断涌现并逐渐支配着人类的生活。如何运用互联网等新媒体新技术加强和创新高校思想政治教育，使之富有时代活力、更好立德树人，这是高校思想政治教育工作面临的新课题。

随着时代的发展，高校思想政治教育的环境、条件与对象都发生了巨大变化，创新是必然要求。可以说，高校思想政治教育比以往任何时候都更加需要创新。创新新时代高校思想政治教育，首先是思想政治教育工作者要有创新的意识和理念。思想是行动的先导，理念决定努力的方向。因此，思想政治教育工作者面对信息化、全球化的新时代要有思想的敏锐性和开放度，要及时发现社会生活与学生思想的新

变化，把握时代发展的脉络，要有世界的眼光与开阔的胸怀，努力增强创新意识，敢于摆脱传统观念、思维定式和习惯做法的束缚，实现思想政治教育的手段方法创新，使高校思想政治教育"活"起来。

注重引导式教育。互联网是新形势下铸魂育人的重要阵地，占领它就意味着抢占了思想政治教育的新高地。要充分发挥校园网的管理优势、力量优势和话语权优势，依托制度机制、宣教策略和技术手段，构筑生动活泼、富有传播力的舆论场。要创设充满正能量的网络空间环境，在正面引导中使大学生做出正确的价值选择。要着力强化互联网信息的权威性和可信度，坚持丰富经典原著、创新理论等教育资源，构建思想政治教育资料库，抢占网络思想教育信息传播的先机和制高点。

实行融合式教育。运用网络工作机制的多变性和网络信息形式多样性特征，以多种方法手段，将不同形式、不同内容的信息进行有序衔接传播，将教育由平面引向立体，由静态引向动态。研发大学生思想调查分析系统，开展网上问卷调查、大数据分析，全面快捷地了解、掌握大学生思想状况，提升思想政治教育的针对性和实效性。

深化互动式教育。与时俱进发展互动平台，紧跟互联网发展潮流，依托校园网开设形式活泼的交互平台，建好论坛、留言板等载体，引导大学生随时随地、不拘形式地发表个人体会感悟，相互交流、相互影响、相互启发，共同进步。精心设置互动话题，从大学生的身边事、困难和疑惑入手，把思想政治教育的目标和大学生的实际需要统一起来，把大学生的现实关切和校园生活融合起来，充分调动大学生参与的积极性。开设心理健康指导网站，普及心理健康常识，为大学生提供在线交流、倾诉心声的渠道，安排心理专家开展网上咨询服务，搞好心理疏导，提供心理辅助，及时解决大学生的心理问题。

必须要强调的是，创新思想政治教育的方式方法，并不是要否定所有的传统方法。守正创新，坚持好办法、改进老办法、探索新办法，才是正确的态度。在长期的思想政治工作实践中，中国共产党通过不断探索和总结，形成了许多行之有效的思想政治工作方式方法。这些好的方式方法是我们的宝贵财富，是必须继承和发扬的，是新时代思想政治教育方式方法创新的基础和前提。

以理服人。思想政治教育的对象是人，做人的工作就要增强说服力，做到以理服人。理论一经掌握，群众也会变成物质力量。理论只要能说服人，就能掌握群众；而理论只要解释透彻、易被理解，就能说服人。这就要求思想政治教育工作者在做工作的过程中，要耐心细致，做好说服教育工作，对问题的分析、解释要透彻，容易使人理解，从而使工作对象对问题认识比较清楚。

以情感人。思想政治教育是一种集塑造教育、改造教育和养成教育于一体的综

合性工作，必须顺应人的思想形成发展规律。思想政治教育工作就是要动之以情、晓之以理、导之以行，才能"润物细无声"，起到春风化雨的作用。

言传身教。思想政治教育工作者是做好思想政治教育的一个活因素。思想政治教育工作者的思想、学识、行为、品德和人格魅力对思想政治教育对象具有极强的示范和榜样效应。要善于发现体现时代精神、紧扣时代脉搏、植根于人民群众、有深厚群众基础的先进典型，大力宣传典型。只有这样，才能提高思想政治教育工作者的威信，提高思想政治教育的效果。

实事求是，一切从实际出发。实事求是，是马克思主义的基本原则，是党的思想路线的核心内容，是一切工作的思想方法和工作态度。思想政治教育工作者必须要有实事求是的工作态度，一切从实际出发，在工作中既要与社会生活、单位和教育对象的思想、生活实际及其关心的热点问题结合起来，避免空洞说教，又要善于分析对象的不同，采取不同的工作方法，切忌本本主义和教条主义。只有这样，思想政治教育工作才能做到大学生的心坎上，才能收到事半功倍的效果。

## 第三节　高校思政教育队伍建设需要正确处理的几对关系

高校思想政治教育队伍建设是一项系统工程，涉及各种关系，如数量与质量、物质待遇与精神激励以及稳定与流动等关系。正确把握并处理好这几对基本关系，不仅是实现高校教育事业发展的题中应有之义，也是高校思想政治教育队伍建设的政策基点和根本出发点。

### 一、正确处理数量与质量的关系，优化队伍结构

高校思想政治教育队伍建设是一项系统工程，队伍人员的质、量（规模）和结构等是这个系统的主导因子，这几个因子之间相互制约、相互影响、相互作用，是对立统一的关系。高校思想政治教育队伍建设，必须正确认识和处理队伍人员质量与数量、规模与结构的关系。

第一，处理好高校思想政治教育队伍人员数量与质量的关系。高校思想政治教育队伍建设，数量是基础，质量是关键。没有一定数量的思想政治教育工作者，就不可能有高质量的高校思想政治教育；同样，如果思想政治教育队伍水平不高，也不能做好高校思想政治教育工作。因此，高校思想政治教育队伍不仅要求人员数量要够，而且要求质量要高。从现状来看，我国高校思想政治教育队伍都存在人员的数量和质量问题。因此，在高校思想政治教育队伍建设中，既要有序扩大思想政治

教育队伍规模，又要提高思想政治教育队伍素质。

首先，有序扩大高校思想政治教育队伍规模。做好高校思想政治教育工作，思想政治教育队伍达到一定规模是基本前提。如果人员数量不足，特别是人员数量低于基本需求时，思想政治教育的实施和高校人才培养质量必将受到严重影响。从一定程度上讲，思想政治教育队伍的规模越大，思想政治教育工作者承担的教育教学任务就越少，就越有利于教育质量的提高。当然，思想政治教育工作者的数量也不是越多越好，过多的数量既影响思想政治教育队伍的工作量和工作任务，也直接影响思想政治教育成本和工作效率。

其次，加快提高高校思想政治教育队伍素质。提高高校思想政治教育队伍的战斗力，队伍人员数量是基础，队伍人员质量是关键。高校思想政治教育队伍不仅人员数量要够，而且素质要高。从现状来看，高校思想政治教育队伍总体素质是好的，但是与党的要求和社会的期待之间还存在明显的差距。具体表现为：有的思想政治教育工作者工作态度不端正，工作不积极，不注重理论学习，思想落后于时代，不注意提高实际工作效果，工作针对性不强；有的思想政治教育工作者长期不注重学习提高，素质和能力不能满足新时代思想政治教育的需要，工作效果不佳；有的思想政治理论课教师只授业不传道，或者业不精、技不高，不能很好地教书育人。为此，高校要采取切实可行的措施，尽快提高思想政治教育队伍的整体素质。一是实施严格的准入机制。要充分考虑到新时代高校思想政治教育工作的特点，严格把好"入口关"。要坚持"德才兼备、以德为先"原则，选拔政治素质优、思想作风好、学历层次高、组织管理能力强、热爱高校思想政治教育工作的人做思想政治教育工作。二是加强培训。高校要制定相关政策，定期选派思想政治教育工作者外出进修培训、考察学习，参加学术性会议，开阔眼界，拓宽视野；要把思想政治教育工作者的培养、培训纳入学校人才培养、培训总体规划，并在挂职锻炼、社会考察等方面给予倾斜；要组织思想政治教育工作者在职攻读相关专业硕士、博士学位，不断提高其学历层次。三是建立考核评价机制。建立以"多劳多得、优劳优酬"的分配制度为基础、以促进全面发展为根本目的，领导、教师、学生共同参与，评价内容、标准、方式多元化的发展性评价制度。要把考评的结果同专业职务、职称评定等结合起来，作为对思想政治教育工作者评价以及调整职务级别和物质待遇的主要依据。

第二，处理好高校思想政治教育队伍规模与优化结构的关系。讲究队伍规模是有必要的，没有一定的规模，大部分思想政治教育工作者不得不长期满负荷或超负荷工作，必然影响工作效果。例如，由于一些高校思想政治理论课教师的配备达不到国家规定的标准，"缺编"严重，为了完成思想政治理论课的教学任务，每个思想政治理论课教师不得不承担多个班的教学任务。面对几百名学生，在课时短、班级

规模大、人数众多的情况下，还得保证教学质量，难度可想而知。因此，高校思想政治教育队伍建设首先要扩充总量，保持合理的规模。高校思想政治教育队伍总量扩充需要一定的客观条件，不能为了扩充规模而"饥不择食"，否则就会留下深层次隐患。为此，高校在扩充思想政治教育队伍总量的同时，必须优化队伍结构。

高校思想政治教育队伍扩充总量的过程也是不断优化结构的过程。优化高校思想政治教育队伍结构，在很大程度上决定了思想政治教育队伍的整体素质，它是对高校思想政治教育队伍建设提出的重要而艰巨的任务。思想政治教育队伍结构主要包括年龄、学历、职称、学院、专业结构等方面的构成状态。不断优化队伍结构，就是高校思想政治教育队伍结构分布要相对均衡和科学。从结构上讲，一般来说，在思想政治教育队伍中，拥有高学历、高职称的比例越大，队伍的业务基础越好，学术水平就越高；中青年群体越大，队伍就越具活力和创新精神；专职群体越大，队伍稳定性越好，而兼职队伍建设，不仅能够优化高校思想政治教育队伍的结构，给高校思想政治教育带来生气，而且为专职队伍从事科学研究、进修培训等创造有利条件。

## 二、正确处理物质激励与精神激励的关系，激发队伍工作动力

做好新时代高校思想政治教育关键在思想政治教育工作者，关键在思想政治队伍的主动性、积极性、创造性。水不激不跃，人不激不奋。建立和完善激励机制，是充分调动和发挥思想政治教育队伍的主动性、积极性、创造性，做好新时代高校思想政治教育工作的动力，是高校思想政治教育队伍建设的重要内容。

从人力资源管理的角度看，健全激励机制，尊重和保障思想政治教育工作者的利益，是激励思想政治教育工作者强化自身责任感和奉献精神，全力投入高校思想政治教育工作的重要手段。通过自己的努力工作，获得合理的物质利益和精神利益是思想政治教育工作者的正常权利，高校决策部门和管理者要建立完善的激励机制，为实现思想政治教育工作者的合理利益提供机制保障，保障他们的正常权益。

激励是通过激发和强化正确的动机以改造和改进行为，从而提高人们的自觉性、积极性和创造性，使其振作。激励的目的，就是针对客观存在的需要，加以相应刺激，激发和强化正确的动机，从而调动人们的积极性和创造性，充分发挥人的智力效应，从而保证其所在的组织系统能有效地存在和发展。在思想政治工作中，激励主要是指为调动人们的积极性，对人们所取得的工作成绩给予物质和精神上的奖励，鼓励思想政治教育工作者改革创新、锐意进取，让他们通过自身努力获得合理回报，赢得学校和社会的尊重。

物质鼓励是按劳分配原则和物质利益原则在思想政治工作中的具体运用，因而

物质激励必须公正，不搞"平均主义"。人们的工作动机和积极性，不仅受他所得到的绝对报酬的影响，而且还受到相对报酬的影响，人们都会不自觉地把自己付出的劳动和所得的报酬与他人所付出的劳动和所得的报酬进行比较，也会把自己现在劳动所得的报酬与自己过去劳动所得报酬进行历史比较。美国心理学家亚当斯在进行大量调查的基础上，发现一个人对他所得的报酬是否满意不是只看其绝对值，而是要进行社会比较或历史比较，看相对值。通过比较，判断自己是否受到了公平对待，从而影响自己的情绪和工作态度。为了做到公正激励，必须对思想政治教育工作者一视同仁、统一标准、不偏不倚，否则将会产生负面效应。此外，必须反对平均主义。平均分配奖励不仅等于无激励，而且还可能发生发泄不满、人际关系紧张、不思进取、不求上进等消极现象。因此，物质激励只有坚持公平的原则，才能起到应有的良好效果。

人类不仅有物质的需要，还有精神的需要。在思想政治教育工作中，不仅要有物质激励，也要有精神激励。思想政治教育在落实立德树人根本任务，培养德智体美劳全面发展的社会主义建设者和接班人，培养担当民族复兴大任的时代新人等方面具有不可替代的作用。高校要高度肯定思想政治教育工作者的工作价值，对他们的成绩和贡献要大力宣传和表彰；要将思想政治教育工作者表彰奖励纳入学校教育工作者表彰奖励体系之中，按一定比例评选，统一表彰；要树立思想政治工作先进典型，宣传他们的先进事迹，充分肯定他们的贡献。

精神激励也必须要体现公平原则，现实中存在的有违公平原则的现象必须要避免和消除。例如，领导点定、平衡照顾等做法，使得一些被评优评先者名不副实，不能服众，精神激励的效果大打折扣。一些表彰活动也仅发个证书，缺乏对先进的宣传，"空头激励"降低了荣誉的吸引力。

物质激励与精神激励相结合，以精神激励为主，这是我们党的思想政治工作的一条重要原则。物质激励和精神激励虽然属于两种不同的激励系统，但是它们之间并不是相互排斥、相互对立的，而是紧密联系、相辅相成的。只有把物质激励和精神激励相结合，才能收到事半功倍之效。物质激励和精神激励犹如车之两轮、鸟之两翼，缺一不可。

物质激励和精神激励相结合，并不意味着二者在激励系统中地位、作用相同。众所周知，人的需要是多元的、分层次的，生存、安全等属于低层次需要，尊重和实现自我价值等精神层面的需要属于高层次需要。人的低层次需要通过合理的物质激励就能够从外部使人感到满足，这种满足不具有持久性，因而对人的低层次需要的满足不会形成持久的动力。人的高层次需要是从内部使人感到满足，这种满足具有持久性，因而对人的高层次需要的满足能够形成持久的动力，并对低层次的需要

具有制约作用。需要强调的是，人们的物质需要和精神需要在层次上和程度上受多重因素的制约，并随主客观条件的发展而变化。一般来说，社会经济文化发展水平较低，人们的物质需求就越强烈；而社会经济文化发展水平比较高时，人们的精神需求就会占据主导地位。随着中国特色社会主义进入新时代，人们的基本物质需要已经得到比较好的满足，人们对精神文化的需要日益迫切，因而精神激励的作用更加突出。因此，高校思想政治教育既要重视物质激励的作用，更要突出精神激励的作用。

### 三、正确处理稳定与流动的关系，保持队伍动态稳定

思想政治教育队伍流失率高、稳定性差是全国高校普遍存在的现象。唯物辩证法告诉我们，处于相对稳定状态是事物生存和发展的前提和基础。保持相对稳定状态是高校思想政治教育队伍可持续发展的前提，如果队伍处于不稳定的状态，那么，这支队伍的整体素质就难以提高，经验就难以积累，高校思想政治教育工作水平就难以得到保证。如何保证思想政治教育队伍的稳定，是高校思想政治教育队伍建设必须解决的一个重大问题。

保证思想政治教育队伍的稳定，关系到思想政治教育工作的发展大局。稳定思想政治教育队伍，高校必须针对导致不稳定的因素，采取切实可行的综合措施，既要治标，又要治本，上下配合，多方努力，消除不稳定因素，方能达到目的。

首先，高校要真正重视思想政治教育工作，坚决克服对思想政治教育"说起来重要、干起来次要、忙起来不要"的现象，切实加强思想政治教育队伍建设，要从编制、经费、物资、待遇等方面给予大力支持，为思想政治教育工作者的成长创造良好环境。

其次，排除思想政治教育工作者队伍当中存在的不稳定因素，既要留得住又要用得好，实现思想政治教育工作者队伍的稳定和可持续发展。

一是环境留人。要确保思想政治教育队伍的稳定，需要为思想政治教育工作者创造良好的工作环境。要正确看待和评价思想政治教育工作者的劳动。党的思想政治教育的根本目的是不断提高人们的思想道德素质，提高人们认识世界和改造世界的能力，为建设中国特色社会主义，最终实现共产主义而奋斗。思想政治教育本质上是做人的思想工作，思想政治教育工作者的劳动是一种创造性的劳动。人的思想的转变，绝非一朝一夕、轻而易举，需要思想政治教育工作者经过长期的耐心细致的工作方有可能实现。思想政治教育工作者的劳动效果往往不能在短时间内显现出来。只有正确认识思想政治教育工作者劳动的价值和特点，才能真正理解、尊重、承认思想政治教育工作者劳动的价值，使思想政治教育工作者能够安心于本职工作，

为做好高校思想政治教育工作尽心尽力。明确思想政治教育工作岗位职责，努力为思想政治教育工作者减负、减压，让思想政治教育工作者有时间有精力潜心开展思想政治教育工作。

二是政策留人。稳定思想政治教育队伍，关键靠政策。只有政策到位、机制健全，才能从根本上稳定人心、稳定队伍。为了建设一支稳定的高校思想政治教育队伍，党和政府已经出台了一系列政策，但是这些政策在一些高校的执行情况并不尽如人意，往往是说得多、落实得少。高校应认真落实国家政策，在政治上关心思想政治教育工作者的进步成长，解除他们的思想包袱，激发他们的进取精神，建立激励制度，充分调动他们的积极性；在生活上切实提高他们的福利待遇，为他们排忧解难，解除后顾之忧。

三是事业留人。高校要创造条件，对工作兢兢业业，勇于创新，在思想政治教育工作中做出突出成绩的人员要树为典型，大力表彰，对做出建树的中青年要大胆提拔，满足他们实现自我价值的需求，使这支队伍认识到思想政治教育工作有作为、有干劲、有奔头。

四是待遇留人。待遇是思想政治教育工作者能否安心本职工作的一个重要因素。因此，要让思想政治教育工作者做到安心、舒心，必须切实改善思想政治教育队伍待遇。要保证思想政治教育队伍的收入不低于或略高于专任教师的平均水平；对思想政治教育工作人员缺编的学院（系），享受缺编工作量补助；根据思想政治教育工作者工作岗位实际，实施弹性工作考勤制；加大对优秀思想政治教育工作者的表彰奖励力度。

最后，不断提高思想政治教育队伍综合素质。打铁还需自身硬。思想政治教育工作者应该具有较高的思想政治素质、道德品质、理论水平和优良作风。思想政治教育工作者应该加强修养和理论学习，端正认识，严格要求自己，不断提高自身的政治觉悟、理论水平和工作能力。学校也要为思想政治教育工作者提升综合素质提供机会、创造条件。只有思想政治教育队伍综合素质提高了，思想政治教育效果好了，思想政治教育工作者才能赢得师生和社会的尊敬和信赖，对自己从事的工作才有自豪感和成就感。

运动是绝对的，静止是相对的，事物是运动与静止的统一体。高校思想政治教育队伍的稳定不是绝对的，它只是一种相对的状态，是动态的稳定。保持高校思想政治教育队伍的稳定并不是否定和排斥适当的、合理的流动，我们不能认为思想政治教育队伍不流动就是稳定。恰恰相反，只有保持适当的合理的流动性，做到"能者上、庸者让、劣者下"，思想政治教育队伍才能稳而不死，队伍才有生机和活力，队伍的高素质才有保障。也就是说，正常的流动对于思想政治教育队伍的稳定和发

展是有利的。这种流动包括两种情况，一种是主动性流动。另一种是被动性流动。所谓主动性流动，是指在基本保持人员总量和职位总量一定的条件下，高校让一些思想政治教育工作者在系统内的不同职位之间进行交流或者与系统外进行交流，如将在思想政治教育工作战线服务达一定年限，又适合其他工作岗位的，通过调任、转任、轮换和挂职锻炼等方式和渠道安排到其他岗位。所谓被动性流动，即经过多次考核，如果确实已经不适合从事思想政治教育工作，高校应该通过一定的方式，将其安排到其他岗位。不论是主动性流动还是被动性流动，高校都应该建立常态性机制，设定一定的标准、条件以及程序，让这种流动变得有序、合理。

合理分流后空出的编制，按照德才兼备的原则，为思想政治教育队伍补充政治强、素质高、业务精、作风正的新生力量。加上保留的精干力量，高校思想政治教育队伍的整体素质和战斗力会有质的飞跃，必将在高校落实立德树人根本任务过程中大有作为，必将使人们对思想政治教育队伍刮目相看。有作为，就有地位，有地位，何愁队伍不稳。因此，合理的流动，有利于高校思想政治教育队伍的稳定。

# 第八章　互联网与大学生思想政治教育

## 第一节　网络思想政治教育的特点与挑战

### 一、大学生网络思想政治教育的特点

根据传播学观点，教育者以网络作为平台，更好地掌握了受教育者的行为方式，互动性得以加强，网民数量非常多，交流互动的形式呈现多元化趋势。这就给思想政治教育工作的推进带来了丰富的经验。总的来看，当代大学生网络思想政治教育的特点如下：

（一）开放性

网络本身是虚拟的，并无边界可言，高校中的思想政治教育工作者正好可以抓住网络开放性这一特点，从中选取生动有趣的案例来讲授给大学生，传递给他们，从而影响他们。教育者可以利用网络抓取典型的事件作为案例，来对学生进行讲授，学生关注什么就重视什么，教育方法上予以创新，让教育不再是从前陈旧的固定模式。互联网联通了世界每一个角落，世界就仿佛是一个村庄，信息没有了时间和空间的束缚，广大网民通过互联网就可以看遍大千世界。这就给现在的网络思想政治教育的改变带来了契机，它可以实现对地域的突破，让受教育者接收更多的信息，形成更为开阔的学习视野。

（二）虚拟性

网络本身具有虚拟性。网络的出现形成了一个世界，这个世界是由终端设备连接起来，没有了时空的束缚，世界一下子变小了，可以将不同空间的人们可以联系到一起。网络世界让人类的创造性和主体性得到了充分发挥。人们可以通过网络设定昵称、头像等，跟现实世界截然相反都可以，没有丝毫的束缚，这就让在平时生活中压抑的情绪得到了一定的释放。正如马克思曾经提出过的：人们不必想象某种真实的东西，而能真实地想象某种东西。网络世界所具有的虚拟性正是如此，给人们的真实想象提供了捷径。最重要的例子便是网络游戏的出现，青少年之所以喜欢

玩网络游戏，沉迷其中，进行角色扮演，主要是因为这些游戏能够让他们得到现实中所不能够满足的东西。不过，不管行为如何，本质上都是依靠人类操控的、用代码来执行的各种命令，网络世界并不等同于现实生活。所以，我们需要特别注意网络思想政治教育的虚拟性。

### （三）互动性

互联网的出现，没有了时间约束，可以全天候、全方位进行互动，让人类的社交得到了彻底的释放。正是因为互动性让教育的实效性产生了多种可能，大学生群体自我意识得到增强，传统的教与学方式已不能满足需要。开展网络思想政治教育工作，大学生被动接受知识灌输的现象将会大大改善。简而言之，网络环境下教育者和受教育者形成互动，相互反馈，这样教育的作用就会更好。一方面，大学生以网络作为媒介，实现了信息的传播，更容易向教育者进行教育效果的反馈，让教育者能够及时改正，主客体实现良好的互动对接。另一方面，大学生网络需求也能够帮助教育者发现自身的不足，例如，网络意识缺乏、讲授水平不足、观察力不强等进行及时改正与提高，确保教育效果达到理想状态。

### （四）主客体平等性

从哲学角度看，主客体是一对范畴，属于某一个活动中的两大要素，它们之间的关系是相对的。传统思想政治教育的主要特点是给予教育者绝对的权威，即主体性，他们获得的教育信息拥有优先权，在教学中，通常都是将他们接收的信息进行筛选处理后，接着再灌输给学生群体。网络时代的到来使传播方式发生了惊人的变化，教师和学生之间在信息的接收上更加平等，教师接收全新信息的同时学生也可以接收，这无疑给教师的权威性带来了巨大的危机。与此同时，受教育者能够以网络作为手段，自主选择反馈受教育成效，让教育主体育客体的关系变得不再像从前那么清晰。这是网络环境下大学生思想政治教育的重要特点。

综上，网络呈现出的巨大特点给广大思想政治教育工作者带来了极大便利的同时，也带来了巨大的挑战。广大思想政治教育工作者如何更好地利用网络开展思想政治教育，是现时代需要认真思考的问题。

## 二、网络思想政治教育与传统思想政治教育的比较

网络和移动终端技术在推动人类生产、生活方式方面的改变超越了传统工具。网络时代的到来，使得人类世界出现了翻天覆地的变化，学科客观性的发展规律决定了传统思想政治教育模式必将向新的思想政治教育模式转变。这种转变是事物发

展的必然规律。相对于传统思想政治教育而言，网络思想政治教育主要呈现出如下改变。

### （一）形式和内容

传统模式下的大学生思想政治教育囊括了世界观、人生观、价值观、民主法治以及理想信念等内容。而网络环境下大学生思想政治教育从内容和形式上都有很大的改变。相比而言主要有两大全新的特征：

一是存在形态上，互联网和多媒体教学替代了之前传统的书本教学。

二是内容上，学生之前所接受的都是无趣的文字和图片，网络的发达让学生拥有了更多的体验，能够更加生动地接受相关教育。

### （二）介体

思想政治教育介体起到了教育者和受教育者彼此之间的媒介作用，让教育者将自己所认知的思想政治教育内容讲授给受教育者，并且帮助受教育者形成自己的思维，这是思想政治教育目的实现的重要方法之一。传统教育与网络思想政治教育的不同之处就在于教育介体的运用上存在差异。传统教育更多的是教育者在课堂上进行讲授，依靠黑板，形成板书，教育的内容非常直接。网络思想政治教育在教育介体上发生了很大变化，网络技术能够利用多种多样的应用软件，如利用声音、影像等将乏味无趣的思想政治教育内容变得生动有趣，让学生更容易接受，也更喜欢接受，使教育效果得到提高。

### （三）环境

思政环境，是指跟思想政治教育相关的，对人们的思想政治品德的形成和提高形成影响的外部因素。环境因素是思想政治教育的基本要素。传统的思想政治教育模式通常依靠的是填鸭灌输式的教育，一般有确定的地点，由教师作为讲授者把知识灌输给学生。随着网络的发展，教育环境的作用和功能被网络的功能所弱化，教育环境单一性不能满足日益丰富的教育教学需求，教育环境开始变得多样化。但需要注意的是，网络的发展为思想政治教育工作提供了便利，但一定程度弱化了思想政治教育的效果。网络的负面效应使得利己主义、虚无主义等不利思潮得以传播，传统的道德观念淡化，加大了大学生思想政治教育的难度。

## 三、大学生思想政治教育在网络环境下面临的挑战

互联网犹如一个世外桃源，里面的人没有阶级之分、没有贵贱之别，不受各种

歧视。网络的快速发展不断冲击人类世界的方方面面。思想政治教育工作也不例外，同样面临着巨大的挑战。

(一) 网络对思想政治教育工作者的权威性造成了威胁

网络可以提高思想政治教育工作者的专业素质，但在一定程度上对其权威性也造成了威胁。思想政治教育工作者担负着对广大学生进行思想政治教育的光荣使命。作为人类灵魂工程师的思想政治教育工作者，自身的素质水平直接影响思想政治教育工作在学生之间开展的效果。网络环境使教育内容、教育客体、环境和介体随时随地地发生变化。对思想政治教育工作者的专业素养提出了更高的要求，出现怀疑自身素质是否达标的疑问在思想政治教育工作者中并不稀奇。信息的可控性是传统的大学生思想政治教育的重要特征，教育工作者利用自身的专业素养选择重要信息并将其传授给学生。哪些是重点、哪些是非重点，都是由教育工作者主观控制，上课的内容也是按照预设的情景进行教学，一切都在教师的掌控之中。这种单向式的教育方式巩固了教师的中心地位，无形中强化了思想政治教育工作者的权威。但是，在互联网环境下，信息的流动具有多向性，大学生可以通过网络实现自我教育的主动性大大加强，打破了教师对思想政治教育信息的掌控，这在实践上增加了思想政治教育的难度，思想政治教育也只能在曲折的过程中来实现。基于此，教育者更要提高自身的素质。对于教育者和受教育者来说，外界的变化以及大众传播是一致的，难免出现受教育者会在教育者传输相关知识之前就已经对其了解甚至掌握的情况。这就会降低教育者的自信，并且在教育层面不再占有优势，教育者的权威自然而然地受到质疑。

(二) 网络发展对大学生本身也有巨大的挑战

网络在思想政治教育工作中对大学生同样带来了挑战。在网络环境的大趋势下，受教者 (大学生) 也表现出新的特征。互联网的应用对受教育者来说有利有弊，不仅为受教育者提供了机遇，也对其心理产生了不利影响。具体表现为在互联网的众多信息中，不同的信息会在不同程度上影响受教育者的思维方式以及价值观。受社会环境的影响，以前学生学习的主要途径是课本，从书本中获取相关知识，学生面对的是一个相对单纯的教学环境，学生的思想观念起伏不大，受到社会的侵袭较少，暂缓了学生的社会化进程。但是网络的发展使其单纯的教学环境变得复杂，信息的传递不再受时间和空间的限制，不再受到个人的控制，大学生能够很轻易地接触到网络信息，将自己完全暴露在网络信息当中。再者，大学生世界观、人生观、价值观正处于塑造期，尚未成型，未经分类的信息无疑会对大学生的思想状况产生深远的影响。信息不断传播的结果就使得大学生的思想状况变得不再那么封闭，开放的心态势必会引起心理、思想上的涟漪。因而，培养大学生"三观"，提高大学生的思想素质工作就变得更加艰难。

（三）网络给思想政治教育的内容带来了挑战

传统的教育形式以单向传输为主，教育的主动权把握在教育者的手中，受教育者只能沦为课堂上的配角，跟着教育者的脚步一步步向前走。课堂上教什么、学什么完全由教育者决定。作为受教育的大学生，对受教育的内容没有选择的权利，教育内容是施教者在众多信息中选择出来的，这在某种程度上能确保教育内容的明确性、教育目的的纯正性。进入网络时代，情况发生了明显变化，教育内容的形式从平面化走向立体化，传统教育内容多通过书本和教师的讲授呈现出来，而网络环境下的教育采用的是图文声像合二为一的表现形式，能够听到全球的声音并且受全世界文化的熏陶。在极其开放、信息极其丰富的网络社会，简单的思政内容灌输已经不能适应新形势的要求，也不符合时代发展的规律。在信息高速更新的网络环境中，青年大学生表现出对新事物的渴求，并且希望表达自己与其他人不一样的一面。这样的现状要求高校在落实思想政治教育工作内容的时候能够对其进行调整，并对教育的方式进行创新。

（四）网络视域中的思想政治教育环境变得更加复杂

网络是一把"双刃剑"，网络信息有好有坏，因而使得思想政治教育环境变得更加复杂。对于新一代大学生来说，他们每天接触网络，已经与网络不可分割。这就要求高校思想政治教育工作者将加强学生自律行为、自觉抵制不良信息作为优先应该考虑的问题。

## 第二节　大学生网络思想政治教育的理念

理念创新已经成为做好当前宣传思想工作、高校思想政治工作的重要突破点。具体到高校网络思想政治教育过程中，教育理念的滞后已经成为制约当前高校网络思想政治教育实践的重要因素，教育过程中出现的许多问题均在不同程度上由教育者相对陈旧的教育理念所引发。事实上，高校网络思想政治教育的有效运行，不仅要求教育者熟悉网络现象，而且需要认清网络本质，把握互联网运行过程背后的指导思想和观念体系。在此基础上，教育者应充分运用新的观念体系改造思想政治教

育的传统思维方式和教育理念，最终形成适用于高校网络时代思想政治教育过程的新理念。

## 一、树立充分网络化理念

思想政治教育过程的网络化是网络思想政治教育过程开展的前提和基点。所谓充分网络化，即思想政治教育过程的全面网络化，是相对于当前思想政治教育过程的网络化不足而言的。长期以来，思想政治教育过程的网络化仍然具有片面性，如重视教育载体与工具的网络化而忽视教育主体的网络化，重视教育过程的数字化而忽视网络交往的互动性与平等化。随着网络思想政治教育理论与实践的不断推进，这一现状已经无法满足现实需求，并逐步成为制约教育过程运行的重要因素。从这个意义上讲，推动思想政治教育过程的充分网络化势在必行，它将成为新时期网络思想政治教育过程提升其科学性和有效性的基点。教育者应坚定树立充分网络化理念，既充分认识到网络化的多层次特性，又全面把握网络化的多维度特性，最终实现思想政治教育过程在纵向层面的多层次网络化和横向层面的多维度网络化。

## 二、树立用户体验理念

教育者与受教育者是思想政治教育范畴体系中最基本的范畴，对其他范畴起着规定和影响作用，被称为"逻辑基项"。因此，重新认识教育者与受教育者在互联网条件下的内在关系，并形成新的教育理念，事实上就抓住了高校网络思想政治教育理念创新的主题，能够对高校网络思想政治教育过程的完善和优化起到提纲挈领的作用。简言之，在互联网条件下，受教育者已经不是传统意义上的学生，而教育者自身在教育关系中的地位和身份也已发生显著变化，教育者作为使用各种网络应用程序向受教育者提供教育产品或服务的个人或组织，应当在一定程度上参照网络产品（服务）提供者与使用者之间的关系来认识和处理教育者与受教育者的关系，树立互联网行业中普遍认同的用户体验理念。

### （一）从学生到用户

用户体验理念首先意味着教育者应当对受教育者的角色进行重新定位，不再将其仅仅当作传统意义上的学生，而是将其看作获取网络思想政治教育产品（服务）的网络用户。这就使教育者与受教育者的关系由传统的"师生"关系转变为相对纯粹的产品"提供者与用户"的关系，两种类型的关系既有相似之处，也存在显著差异。在传统"师生"关系模式中，尽管普遍认同"教育者与受教育者之间的关系是平等互动的关系"，但在现实环境中，这种平等互动关系始终受到各种客观条件的制约而无法完全实现，两者间关系呈现"非均势"结构。关系的建立具有半强制性或"隐性强制"性，而教育者则享有较高的制度性权威。教师所面对的学生在总体上是相对固定和明确的。学生虽然有权利但在多数情况下无法轻易解除师生关系。因此，学生是自然存在的，且身份相对单一，而教育者较少考虑思想政治教育过程"有没有学生"的问题。然而，这一问题在网络环境中却成为需要解决的首要问题。网络技术发展所形成的虚拟社会打破了教育者在现实社会中长期保持的"先天"优势，使教育者和受教育者在事实上形成更为平等的互动关系，使两者关系回归到更加纯粹的教育产品（服务）提供者与用户的关系。这种关系在本质上是一种市场"供求"关系，教育者和受教育者在互动过程中并不是由一方固定占据主导地位，而是取决于所供应的教育产品（服务）对受教育者需求的满足程度。产品对需求的满足程度越高，教育者在两者关系中的主导地位越稳固，教育过程的实效性也越高；反之，受教育者有可能在两者关系中占据主导地位，教育者则无法推动教育过程的有效运行。

（二）用户需求到用户体验

现代思想政治教育理论强调"以人为本"原则，其核心就是要以受教育者为本，贴近受教育者的实际需求开展各项教育活动。然而在现实环境中，由于教育者所拥有的各种"先天"优势以及与受教育者关系的"非均势"化，使得教育者在一定程度上缺乏重视受教育者需求、提升教育服务品质的紧迫感。

一是部分教育者仍然仅重视"施教"而忽视"受教"，机械地将推进教学进度、完成教学任务作为教育过程的全部。

二是多数教育者虽然重视受教育者的实际需求，但对需求的把握并不深入，部分教育者仅从自身主观推断出发，将受教育者"应当"具有的需求当作"实际"需求。

三是教育者在满足受教育者需求的方式上也相对粗放，如高校"一刀切"式的强制学生参加某些理论学习和校园文化活动，从而将需求满足的过程转变为硬性任务完成的过程，忽视了受教育者需求的多样化。

### 三、树立过程迭代理念

正确的教育理念是形成科学教育实践的前提，"过程迭代"是高校网络思想政治教育过程的重要环节。而要真正推动这一环节的准确高效实施，必须以建立相应的过程迭代理念为前提。在教育者尚未树立过程迭代理念的条件下，过程迭代实践极有可能走向一味求快的"大跃进"式过程改进，或者转变为间隔周期较长且对社会动态需求响应较慢的"另起炉灶"式更新换代。

（一）第一时间行动

思想政治教育在实现目标的过程中，教育的"速度"与"质量"两大变量往往无法兼得。在现实社会环境中，教育者更加侧重于追求教育质量而将教育速度置于次要地位，即实现"又好"基础上的"又快"。在这一理念的指导下，教育者在推出某一教育产品（或服务）之前，往往力求实现教育产品的完备性或教育计划的周密性，因而教育准备时间相对较长。随着互联网时代的来临，高校网络思想政治教育过程的内部要素及外部环境发生显著变化。一方面，由于互联网技术的迅猛发展，高校学生的需求不仅更加多样，而且更具易变性。如果教育者将过多的时间和精力放在教育准备环节，很可能无法跟上学生需求变化的节奏，不仅浪费大量教育资源，而且无法实现教育目标。另一方面，在信息泛滥的网络空间，不同思想观念的竞争更为激烈，相应的网络思想政治教育产品和服务如果无法及时推出，即便准备充分，也可能失去教育先机。因此，第一时间行动并抢占先机就显得尤为重要。高校网络思想政治教育过程迭代理念的第一层内涵就是要重新调整教育者对教育速度和教育质量的认识。

（二）以反馈为核心

通过第一时间行动获得教育起点阶段的胜利只是过程迭代理念的第一层含义，其更深层次的含义在于通过快速迭代，使教育产品的更新进程与受教育者需求变化发展的进程保持同步。要实现这一点，核心在于重构反馈过程。一方面，将受教育者的反馈以及教育者对反馈的回应作为教育过程迭代的核心环节。事实上，在高校网络思想政治教育过程中，受教育者所提供的反馈信息是教育产品进行迭代的依据和动力，离开了反馈信息，教育产品及其改进过程将无法准确把握受教育者不断变化发展的思想动态与内在需求，教育产品迭代的意义也就完全丧失。与此同时，在受教育者提出反馈信息后，如果教育者对反馈信息不进行有效回应，教育产品甚至无法实现迭代。因此，必须在思想上重新认识反馈的意义。另一方面，将后置反馈拓展为即时反馈与全程反馈。在现实思想政治教育过程中，反馈环节往往置于实施环节之后，即在一般情况下，教育方案实施完毕，反馈环节才会启动。这样的设计既是基于当时通信技术不发达等技术条件限制，也是基于长期形成的教育传统。然而，要在互联网条件下实现教育过程的快速迭代，这种后置式的信息反馈已经无法满足现实需求，必须向即时反馈与全程反馈过渡。也就是说，教育者不需要等到教育方案实施完毕后才接收反馈，而是充分利用各类网络通信工具，在方案实施过程中随时接收教育者反馈，并对反馈做出回应。信息的即时反馈不仅应存在于方案实施环节，而且应当融入高校网络思想政治教育过程的前期准备、主体互动、教育评估、过程迭代的全部阶段与环节。

### （三）从传承到极致

从字面意义来看，"迭代"与"换代"有许多相似之处，如都强调事物的更新和改进。然而，"迭代"具有更加深刻的传承特性。从高校网络思想政治教育过程的视角来看，迭代是以上一个教育过程的终点为新的起点，它始终处于改进上一个（一代）教育过程的循环之中。迭代的传承特性还表现在教育目标的一致性上。也就是说，迭代过程避免了"大跃进"式和"另起炉灶"式更新换代可能带来的教育目标的改变。它能够通过教育过程代际首尾相接的方式保证教育目标的一致性和传承性，并通过一次次改进教育过程来无限逼近原来的教育目标。由此可见，迭代的根本价值就是要在坚守基本教育目标的前提下，通过一代又一代教育经验的传承，使教育过程从无效到有效，从有效到高效，从高效到极致。与之相匹配，从受教育者需求的满足过程来看，就是要通过迭代，从无法满足需求到满足部分需求，从满足部分需求到满足多数需求，从满足多数需求再到满足用户体验。换言之，过程迭代理念所对应的终极价值包括一个问题的两个层面：一是教育产品的极致完善，二是用户体验的极致满足。达不到极致，迭代过程将不会停止。

## 四、树立"微"教育理念

从微博的流行开始，互联网领域逐渐出现微信、微视、微课、微公益、微创业等一系列"微"潮流，或称微文化。这一文化潮流在极短时间内席卷整个互联网，改变了多数网民在网络空间中的主要交往和互动方式。高校网络思想政治教育要实现高效运行，必须抓住和顺应这一发展趋势，把握"微"潮流背后的"微"思维，并将其转化为"微"教育理念。

### （一）载体移动化

"微"潮流的兴起首先从技术层面开始，如微博、微信等网络应用的广泛流行。这些应用有一个共同特点，即它们更方便在智能手机等移动终端上使用。例如，微博在上市之后很快便推出手机版本，微信从一开始便是一个完全为移动互联终端开发的网络应用。由此可见，"微"潮流的背后是近年来移动互联网的迅猛发展，以及网络接入设备从相对"大型"的电脑端向相对"微小"的手机端迁移的大趋势。针对高校网络思想政治教育过程而言，"微"教育理念的第一层含义就是要建立载体移动化理念，即充分运用移动互联网技术，使教育载体更加适用于移动终端。一方面，

充分认识微博、微信等公共"微"平台作为教育载体所能够发挥的重要作用，深入研究各个平台的优势与缺陷，从而实现趋利避害。如充分掌握微博信息传播的开放性、广泛性，以及微博用户间的弱关系特性；深刻理解微信在信息传播过程中的相对封闭性和私密性，以及用户间的强关系特性。在此基础上，利用这些特性为高校网络思想政治教育过程服务。另一方面，要积极推动自建载体的移动化，如开发教育网站的手机版或平板电脑版，方便移动终端用户浏览。同时，各类学校、企事业单位还可以开发自己的专属手机应用程序，以更加专业的方式搭建"微"潮流下的教育载体。

### （二）内容碎片化

除技术层面的"微"化（移动化）外，"微"潮流还体现在单一信息容量的"微"化上。如多数微博服务商均对其单条信息容量进行限制，虽然近年来各微博运营商对单条微博字数上限进行过调整，但其"微量"原则并未改变。微信"朋友圈"则规定每条信息限发 9 张图片，此外，微课、微电影等网络内容在信息容量上也具有约定俗成的限制，一堂微课一般为 5~8 分钟，时间上不到一个正常课时（45 分钟）的 1/5，一部微电影为 8~15 分钟，时间上与常规电影的 90 分钟相去甚远。这就要求信息的生产者用最精练、最直接的方式表达相对单一的主题，而信息的接收者则可以用最短的时间、用最轻松的状态接收信息并同样快捷地做出回应，使单一信息传播的周期大大缩短，传播效率则显著提升。对于高校网络思想政治教育者而言，就是要充分认识到"微"潮流下信息传播的新特点和新方式，转变传统教育理念，从追求教育内容的系统性传播转向适应教育内容的碎片化传播；就是要习惯将教育内容化整为零、化繁为简，每一条教育信息只表达一个深入浅出的概念，或者只说明一个简单而又引人深省的道理。从而通过降低信息容量，简化信息的逻辑层次，使受教育者快速接收信息，实现低容量信息的高效率传播。一方面，避免传统教育过程中高容量信息低效率传播的弊端；另一方面，通过内容的碎片化，使内容传播的顺序不再仅仅依靠相对枯燥的理论逻辑，而是更有利于将不同的内容与受教育者所面临的不同现实环境、生活事件、具体问题联系起来，使教育内容更彻底地按照实际需求进行组织而非按照理论逻辑进行组织。

### （三）主体个体化

除技术层面和信息层面的"微"化外，"微"潮流的核心在于对人的关注重心的变化。细言之，在"微"潮流影响下，社会各界对人的关注视角正在从"集体的人""共性的人"向"个体的人""个性的人"回归。有学者指出，"微时代大行其道，最主要的是得益于关心个体、关注个性化发展的微文化"。从具体表现来看，微博、微信、微课、微视等自媒体的发展使得每一个个体可以获得个性化的信息广播渠道。一方面，他们不再仅仅作为信息的接收者，而是转变为信息的传播者，从而突破了传统大众传播渠道的限制，使越来越多的个体及其传播的个性化信息成为公众关注的焦点。微公益、微创业等活动的蓬勃开展，又进一步彰显了网络时代个体貌似微不足道的行动对他人、对社会所产生的巨大影响力。另一方面，即便是作为信息的接收者，网民也不再仅从大众传播渠道获取信息，每个人都可以根据自身需求在大众传播媒体、网络社交媒体以及成千上万的自媒体渠道中重构自己专属的、个性化的信息来源。

## 第三节　网络思想政治教育课程体系的构建

当前我国高校在网络思想政治教育的过程中，有大量教育活动属于日常思想政治教育范畴，而作为"主渠道"的思想政治理论课程作用并不明显。作为大学生生活必需品，思想政治理论课教师如何去很好地利用，重新恢复思想政治理论课课堂教学这一"主渠道"，成为当前优化高校网络思想政治教育的当务之急。

### 一、打造多样"微课"

"微课"又名微课程，是以微型教学视频为主要载体，针对某个学科知识点（如重点、难点、疑点、考点等）或教学环节（如学习活动、主题、实验、任务等）而设计开发的一种情境化、支持多种学习方式的新型在线网络视频课程。它是移动互联网时代的产物，与新时期不断拓展的多样化学习方式（如翻转学习、碎片化学习、移动学习、混合学习等）相伴而生，是个性化学习与个性化教学的主要实现方式之一。相较于"慕课"而言，"微课"的突出特征在于其内容体量更为短小精悍，表达方式更为灵活多样、制作与传播更加简便快捷，因而能够与强调课程完整性的"慕课"形成优势互补。具体而言，高校教育者在网络思想政治教育"微课"开发与制作过程中应当着重处理好以下三大关系。

（一）正确认识和处理"微课"视频技术含量与课程质量之间的关系

在教育实践中，部分"微课"创作团体为提升课程质量，习惯于在一节"微课"中运用多种视频处理和包装技术，如对视频画面进行高精度美化、添加大量动画特效等，但对于"微课"而言，应当谨慎"炫技"。由于课程时长的局限性，一节"微

课"的首要目标是通过简洁明了的表达方式将特定理论知识和思想观点阐释清楚，如果过度堆砌视频制作技术，不仅会分散受教育者的注意力，而且大大增加"微课"制作难度和周期，降低其传播的灵活性和时效性。事实上，教育者在开发和制作"微课"时，应更加注重内容本身，将主要精力集中在课程设计和内容表达上，想方设法用最简明扼要、深入浅出的方式阐释内容。视频制作与包装技术运用应服从内容表达需要，其存在价值在于衬托和突出内容，而绝不能凌驾于内容之上。视频画面和声音呈现应力求清晰稳定，切勿给受教育者留下眼花缭乱的感官体验。

（二）正确认识和处理"微课"碎片化与系统化之间的关系

"微课"是与碎片化时代相联系的新型课程，一节"微课"5～10分钟的时长决定了它不可能系统地讲授某一理论，而只能是单个或少数几个知识点的简单阐释，这似乎割裂了理论体系，使知识和观点成为一个个"孤岛"，与高校通常强调的系统学习、综合统效、融会贯通等教育要求相违背。但"微课"在本质上具有系统化要求，它的存在价值事实上是对受教育者尚不完整、尚不系统的知识链条（或观念链条）的补充或延伸，一旦实现这一价值，它便成为系统化知识体系（或观念体系）的推进者。因此，"微课"开发与制作不应当无的放矢，而应特别强调它所对应的现实情境以及它对某一特定问题、特定需求的回应或满足。反映在课程选题策略上，无论是单节"微课"还是"微课"集，都不能局限于对一般知识点的讲解，而应侧重选择理论体系中的难点、重点进行讲解，侧重于解答学生在学习过程中遇到的实际问题，从而使"微课"能够真正修复学生自身知识链条（或观念链条）中的断点，即运用碎片化的课程促进学生知识与观念的系统化。

（三）正确认识和处理"微课"开发制作与实践应用的关系

毫无疑问，开发与制作"微课"的目的在于实践应用。教育者绝不能仅仅为了参加各类"微课大赛"而开发"微课"，也不能仅仅为了完成本校或上级教育管理部门设置的科研课题而开发"微课"，更不能仅仅为了"炫技"而开发"微课"，其开发目的和过程必须以实践应用为导向。简言之，教育者在"微课"开发与制作完毕之后，不能将其只存放于特定的展示平台之上，而应主动采取措施将其推送到各类社交网络平台等多样化的应用渠道，真正将"微课"运用于网络思想政治教育实践。例如，教育者可以将"微课"定期推送到所教学生的QQ群、微信群中，并引导学生对"微课"内容进行探讨式学习；还可以建立课程专属的微信公众账号，定期发布相应"微课"内容及课程活动，并据此开展"翻转课堂"教学，将线上与线下教学相结合。此外，以应用为导向的"微课"开发还必须时刻关注并分析反馈信息，根据每一节"微课"的访问量、转发量、讨论活跃度以及受众提出的意见和建议对其进行及时优化和改进。

## 二、探索网络"直播课"

所谓网络"直播课",是教育者利用网络直播互动平台、多人视频即时通信工具等平台或工具所开展的在线视频课程。相较于"慕课""微课"等网络课程,网络"直播课"的最大特征在于信息传输的即时性,表现为信息的双向即时传输。教育者可以向受教育者即时授课,而受教育者则可以向教育者实时反馈信息并得到教育者的即时回应。由于这一特征的存在,教学双方的心理距离被进一步拉近,两者的在线互动更加便捷高效,教育情境的营造则更为顺畅,受教育者可以在一定程度上体验到"慕课""微课"等网络课程无法带来的"现场感"。随着网络直播技术与移动互联网技术的结合,网络"直播课"的时空局限进一步解除,教育者无须固定在特定的教室、录制间、演播室等场地进行视频录制,而是可以运用智能手机等移动互联终端随时随地进行网络直播授课。例如,教育者进行爱国主义教育时,可以游览博物馆、红色景点等爱国主义教育基地,并运用手机直播的方式带领学生共同游览,在游览的过程中讲解相应课程内容并与受教育者互动,从而给学生带来身临其境的学习体验。从这个层面来看,网络"直播课"能够在一定程度上弥补"慕课""微课"等网络课程缺乏即时互动特性这一不足,从而在高校网络思想政治教育课程体系中占据一席之地。同时,由于网络"直播课"属于新鲜事物,且网络直播技术以及相应的软件与硬件生态系统当前正处于初步发展和快速成长时期,因而这一课程形式蕴藏着巨大的发展潜力,教育者应把握当前有利时机,对其进行全方位多层次探索。

## 三、建立"多级传播式"

由于教育者低权威性与受教育者高自由度之间的矛盾,教育者与受教育者直接互动式的教育过程运行模式已经无法完全适应网络空间的现实需求,高校网络思想政治教育过程的运行模式亟待扩展和更新。事实上,互联网的本质是开放的联系,是网络空间高度开放与网络主体高度互联的统一。高校网络思想政治教育过程的有效运行不仅要着眼于网络的高度开放本质,而且应充分挖掘网络的高度互联本质,巧妙利用受教育者在互联网上形成的人际关系网络传递教育信息,从而建立网络思想政治教育的"多级传播式"。

(一) 明晰网络信息多级传播的"先天"优势

在传播学研究中,按照信息流动的层级,社会信息传播过程可以划分为"一级

传播""两级传播"甚至"多级传播"。多级传播理论虽然具有较强的科学性和解释力，但在现实社会中，信息（包括信息流与影响流）的多级传播过程会受到各种主观或客观因素的制约而无法顺利延续。

其一，多级传播依赖于各层级意见领袖的"接力"传递信息，而"口耳相传"作为意见领袖传播信息的主要手段，无法确保将"接力棒"（信息）高效地传递给下一级意见领袖。其主要原因在于，作为人际传播手段的"口耳相传"在多数情况下只适用于个体间的一对一传播或者同时面对少量受众的一对多传播，而较小的受众覆盖范围意味着受众当中存在下级意见领袖的概率也相对较小。因此，信息的多级传播过程很可能由于缺乏合适的下级意见领袖而在此被迫中断。

其二，在通过"口耳相传"传播信息过程中，信息的复制和传递成本相对较高，特别是在传播内容丰富、内涵深刻的信息（如各种教育信息、专业理论信息）时，需要意见领袖付出较多时间、体力和精力进行归纳和转述。这就对每一层级意见领袖的能力与素质提出较高要求，同时，直接对部分意见领袖的传播积极性造成负面影响。在此条件下，有能力或有意愿充当意见领袖的个体将进一步减少，信息的多级传播同样面临意见领袖缺失的尴尬现状。

其三，现实社会中信息的多级传播主要依靠意见领袖对信息的归纳和口头转述，而受制于记忆力、理解力、表达能力等生理因素和能力因素的制约，不同意见领袖在转述信息时难免存在一定程度的偏差。这就使得信息在多级传播过程中，容易出现失真现象，且随着信息传播层级的增多，信息的失真程度也将逐步提升。

（二）确立"多级传播式"教育过程的应用渠道

在高校"多级传播式"网络思想政治教育过程中，教育者以及各层级网络意见领袖通过单独或组合运用各类网络信息传播平台，可以逐步形成三大应用渠道。

1. 基于"强关系"网络社交平台的应用渠道

所谓"强关系"，是"行动者通过长期合作建立起来的社会关系，比如亲密的同事关系、朋友关系和家庭关系"。"强关系"网络社交平台，主要是指人际交往关系相对紧密、人员互动频率较高的社交网站或互动社区，以及建立在即时通信工具基础上的综合性网络社交软件等。它们不仅分别汇集了大量的"强关系"人际网络，而且在技术层面均具备不同形式的信息转发或分享机制，能够单独实现网络信息的多级传播。从实现方式来看，"强关系"网络社交平台的运用首先要求用户之间互相确认好友关系，如互加对方为"易班"社区好友、QQ 好友，而好友关系的建立往往需要某一方提出申请，且另一方接受申请。在此基础上，教育者才能运用网络社交平台向受教育者发布教育信息，网络意见领袖才能将该信息分享或转发给下一级意见领袖及普通受教育者。换言之，在多数情况下，基于"强关系"网络社交平台的教育信息多级传播过程主要发生在"好友"之间，其优势在于"好友"间的关系紧密且互信程度较高，教育信息易于被受教育者接受；其劣势在于教育信息在同一时间传播的范围相对较小，因而只适用于班级、党支部、社团、年级、学院等相对较小的组织或群体内部的多级传播。

2. 基于"弱关系"互动平台的应用渠道

在高校网络思想政治教育过程中，典型的"弱关系"网络互动平台主要表现为两种类型：一种是以主题教育网站、校园新闻网站等为代表的一般网络媒体。另一种是以博客和微博为代表的网络自媒体。前者的运营主体通常为高校或教育主管部门，受教育者群体中的网络意见领袖无法随意运用此类网站发布信息。它们很难单独作为教育信息多级传播的渠道，需要与其他网络平台配合使用。与之相对应，网络自媒体则具备信息多级传播的充要条件。通过自媒体渠道进行教育信息多级传播时，教育者与网络意见领袖间、高层级与低层级网络意见领袖间、网络意见领袖与受教育者间通常无须建立双向"好友"关系，而只需建立单向的"关注"关系。被关注者能够通过撰写原创内容或者内容转载的方式将教育信息即时推送给关注者。特别是在运用微博进行信息的多级传播时，教育者在发布教育信息后，网络意见领袖在转发信息的同时可以添加相应观点与评论，而且随着信息转发层级的增多，每一层级网络意见领袖对该教育信息的评论都能得到保留和显示，使得受教育者能够接收到多层级网络意见领袖传播的影响流。总体来看，"弱关系"互动平台中的教育者和网络意见领袖不仅能将教育信息推送给互相确认的"好友"，而且能推送给任何"关注"自己的人，因此，相较于"强关系"平台而言具有更高的开放性和更大的信息传播范围，适用于在单个甚至多个高校范围内进行教育信息的多级传播。

3. "强关系"与"弱关系"平台相结合的跨平台应用渠道

这里主要包括三种应用方式：

第一种是教育信息从"强关系"平台流向"弱关系"平台的多级传播。如教师在朋友圈发布的教育性文章被网络意见领袖转发到微博，并在微博继续向下传播。这一传播方式借助"弱关系"平台优势，能在短时间拓宽教育信息传播范围。

第二种是教育信息从"弱关系"平台流向"强关系"平台的多级传播。如主题教育网站中的信息被网络意见领袖转发到QQ空间或微信朋友圈，而下一级网络意见领袖则在QQ空间或微信朋友圈继续转发该信息。这一传播方式借助"强关系"平台优势，使信息"影响流"在特定受教育者群体中实现深层次渗透，进一步推动受教育者发生思想矛盾运动。

第三种是教育信息在各类"强关系"与"弱关系"平台多次交替传播。如教育

者在学校新闻网站发布的教育信息被网络意见领袖转发到社交网站，进而转载到博客平台。这种传播方式一方面使原本在单一平台传播的教育信息流向不同平台；另一方面，能够最大限度地利用各类信息互动平台的优势服务于不断变化的教育需求，使教育信息的"信息流"和"影响流"通过不同平台的多层级传播，最终让具有不同网络使用习惯的受教育者都能充分接收该信息。

### （三）完善"多级传播式"教育过程的实践运行策略

高校"多级传播式"网络思想政治教育的有效运行是一项系统工程，除面临一般网络思想政治教育的共同问题外，还需重点解决三大核心问题：一是传播主体如何进行多级传播，二是何种教育内容适合多级传播，三是哪些技术手段利于实现多级传播。针对上述三大核心问题，教育主体应采取的对应策略主要包括如下三个方面：

1. 完善教育信息多级传播的主体关系网络

教育信息的多级传播依赖于各类传播主体的"接力"分享或转发，而"接力"传播的前提之一在于主体之间已经形成相对紧密且范围广泛的互动关系网络，使得教育信息在传播过程中的每一个层级均有足够的意见领袖将其传递到下一级。事实上，主体间关系网络主要包括教育者与网络意见领袖之间、各层级网络意见领袖之间的互动关系网络。从其完善方式来看，首先应建立教育者对网络意见领袖的动态发现和分析机制。教育者可以采用现场观察、抽样调查或者运用技术手段进行自动统计的方法，尽可能地发现活跃在各大网络平台中的学生网络意见领袖，建立网络意见领袖名录并对每一名成员的活动平台、关注议题、影响范围等信息进行深入分析。需要指出的是，网络意见领袖的发现和分析活动应动态进行，从而使新兴网络意见领袖能被及时纳入教育者的视野。在此基础上，教育者一方面应当与学生群体中的网络意见领袖建立常态化的联系与互动机制，另一方面应有计划地培育和强化网络意见领袖群体内部的互动关系。前者不仅要求教育者获取网络意见领袖在各大网络平台的联系方式，并与之互加好友，而且需要教育者有意识地推送他（她）所感兴趣的信息，将自身打造成学生网络意见领袖的意见领袖。后者要求教育者通过建立网络意见领袖组织、举办活动等方式增进网络意见领袖之间的联系与互动，为教育信息的多级传播奠定基础。

2. 建立与各网络信息传播平台相匹配的教育内容资源库

从根本上讲，教育信息多级传播的"原动力"源于受教育者对教育内容的需求，这就意味着教育内容满足需求的程度越高，多级传播的"原动力"就越大。但在现实生活中，受教育者对教育内容的需求并非一成不变，它会随着所用网络信息传播平台的变化而变化。因此，教育内容必须与特定的网络信息传播平台相匹配，才能最大限度地提升多级传播的"原动力"。

3. 在技术层面构建系统化的信息分享与转载机制

分享与转载机制的建立是网络信息实现多级传播的重要技术条件。但就目前而言，高校或教育管理部门自建的网络平台相较于微信、微博等商业化网络互动平台而言，在分享与转载机制的建设方面明显滞后，需要进行系统建设与优化。完善的分享与转载机制涉及信息"对外转发"和"接收呈现"两大环节。其中，对外转发环节的实现要求网络互动平台在其页面上设置相应的分享或转载按键，且分享或转载的"目的地"不应局限于平台内部，应尽可能覆盖大多数主流网络互动平台，特别是及时覆盖新兴网络互动平台，最终使所有内容实现"可见即可分享"。相较于对外转发环节，自建网络互动平台在接收呈现环节的技术投入更加欠缺。事实上，教育信息顺利对外转发后，还要运用相应的技术手段，优化教育信息接收与呈现的效果，使其能够适应目标平台或目标终端的信息呈现方式。例如，从主题教育网站向微博平台转发的信息应能够自动适应微博信息的编排格式，用台式电脑转发的信息应能自动适应智能手机、平板电脑、可穿戴设备等各类互联网终端的小屏幕显示，从而最大限度地减少教育信息多级传播的"摩擦力"。

# 第四节　新媒体环境下大学生思政教育的创新途径

大学生思想政治教育工作的地位不断巩固和提升，队伍建设不断改善和加强，工作实效性日益提高。夯基固本，方向正确，才能行稳致远；知常明变，与时俱进，才能永葆生机。

## 一、从主体队伍入手提升感召力

思想政治教育主体是思想政治教育活动的直接发起者、组织者和实施者。让受教育者"亲其师，信其道"，是教育主体作用发挥的关键所在。美国心理学家卡尔·霍夫兰（Carl Hovland）在阐释态度改变模型理论时指出，在说服者、说服对象、说服信息和说服情境这四个态度改变所关联的基本要素中，说服者作为说服信息的传递者、说服情境的控制者和说服对象的影响者，起着至关重要的作用。感召力是主体具有的一种神圣的、鼓舞人心的，能感染他人、吸引他人并受他人拥护的人格特质。这种影响力不是建立在传统的职位权威上，而是建立在对主体的感知上。马克思指出，如果你想要感化别人，那你就必须是一个实际上能鼓舞和推动别人前进的人。要提升大学生思想政治教育主体队伍的感召力，使受众因"亲其师"而"信

其道",首先应提升教育主体的教育情怀、道德情操和人格魅力;其次要提升教育主体的职业能力和教学艺术,使其形成富有个性特征、深受受众欢迎的独特教学风格。为此,教育主体要厚植自身的学识底蕴,成为本学科知识的学习者、思想者、研究者、探索者和创造者;要树立高远理想,培养高雅情操,以"温柔的情怀"积极主动地了解受众的真实需求,建立温暖的情感连接,成为能感染受众、感动受众、感化受众、感召受众的魅力型思想政治教育主体。一个综合素质较高的教育工作者,其所释放的感召力使学生更容易亲近并接受教育。

(一)提高教育工作者的政治素质

高校思想政治教育工作者必须具备过硬的思想政治素质,坚定马克思主义信仰和正确的政治立场,只有这样才能有效教育学生接受马克思主义理论、树立中国特色社会主义信念。

一是要坚定马克思主义信仰。在思想政治教育教学中,思想政治教育工作者对马克思主义的态度如何,会直接影响学生对思想政治教育的学习态度。一个坚定的马克思主义者对马克思主义怀有的坚定信仰会通过其教育内容渗透出来,无形之中会对学生产生强大的感染力,引导学生学习、信仰马克思主义,从而使学生的思想、行为朝着积极向上的方向发展。相反,如果高校思想政治教育工作者自身是一个非马克思主义者,或者他宣称自己信仰马克思主义却在教育教学中散布和传播反马克思主义的歪理邪说,那他所讲授的教育内容就没有说服力,就会失去学生的信任,就会使学生对马克思主义产生排斥感,甚至造成学生思想混乱。

二是要坚定正确的政治立场。正确的政治立场主要包括正确的政治方向、政治观点以及高度的政治纪律性。在纷繁复杂的社会生活中,高校思想政治教育工作者要保持政治上的清醒和坚定,在面对重大政治问题时持坚定的政治立场,始终坚持社会主义方向,坚决抵制各种错误思潮。当前,我国高校越来越明确要求思想政治教育工作者必须是中国共产党党员,这在一定程度上确保了高校思想政治教育工作者拥护共产党的领导,坚持走社会主义道路。

(二)增强教育工作者的知性魅力

一是要努力夯实马克思主义理论功底。增强高校思想政治教育工作者的理论魅力,首先要求教育工作者努力夯实马克思主义理论功底,使自己成为一个精通本职工作的"专家"。高校思想政治教育工作者是马克思主义理论的讲授者,是社会主义精神文明的传播者,是大学生健康成长的指导者。因此,必须系统学习和扎实掌握马克思主义哲学、政治经济学和科学社会主义,静心研读马克思主义经典著作。教育工作者只有精通马克思主义，才能展现马克思主义的理论魅力。特别是非马克思主义学科出身的教育工作者，如果想以理论的力量说服学生、征服学生，就必须系统学习马克思主义理论知识。

二是要广泛涉猎人文社会科学知识。高校开设的思政课几乎涉及了人文社会科学的所有领域。因此，增强高校思想政治教育工作者的理论魅力，要求教育者广泛涉猎人文社会科学知识，特别是哲学、政治学、社会学、伦理学、心理学和教育学等，努力让自己成为一个熟悉相关学科知识的"杂家"。知识广博的教育工作者更容易接近学生，缩短与学生之间的距离，展现自身的亲和力、感染力和凝聚力，为学生的成长成才提供有益指导。思政课教师只有具备深厚的马克思主义理论功底和广博的人文社会科学知识，在教学过程中才能旁征博引、深入浅出、见解独到，才能较好地调动学生的听课兴趣，使学生学到知识、开阔眼界、净化心灵，从而增强自身的亲和力、吸引力和感染力，成为大学生健康成长的指导者和引路人。

三是要强化新媒体素养和学习新知识的能力。当今世界，知识更新日新月异。面对兴趣爱好广泛、思维活跃、求知欲旺盛的新时代大学生，教育工作者必须不断汲取最新的知识理论，特别是多媒体方面的知识，要加强对新事物、新技术的学习，不断更新完善自身的知识结构。"新"是教育教学的灵魂和生命。如果教师止步不前，没有做到知识的与时俱进，那他就不能给学生带来新知，学生自然不愿亲近他。所以，高校思想政治教育工作者必须紧跟时代潮流，认识和掌握新兴技能技术，探讨和追踪学科研究前沿政策理论，不断学习新知识、新理论、新观点，只有这样才能在教育过程中用鲜活的知识满足学生的求知欲，赢得学生的尊敬和爱戴，提升自身的亲和力。

（三）塑造教育工作者的人格魅力

人格，是一个人性格、气质、品德和能力等的综合反映。高校思想政治教育工作者高尚的人格魅力会对学生产生强烈的榜样示范作用。因此，要高度重视塑造教育工作者的人格魅力。高校思想政治教育工作者的人格魅力是教育工作者自身所具有的稳定的、在教育教学活动中和日常行为中展示出来的、具有榜样效应的高尚品质。人格魅力是一种无形的力量，它对学生的影响是潜移默化的。教育工作者的人格魅力越大，就越容易被学生接受和喜爱，师生关系也就越融洽。为此，教育工作者应努力塑造自身高尚的人格魅力，用自己的"德"与"行"潜移默化地感染和带动学生，以增强高尚人格产生的亲和力、感召力和影响力，从而有效地影响和引导学生的思想和行为。

一是要加强师德修养。"德高为师，身正为范。"富有感染力的高尚品德是教育

工作者人格魅力的源泉。因此，提升教育工作者的亲和力，要加强师德修养，铸就高尚品德，在学生心中树立起可亲、可敬、可信的形象，发挥亲和力对学生的感染和激励作用，从而引导学生向上向善。因此，教育工作者首先要严于律己、宽以待人。对自己要求严格，学生才会敬慕你；对学生热情宽厚，学生才会亲近你。其次，要言行一致、表里如一。教育工作者要保持内在本质与外在表现的统一，对马克思主义要真讲、真信、真践行。最后，要淡泊名利、纯朴自然。在这个充满诱惑的社会，如果教师能保持一颗纯朴自然、淡泊名利之心，那么他自然会富有亲和力，自然会吸引学生主动亲近。

二是要加强职业素养。高校思想政治教育工作者最基础也是最重要的职业素质就是热爱教育工作。教育工作者不仅要有职业良心、职业荣誉感和职业理想，还要热爱教育、关爱学生，切实履行教书育人的职责。教育工作者要认同和热爱教育，要关心和热爱学生。一个关爱学生的教育工作者，才会释放出强大的亲和力，这样的教育才具有感染力和说服力，教师才具有亲和力和影响力，才会使学生亲其师、信其道；尊其师，奉其教。要真诚、平等地对待学生，平等就是师生人格地位的平等，就是要尊重学生的人格和尊严，把学生当作朋友。教育工作者要时时处处尊重学生、理解学生，绝不能把学生分成三六九等，也不能以高高在上的权威者、支配者自居，应努力构建民主、平等、和谐的新型师生关系。高校思想政治教育工作者通过在教育教学中所倾注的真情和热情，使教育对象感受到教育工作者的真诚情感，从而激起学生对教师的亲近、对真理的追求，高校思想政治教育的亲和力和感召力自然得到增强。

## 二、从载体平台入手提升渗透力

思想政治教育载体是思想政治教育的中介要素，是思想政治教育得以实现的基础和保障。思想政治教育的活动开展、内容实施、任务完成，都要依托一定的载体。随着现代信息技术的发展，特别是新媒体技术的兴起，大学生接收信息的主要渠道也发生了变化，以智能手机为主要网络终端的新媒体已成为大学生获取信息的主要渠道。新媒体可以为大学生思想政治工作提供强大的功能服务，善用新媒体技术手段，建设好各级各类大学生思想政治教育新媒体平台，构建与大学生信息获取渠道相吻合的校园新媒体平台矩阵，成为提高大学生思想政治教育吸引力和引导力的重要突破口。大学生思想政治教育只有把握好时、度、效，充分掌握学生的需求爱好，建设利用好新型教育阵地，以丰富多样的形式讲好中国故事、传播好中国声音，充分利用互动性强的即时通信工具，以学生喜闻乐见的方式发布相关信息、开展文化活动、回答热点问题等，才能有效吸引大学生的自觉主动参与，才能将思想政治教育信息有效传导到大学生心里去，才能把思想政治教育元素潜移默化地渗透到大学生思想当中去。

（一）善于运用网络载体，保证教育载体的时代性

互联网时代，网络可以满足教育对象的求知欲、好奇心，对教育对象具有巨大的亲和力和吸引力，不仅影响着学生的学习和生活，还影响着他们的思想观念和价值取向。因此，针对网络媒体带来的新契机，高校思想政治教育要主动适应新形势，善于运用网络载体，保证教育载体的时代性，提升思想政治教育的亲和力。高校必须重视并积极引导网络文化，适应学生求奇求异求趣的心理，构建网络思想政治教育平台，用心打造"工艺"精湛、"配方"新颖、"包装"时尚的精神大餐，努力开创高校思想政治教育新局面。

（二）积极构建"微载体"，丰富思想政治教育载体形式

"微载体"是指在开展思想政治教育时以微电影、微小说、微博、微信、微视频等微媒体为中介，教育者和受教育者可以凭此进行互动，最终促进教育目标的实现。构建思想政治教育的"微载体"需要思想政治教育工作者和高校层面共同努力。一方面，思想政治教育者工作应当顺应时代要求，建立属于教育者自己的"微载体"，并且在互动中对受教育者进行教育引导。另一方面，高校应当借助思想政治教育的公众平台发布主流信息和丰富的活动，实现对大学生的教育，使大学生在活动中丰富科学文化知识、提高自己的思想道德水平。总之，高校应通过"微载体"开展大学生思想政治教育，不仅为大学生随时接受思想政治教育信息提供平台，也实现了将教育载体与时下最流行的微媒体相结合，丰富且创新了大学生思想政治教育的载体形式。

（三）综合运用多种载体，保证教育载体的多样性

在高校思想政治教育过程中，不能只运用一种或两种教育载体而忽视其他载体的存在，需要综合运用各种教育载体，保证教育载体的多样性，以达到最佳教育效果。目标的多样性、过程的复杂性等决定了思想政治教育要综合运用多种载体。从教育目标来看，不同的教育目标需要选择不同的载体，多种教育目标并存要求综合选择教育载体；从教育对象来看，大学生由于家庭背景、受教育经历的不同，他们的思想观念、行为方式等各有特点，综合运用教育载体才能有针对性地对大学生进行教育。综合运用多种教育载体，需要注意以下两点：第一，要根据教育对象和教育内容的特点，科学地选择一种或几种主要的载体；第二，要根据教育过程的发展，

穿插使用不同的教育载体。高校思想政治教育只有根据教育的实际情况和学生的需求情况，综合运用多种载体，比如把传统载体和现代载体、线上载体和线下载体、课堂载体与实践载体有机结合起来运用，才能使学生乐于接受，从而有效提升思想政治教育的渗透力。

### 三、从教育内容入手提升吸引力

思想政治教育内容就其本质而言是教育者向受教育者传递的信息，此信息不仅需要同社会发展的要求相匹配，也需要与大学生的思想实际相适应。社会在不断发展变化，大学生的思想也在日渐成熟。所以，要以时间、条件、地点为依据做到具体问题具体分析，不断更新和完善思想政治教育的内容，同时丰富内容的表现形式，使教育的内容与形式都能紧随时代、紧贴实际。高校思想政治教育要吸引受众、掌握受众、锻铸受众的思想灵魂，就必须在提升教育内容的吸引力上下功夫，凸显理论的科学性和真理性，突出与现实生活的关系度与契合度，使之走进师生的内心。

#### （一）要在科学选择教育内容上下功夫

一要有的放矢，坚持理论联系实际。要选重点、难点、焦点，结合党领导人民开展伟大斗争实践中孕育出的革命文化和五千多年文明发展孕育出的中华优秀传统文化，讲透马克思主义理论及其在当代中国的最新发展成果，引导受众坚定马克思主义信仰，清醒认识自身肩负的时代使命与责任担当；要结合社会主义先进文化和正在发展中的中国特色社会主义生动实践去讲，结合中国和世界发展大势去讲，讲出历史厚重感、文化认同感、民族自豪感，讲出认识论和方法论，使受众真懂、真信、真用。不仅要以经典的形式彰显真理的光芒，还要用底蕴深厚的文化活动，用深耕现实的社会实践去讲，使知识传授与价值引领相伴而行，真正做到以德育人、以文化人，让受众于育德中育心、受助中受教、践行中铸魂。

二要坚持"三贴近"，提高教育内容的针对性。高校思想政治教育内容必须坚持"三贴近"，使学生体会到思想政治教育的价值与意义。新时代的思想政治教育既要贴近学生思想政治品德形成发展的实际，又要贴近学生的具体生活情境，贴近学生的生活特点和生活场景，还要贴近学生身心发展新特点。坚持"三贴近"原则，要求高校思想政治教育把道德观教育、法治观教育、心理健康教育等教育内容融入学生的日常学习和生活之中，融入班级活动和各种社会实践活动之中，从而使学生更容易理解和接受教育内容。要把握学生的思想动态，关心学生的现实需求，了解学生的困惑迷茫，增强教育的问题意识与问题导向，有针对性地开展教育教学活动，帮助学生解决与切身利益相关的各种问题。只有教育内容贴近学生，才能拉近与学生的距离，提升思想政治教育内容的针对性。

三要坚持与时俱进，增强教育内容的时代性。高校思想政治教育内容是不断变化发展的，应当随着时代的变迁而赋予其不同的时代内容。要在内容上坚持与时俱进、不断完善，增强教育内容的时代性。尤其是在教育教学过程中要有鲜活的材料。高校思想政治教育教学内容要紧紧抓住时代主题，把握时代发展的脉搏，密切联系我国改革开放和现代化建设的实际，对现实问题展开系统化、客观化的分析，使学生愿意接受并认同思想政治理论。

### (二) 要在丰富内容呈现方式上下功夫

一要借助多媒体形式呈现，提升内容的认可度。在表现形式上，传统的大学生思想政治教育内容表现形式比较单一，重视知识的认知，缺乏富有感染力的情感与情境的支撑。而在新媒体传播背景下，信息多种多样的表现形式深受大学生喜爱，这启示我们应当不断丰富思想政治教育内容的呈现形式。首先，语言和文字是表达思想政治教育内容不可缺少的，准确的语言、生动的文字描述可以帮助大学生知晓道理、厘清知识体系。其次，图片、视频与音频是思想政治教育内容在新媒体时代的新型呈现方式。图片影像可以使大学生有身临其境之感，真切体会当时的情感，可以说这一表现形式增加了思想政治教育内容以情感人的成分，进而提高了大学生对教育内容的认可度。

二要注意因材施教，注重教育内容的层次性。学生的年级不同、专业不同，教育内容的侧重点应有所不同。例如，针对大学新生，需要加强行为守则教育、规章制度教育，让各种纪律规范内化为他们的行为准则，从而引导他们尽快适应大学生活。针对大二及大三学生，则需要加强大学生的基本道德规范教育和理想信念教育，培养他们的道德意识，帮助他们树立远大理想。而针对大四学生，需要为他们毕业后顺利适应社会生活提供一定的指导和帮助，要加强就业教育、奉献教育，引导他们树立正确的就业观、价值观。此外，对于群体特点不同的学生，也要注意教育内容的层次性和侧重点。对于纪律涣散的学生，需要培养他们的纪律意识；对于不思进取的学生，需要培养他们的积极进取精神；对于攀比浪费的学生，需要培养他们的艰苦奋斗精神。总之，要根据学生的实际情况选择呈现不同的思想政治教育内容，确保贴近学生的生活和思想实际。

三要坚持内容与形式相统一，避免形式主义。内容与形式是相互作用、相互影响的统一体，在进行大学生思想政治教育工作时必须坚持内容与形式相统一的原则，防止片面注重形式而忽略内容的形式主义，以及仅注重内容而忽略形式的错误思想。相信充实的内容加之多样化的表现形式会使教育活动事半功倍。

### 四、从方式方法入手提升亲和力

提升思想政治教育方法的亲和力，是增强思想政治教育实效性的必由之路。提升亲和力关键在于创新，在于贴近学生的性格特征，贴近学生的需求爱好，贴近学生的学习生活。思想政治教育工作要贴近大学生思想实际，遵循教育规律、思想政治工作规律、学生成长规律。坚持改革创新，推进理念思路、内容形式、方法手段创新，增强工作时代感和实效性。方法作为理论与实践的"契合点"，是主客体之间的隐性媒介，方法创新要以现实问题为突破口。因此，高校思想政治教育方法创新要以身处大变革、大转型、大发展的经济全球化时代的年青一代思想政治教育问题为切入点，以全球视野和思想政治教育学科现代化、科学化为大前提。

（一）从"以教师为中心"到"以学生为中心"

新媒体时代是教育者权威被极大削弱的时代，新媒体网络平台的应用使学生可以了解各学科的知识、各个时代的历史和当下国家的动态，教育者不再是课堂上的权威。教师要适应教育主体的多元化与主客体的转化，平等地与学生进行对话。不能简化为教育者向受教育者的灌输，不能是强制执行的，而是需要受教育者从心理上产生认同，因此，在教育者和教育对象的对话中，不能只有"行"的结合，更要有"神"的沟通。首先，树立话语平等理念。思想政治教育者在教育过程中应当转变话语观念，将大学生看作对话的主体，逐步树立话语平等观念。其次，要注重启发教育。在新媒体时代，要注重在构建和谐、融洽的师生关系基础上，灵活运用新媒体技术进行多方启发和引导，激发高校学生的求知欲，满足其好奇心，培养其独立思考的能力，循序渐进地开展思想政治教育。启发教育要准确把握学生日常生活的具体实际和真实需要，做到因材施教，有针对性和目的性地启发、引导高校学生勇于善于提出问题、分析问题以及解决问题。

（二）妥善运用新媒体语言艺术

首先，要提高新媒体表达的趣味性。新媒体环境下，大学生越来越喜欢充满趣味的语言。充满趣味的语言不仅能够充分调动大学生接受教育的积极性，也能营造轻松愉悦的教育氛围，促进良好师生关系的建立。其次，要将熟悉的话语新颖化。老生常谈或陈词滥调的表达容易让人失去聆听的冲动，必要的时候"新壶装旧酒"也是不错的选择。因此高校的思想政治教育者可以将大学生熟悉的语言换成一种新的方式来表达，这不仅体现了教育者的创新精神，也会让大学生因为这份"陌生感"而更深刻地记住教育者所表达的内容。再次，表达要适度。在实现话语表达形象化、趣味化的同时要防止无边界、无限制的戏谑与纵容。坚持适度转化，保持思想政治教育话语应有的特色。最后，要坚持语言的准确性。新媒体环境下的超文本符号表达给了使用者更多的选择，一些用户为了博取关注而巧妙地进行词汇替换，一些吸引人的标题"点开"之后才发现内容与题目不相匹配，这种不准确的表达大大降低了语言的公信力。因此，在实现话语转化的时候必须确保新词汇、新话语运用的准确性。

（三）建立互动的思想政治教育模式

教育教学方式上更加民主化和自由化，日益满足高校学生成长成才过程中多方面的个性需要。首先，在课堂上思想政治教育者应给予大学生充分的尊重，鼓励学生积极表达意见与看法，与教师进行互动交流。在生活中教师和学生可以借助新媒体互加好友，实现课外"一对一"的互动式辅导，促进师生之间的良性互动。其次，实现学生间的互动在思想政治教育过程中，具有重要意义，思想政治教育者应当给学生营造交流互动的氛围。比如，课上教师可以组织学生分组讨论，在课下可以让学生建立"微讨论小组"，帮助学生及时沟通、分享成果。但是，在学生互动的过程中思想政治教育者并不是扮演"局外人"的角色，而要在课堂教学和学生活动中从管理者转变为服务者，高屋建瓴地适时对学生的言论和发展方向进行引导。思想政治教育者要树立互联网思维，学会运用新媒体技术解决教育教学工作、日常学习和生活中遇到的难题，既能在课堂上为学生传道授业解惑，也能在课余时间通过新媒体技术充分了解学生的生活、学习和思想变化的具体实际，成为高校学生的"知心人"和"领路人"。

（四）坚持教育对接和嵌入大学生的日常生活

新媒体时代下的高校学生作为具体的、现实的个体存在，更加关注与自身日常生活和成长发展紧密相关的内容信息，能够更加便捷地运用新媒体技术搜索相关信息。枯燥刻板的理论不仅不能满足高校学生多方面的需要，不能激发高校学生的兴趣，还会影响思想政治教育的效果。新媒体时代下的高校思想政治教育工作者要了解学生的日常生活状况，不断消除"代沟"，准确了解高校学生的真实需要，有针对性地进行思想政治教育；运用思想政治教育的原理与方法深入剖析高校学生日常生活中的案例，教育引导高校学生掌握和运用思想政治教育原理与方法；提升高校学生思想政治教育的说服力和实效性；要以高校学生在日常生活中乐于接受的形式开展思想政治教育，避免一些假大空的"官话"和"套话"，尽可能多地运用一些接地气的、生动活泼的表达或表现形式，推动其教育内容与方法的入脑入心。

# 第九章　高校网络舆情的思政教育引导

## 第一节　高校网络舆情概述

### 一、网络及网络舆情

20世纪90年代以来，互联网迅速发展，规模不断扩大，功能不断增强，网络信息也越来越纷繁，我国互联网发展虽然起步较晚，但是发展迅速。

E时代下，互联网的飞速发展已经给21世纪人们的生活带来了巨大的改变和不容忽视的便利。因此，网络早已被公认为继报刊、广播、电视之后的"21世纪媒体"。至此，网络就成了传播更为快速的、更为先进的社会舆论的放大镜，因为网络早已成为社会上不同人群、不同思想、不同文化信息的发散地，并且人们可以在网络上对整个社会所发生的事件表达自己的意见和观点。

随着网络的纵深发展，人们在网络上的言论也成为关注的焦点，这就是我们通常说的"网络舆情"。简单地说，网络舆情就是通过网络描述和传播各种不同的意见、情感和态度交织在一起的总和。网络舆情的主体是网民，影响网络舆情形成的最明显的因素是网民的反应和他们的主要特征。首先，年轻人是上网的主要人群，他们受到的教育水平较高，因为出生和成长在不同的社会背景下，他们面对社会现实不仅会表现出不同的看法和态度，也会对自己所认同或仇恨的事物表达出强烈的情感。其次，网民只是群众主体的一部分。因此，网络舆情虽然具有很大的传播广泛性和一定的参考价值，但未必具有广泛的代表性，也未必是最准确的参考依据，更不能等同于所有民众的意见。同时，网络上信息传播速度快、言论透明，使他们有更多的机会和渠道发表自己的意见和建议，主人翁的思想和平等的意识大大提升，而这正是现代公民最缺少的但又必不可少的基本素质和要求。当然，网络是一把"双刃剑"，过分放纵自己沉浸在虚拟的世界中，不仅容易与现实生活脱节，造成与别人的交流障碍，也会使人对生活产生消极情绪和无所谓的态度。

### 二、高校的网络舆情

在这个网络应用广泛的时代，高校大学生是网民中对社会热议事件反应最为激烈、最为敏感也最为热血的重要群体。由于网络信息的传播速度较快，网民发表意见简单易行，不受太多的限制和束缚，网络上的言论相对自由和透明，所以相比于传统媒体来说，大学生更愿意通过虚拟网络对一些社会焦点和热点问题表达自己的看法和见解。如果大学生的意见和建议没有得到相应的重视或没有得到及时解决，就有可能被人在网络上进行炒作，导致个体情绪传染到大学生群体，演变为群体的不满情绪，激化矛盾，爆发形成网络舆情。社会舆情包含高校学生网络舆情，反映并影响着一定范围内社会舆情的生成与发展。因此，关注高校学生网络舆情，对高校学生网络舆情事件进行分析，重视校园网络舆情信息的剖析、管理和指导，对高校网络舆情作出全面的研究并建立健全舆情机制，将对校园网络文化的蓬勃发展具有重要的影响。对高校学生网络舆情的研究不仅需要分析和吸收国内的相关研究成果，也要学习国外的研究方法，同时更需要在研究中进行创新，建立自己的理论和方法。

随着互联网在全球范围内的飞速发展，网络成为反映社会舆情的主要载体之一。网络舆情是人们将表达和传播自己情感的场所和渠道从过去传统的宣传媒体如报纸、广播和电视等拓展到了互联网上，并反映和表达了一定的社会真实情况和公民意愿，也是社会舆情的一种表现形式，是公众在互联网上公开表达的对某种社会现象或社会问题具有一定影响力的普遍意见和见解。高校网络舆情主要是指高校教师、员工及学生对有关国内外重大问题、社会焦点问题、时事政治问题以及有关校园生活和学校制度等与自己的切身利益实际相关问题的情绪、看法、意见和态度。它不仅包括其对国家、社会问题的态度，也有对自身利益需求的一种诉说和表达，是要求国家、学校不断改善其现状和情况的一种诉求和意愿的集合。

### 三、高校网络舆情的主要特征

高校学生"网络舆情"是社会舆情的一部分，是高校学生表达和传播舆情在互联网上的反映。由于网络的传播特点，使得网络舆情在表达和传播的过程中出现了一部分与现实舆情相悖的特点。高校大学生是网络参与热情高涨、思想活跃的群体，其表现出的网络舆情是公众网络舆情中重要的一部分，具有一般公众网络舆情的如下特点。

（一）自由性和限制性

从刚刚出现传播信息的媒介到现在，每出现一种新的传播媒体，都会扩大人们传播和发表言论的范围和自由度。网络出现以后，人与人之间的通信得到了极大的改善。人们可以通过邮件传递信息，也可以在微信、QQ 等通信工具上自由发表言

论和表达舆情及自己的愿景。人们还可以在网络上建立自己的空间、微博和网站，发表自己的见解，将自己的文章或见解"发表"在上面，而且成本低廉，过程简便。但是网络是把双刃剑，网络在提供给人们便捷的同时，也存在着很大的弊端。网络并不像一些人想象的那样，可以不受任何法律、条例、制度的约束，不用为自己的所作所为担负责任。不管如何，网络作为现实社会的一部分，它不是独立于社会之外没有人及制度管理的完全自由的空间，网络中的各种言论和行为也必须要遵守现实生活中的"游戏规则"。因此，网络上各种信息的传播自由也是有限的，自由和控制是相辅相成的，尤其是对于各种有害的网络炒作及负面信息，就更应该严加控制。

（二）交换性与时效性

从网络媒体区别于传统媒体的主要传播特性来看，网络舆情传播具有互动性和即时性的特点。与报刊、电视等传统媒体单向的信息传播通道相比，网络是一种双向的交互式的信息传播通道。其实网络最有用的价值体现在它的交互性上。高校网络舆情的交互性主要体现在使用网络的高校学生与政府、与网络媒体的互动以及与其他网民间的互动。

另外，时间因素也是影响舆情价值的重要因素。在网络环境下，舆情的传播和表达非常迅捷，在短时间内可能就会传遍整个世界，引起巨大的轰动，具有很强的时效性。一些大型网站，如谷歌、百度、搜狐、腾讯等，更加突出反映一些爆炸性事件的原创性言论的即时性，及时反映公众对新闻事件的评论和反应。通过网络媒介的快速传播，网民在获悉新闻事件的第一时间内就可以在网上发表言论。这些言论通过网络很快发酵、发展，到达顶峰后很快又销声匿迹。

（三）丰富化与多元化

从网络舆情表达的内容来看，它传播的信息丰富并且多元化。丰富化是指网络舆情信息所涉及的社会问题和事件类型多种多样并涉及各个行业及各个社会层次，也包括舆情表达和传播途径的多样化。多元化可以看作是网民的价值观、需求和意见等的多样化。互联网打破了时空的阻碍，打破社会层级的限制，打破年龄、身份和行业上的各种阻碍，使得各方的意识、政治制度、法律法规及文化思想的渗透无处不在，体现不同意识形态和具有文化阶层、身份属地的网络言论随处可见，这对网络舆情信息的管理和指导无疑是巨大的挑战。

（四）隐匿性与外显性

马克思曾提出过现实社会中个人身份识别的七大要素：合法姓名、有效地址、可追踪的假名、不可追踪的假名、行为方式、社会属性（比如性别、年龄、信仰、职业等）以及身份识别物。在网络环境中，这七个方面都可以存在着不同程度的隐藏和掩蔽，导致使用网络的公民具有不同程度的隐蔽性。因此，网络舆情的传播也具有了隐蔽性。不过，完全匿名是不存在的，所谓"可追踪的"和"不可追踪的"只是指出了追踪的难易程度而已。而外显是与"隐蔽"相对的。舆情是公民主体内在的心理活动，较大程度上决定了公民的实际行为，但它并不是行为本身。行为可以一目了然，而舆情只能从公民的言谈、举动、表情等间接地分析和推断。但是人们的言行存在着很大的欺骗性，有时候人们所说出来的话未必是其内心的真实反映。在现实生活中，人们往往因为各种各样的顾虑而将自己的真实情感、态度和目的隐藏起来。也正是因为网络可以将人们的真实身份隐藏，人们无须像在现实生活中那样顾及太多，从而可以畅所欲言。这样一来，在现实中一直隐藏在人们心中的某些想法和观点也就很容易被人们发泄出来。通过一个人在网络上发表的言论和语气，能够较为清楚地推断出他的情绪和态度，这种外露且较为真实的舆情，尤其是涉及敏感问题的舆情，在现实中不易控制及分析。

（五）情绪化与非理性

舆论的真实性主要在于理性程度。非理性舆情在网络上的传播主要是社会现实和公众心理相互作用的结果。目前我国正处在社会转型期，社会运行机制的转变、社会组织结构的变化、利益群体的调整，都直接影响每一位公民的自身利益和社会生活。随着生活节奏的加快、下岗失业、贫富差距拉大、社会竞争加剧等一系列社会问题的存在，导致一些人的心理失衡，紧张、焦虑、困惑、不满等社会情绪浮动，所以如果不好好调整和指导的话，这些情绪在网络舆情上的反映就会使网民的言论很容易情绪化并且表达出非理性的言论。即便是很小的事件也可能会导致个体的不满情绪，这种不良情绪可能会通过发酵和传染影响整个人群。

（六）个性化与群体极化

高校学生网络舆情的主体是大学生，舆情表达总是倾注了个人的情感、意志和认识等主观性的因素，表现出个性化的特点。尤其是大学生群体，年纪轻、社会经历少、情感丰富、情绪容易高涨，极易被点燃内心的激情；而且高校大学生在表达舆情的时候都是匿名的，社会心理学研究表明，人在匿名状态下容易摆脱角色关系的束缚，容易情绪化。

## 四、网络群体极化现象

### (一) 网络群体极化

网络群体极化现象，是指在互联网络这一全新信息生态系统平台上，由于极化信息源的刺激，以及各种网络因素或利益相关者的推动，网络群体迅速生成，群体互动不断加剧，网络群体固有的观点不断得到强化，最后走向极化的现象。网络极化群体情绪较为冲动，易受暗示，而各种利益相关主体不断推动网络群体极化，导致真正的网络民意被严重歪曲，极化现象的恶性影响日渐显现。这些极化的内容严重破坏了网络和平，甚至不利于社会和谐发展，而可以控制网络犯罪或者制止不良言行的法律法规又十分薄弱，所以网络管理部门在网络舆论控制和调节方面仍然处于探索阶段。

在一个真正意义上的群体之中，个人才智被削弱，一部分无意识的东西占据了上风，尤其是群体极化下，网络心理群体更易失去基本的理性思考能力，群体倾向于抽象思维，而容易受到暗示的影响，就一点也不奇怪了。网络世界中的匿名传播不需要顾及在现实生活中的顾虑，使得平等化与情绪化成为可能。

人们普遍认为，群体极化现象发生后，人们情绪极端化，易冲动、失去理性，迅速聚集成极化群体而产生不良社会影响。网络群体极化现象是指在互联网络中发生的，网民主体对于某一社会问题或者热点事件进行讨论，从而出现观点激化，不断得到加强，且越来越固执的网络现象。它在外延上包括了网络群体性事件，以及没有造成群体性事件的观点极化现象等。另外，对于网络群体极化现象导致的客观结果，也同样值得研究。

但不论怎样，网络群体极化仅仅是一种带有中性色彩的网络现象，无所谓好坏恶劣之分，正如武器一样，它既可以防身，也可以用来侵略他人。这要看网络群体极化现象中的舆论主体及幕后操纵者 (如果有的话) 的真正意图。在此意义上，很多人提出如何制止及防范网络群体极化现象，这显得有些笼统。确切地说，应当是在互联网络向纵深发展的当前，我们如何避免网络群体极化现象中的负面影响及减少网络公众被有些人操控。当然，网络群体极化现象导致的正负社会影响，在一定程度上两者并非是绝对对立，负面影响的网络群体极化现象，不一定会引起严重的后果，它的积累也有可能会有益于建立更加完善的网络公民社会；而所谓的正面影响，其所呈现出的现象，却也未必不带有一定的恶劣行为。

互联网与现实生活中的群体极化现象，虽然都属于群体极化现象的范畴，但两者还是存在着很多不同。与现实中的群体极化现象相比，网络群体极化现象显得更为错综复杂，这些大多是互联网络的发展带来的捆绑效应。诸如，互联网中的"匿名传播特性"，给了网民一把言行免受责备的保护伞。在这把保护伞下，网民可以尽可能地发泄自己心中的愤懑。因此，必须对网络群体极化现象做一个分界，将网络群体极化身后的舆论当事人及其他各方面有关因素做一个具体分析；也需要给它的性质做一个界定。由于现在互联网治理并不到位，要详细加以区分才能更加有效地治理网络乱象。

另外，分析网络群体极化现象的性质，应当分清群体性事件跟群体极化的区别。一般而言，网络群体极化现象很可能引发网络群体性事件，不过群体性事件也会导致群体极化现象，这两者存在一个交集，也可以相互影响，互为因果。网络群体极化现象主要集中于网络公民的意见、建议和情绪波动，但这些都是看不见的，有时就会显得特别缥缈，而网络群体性事件则是实体性的。

（二）网络群体极化现象的主要特征

互联网发展至今，以微博、微信、QQ等网络通信工具为主要的风向标，在经济全球化时代下领先占有着市场。随着互联网的不断强大和完善，各个网站和网络公司不断开发出新的产品和工具以提高网民的网络使用便捷程度，使传统媒体全面进入网络平台，传统媒体的应用更加便利。互联网络这种先进而全新的信息系统，将更加深刻刺激地对网络群体极化现象的形成产生影响。因此，我们在研究网络群体极化现象时，也应当将它区别于传统的网络系统来分析和研究。在坚持这一前提的基础上，并在对比网络上群体极化现象与现实中群体极化现象两者之间差别的前提下，发现网络群体极化事件的发生，具有比较强的重复性和连贯性。网络群体极化现象的形成，都有一个极化的信息源头，如网络博客和论坛一个帖子、一则爆炸性的新闻、在各种网络通信工具中发布的一个内幕或者一个博客作者发表了一则令人感兴趣的博文等。然而网络极化信息源头的进一步扩散，还得依靠其他因素的推动作用。

网络群体极化现象下的群体性事件一旦发生，影响范围广，而且极难控制。一种新传播媒介的产生，必将对传播效率和效果的研究产生长远影响。

进行网络群体极化现象的深入研究，有必要从扩展上对其进行分类，这也是更有效调节和控制这一现象的前提之一。对某一现象进行分类，可以从不同的角度，依据不同的标准来进行。根据不同的划分标准，网络群体极化现象可以分为以下几种类型：

第一，从极化现象的参与主体来看，可以将网络群体极化现象划分为三类：网民自发型、媒体策划型、利益团体或个人操纵型。网民自发型，是指网民个人或网

民团体自己发动的群体极化现象，一般出于自己的乐趣、高度主人翁意识及炫耀的想法，而将一些自己或自己周围能够触碰到的且能吸引大家眼球的事件进行网上报道或直播；媒体策划型，则是指新闻媒体及其工作人员，选定一个热点议题，设置流程，进行策划炒作，将绝大多数网民都吸引过来；利益团体或个人操纵型，就是指那些政治上、商业上的竞争对手利用网络平台，操纵广大"不明真相的群众"，制造强大的对对方不利的舆论场，从而达到自己目的的极化现象。

第二，从持续时间来看，网络群体极化现象可以分为短期和长期两种类型。网络传播的反应与扩散能力十分强，短期网络群体极化现象，一般都是由媒体或是个人炒作出来的，一般都是来势汹汹，可以即时形成强大的网络舆论，推动人们普遍关注。但也正是由于这种刻意的针对于某个人的炒作，这一极化现象的客体自然也会通过各种方法和途径来平息炒作所带来的影响，这也是此类极化现象可以很快平息的原因。相对来说，持久型网络群体极化现象，大都是顺应广大群众的意愿操作，大家都兴致勃勃，试图将事情的真相挖掘出来，但相关极化现象的客体也试图掩盖真相，并亲自参与到网络群体性事件中来。

第三，从造成的客观结果来看，可以划分为正、负面的网络群体极化现象。正面影响网络群体极化现象，是指在某种程度上对社会产生了正面的积极意义；负面效应网络群体极化现象，是指在某种程度上对社会产生了负面的消极意义。

第四，从网络群体极化现象的舆论客体来看，可以分为事件性与非事件性网络群体极化现象。网络舆论客体，就是网络舆论现象中的对象，是舆论监督的目标。在网络舆论中，引发网络群体极化现象的客体就是事件性与非事件性两类，前者主要是现实社会中人们所认为的弱势群体没有得到他们应得的保护而发生的，如近几年十分火爆的"城管事件"。非事件性网络群体极化现象中的舆论客体，主要包括个人、群体或一些价值观念等。网络群体所排斥和不满的，实际上就是在现实社会中出现了少数人与大多数人不符的价值观现象。

鉴于大学生的年龄特点和情绪特点，大学生中的网络舆论群体极化现象容易引发群体性事件，造成的社会影响力比较大，也会给当事人和大学生群体以及高校带来不可弥补的不良影响，值得高校教育工作者和政府高度重视。

### 五、网络舆情类型的划分

网络舆情的类型分为很多种。从政府应对网络舆情的角度，首先，按舆情所涉及的主体将网络舆情类型划分为：①政府类还是非政府类主体的行为；②单一主体行为还是多个主体行为。其次，从舆情传播角度将舆情划分为：①网民及媒体的传播参与度高低；②传播影响力强弱；③除网上行动外，有无现实中行动。从舆情主体与舆情传播两个方面综合看，可将网络舆情大致划分为三种类型：弱型网络舆情、强型网络舆情和波动型网络舆情。弱型网络舆情，从爆炸性事件的主体行动来看，主要是由非政府的主体行为引起，并且政府在网络舆情响应过程中的没有造成舆情关注点向政府类主体的转移；从网络舆情的传播过程来看，主要是网民和媒体的参与度不够或传播的影响力较差，没有将虚拟网络中的行为扩展到现实生活中。强型网络舆情的情况基本与弱型网络舆情的情况相反，在爆炸性事件的主体行为方面，或者是由于政府自身作为当事方具有极大的敏感性，可能使网络舆情的攻击方向直接指向政府，严重威胁政府威严和国家政治安全；或者是事件网络舆情由几个主体行为共同引发，因此事件具有更多的网络舆情热点事件特征，其背后存在很多矛盾冲突需要解决，使事件的网络舆情热情持续高涨。在网络舆情的传播过程方面，网民和媒体的传播参与量大、参与度高或传播影响力强，或已扩展到现实社会形成现实群体行为，都需引起政府在网络舆情事件解决工作中的高度重视。波动型网络舆情是较为复杂的一个类型，或者说是不容易准确界定"强""弱"类型的网络舆情，也可理解为在不同的网络舆情发展阶段表现出明显不同的类型特征的舆情。在波动型网络舆情表现出"强"特征的阶段，可将其视为强型网络舆情，而在其表现出"弱"特征的阶段时，则可按弱型网络舆情对待。

　　进行网络舆情分类的最终目标是要准确地明晰政府应对网络舆情的具体办法。针对不同类型的网络舆情，政府可相应采取以下几种应对策略。

（一）弱型舆情的"淡化式"和"萌芽式"应对策略

　　"淡化式"网络舆情应对策略，主要是指在爆炸性事件主体没有干预到政府的情况下，政府职能部门可以暂缓介入事件处理过程，使政府本身处于一种自发边缘状态。但这并不代表政府准备袖手旁观，而是先由事件主体自我调节，自己想办法处理，并在恰当时机介入，对事件冲突进行解决，有利于避免网络舆情过早或过多地将责任强加在政府身上或将舆情矛头指向政府。"淡化式"网络舆情应对策略可运用的具体方式主要有：一是政府调解冲突矛盾，用法律手段解决违法行为。这主要指当网络舆情牵扯到政府部门的职责时，由政府职能部门对事件进行调解，并对相关事件主体实施有效的调节措施，如惩罚、奖励等；二是利用法律手段解决，依据法律法规解决现实冲突和矛盾，不仅可以尽快化解矛盾和危机，也可以表示政府依法治国的有效办法和信心，可以更好地维护政府的形象和威信；三是将有关法律法规进行完善，避免此类网络舆情事件的再次发生。

　　"萌芽式"网络舆情应对策略：网络舆情会表现出短暂的"弱围观"趋势，即网络舆情暂时得不到公众和媒体的大量关注，这为政府限制网络舆情的进一步延伸

提供了机会，也是政府可以尽快调解网络舆情危机的最关键时刻，政府此时可采取"萌芽式"网络舆情应对策略。"萌芽式"网络舆情应对策略运用的主要方式有：一是尽快将网络舆情事件进行公布，积极调查事件的真相，与相关部门协商进行调解；二是转入网络舆情控制，即时控制网络舆情的发展和事件处理结果。总之，尽快将公众激烈的情绪抚平，不仅能够避免网民和媒体再将网络舆情事件推向一个新的高潮，还可以提高政府威信并得到大众的信任和认可。

（二）强型舆情的"强力式"应对策略

美国心理学家高尔顿·威拉德·奥尔波特（Gordon Willard Allport）指出，公众认为信息的真实性十分重要，而信息越是模棱两可，流言传播的速度就越快，影响力就越大。在网络舆情刚开始爆发的时候，网民对网络舆情事件的信息保留自己的意见，持怀疑态度，尤其是政府类主体作为事件当事方时，政府一旦未能于第一时间发布权威信息，就会给"谣言传播以可乘之机"，继而引发大量的负效应网络舆情。因此，"强力式"网络舆情调解办法强调以最快的速度将事情的真相找出并发布权威信息，表明处理事件的立场和态度，积极回应网民疑虑，抢先于一般媒体前发布。具体而言，一是要及时发出声明，第一时间公布与事件有关信息对于抚平公众情绪、制止流言蜚语的传播、掌握话语权具有重要作用；二是要表明立场和态度，客观地对事件进行处理。政府应着力进行事件的有关调查和处置工作，并尽量在第一时间公布事件结果的处理情况，尤其应避免公布虚假信息，或者只潦草表明态度而不公布结果的不了了之的做法，以免造成网络舆情的反弹，引发新一轮的网络舆情热潮。

（三）波动型舆情的"溯源式"和"重塑式"应对策略

"溯源式"网络舆情应对策略，是指对事件的追本溯源，不仅要对事件进行彻查，还原事件真相，追究相关主体责任，更要针对事件暴露出的社会现实问题进行源头挖掘，做到斩草除根。消除现实隐患"溯源式"网络舆情应对策略主要是对波动型网络舆情而言，如果同一个或类似的爆炸性事件反复导致网络舆情的发生，就可以将隐藏的社会问题暴露出来，通常是一些现实社会中普遍存在的与大众利益相关的矛盾冲突，虽然不会对国家安全等方面造成很明显的影响，但这也属于社会潜在性隐患。政府对网络舆情事件所反映出的社会问题进行分析和研究，找出问题的源头，并采取有效的办法对社会问题进行调解，不仅能够降低类似网络舆情事件发生的频率，而且有利于提高政府效能。"重塑式"网络舆情应对策略的目的主要在于维护政府形象和威信，该策略也主要是对波动型网络舆情而言，对政府形象和威信的维护效果主要取决于政府对网络舆情事件的应对能力。波动型网络舆情持续时间往往较长，程序化的对策难以满足长期需要，这就要求政府平时要及时了解网络舆情生态，多与公众进行交流，听取他们的意见，在长期的沟通和互动中、在潜移默化的工作中维护政府形象和威信，最终在应对网络舆情事件时才会出现有利于政府的一面。

经过对现实舆情事件的分析，我们将舆情分为几类比较简单的形式。

①某类事件与其他事件关联性较差或完全无联系，在事件发生后，各类媒体或传播媒介都是仅仅针对这样单一的事件产生一定的舆情，而不与其他事件产生的舆情叠加或重合，尽管现实生活的各类事件具有大量联系，但无论从哪个角度进行分析，大部分网络舆情事件都可以归入此类。

②在舆情事件发生后的舆情发展，也有可能是连续发生的事件，就像是一颗石子在平静的湖面上产生的涟漪，这一连串事件可能包括各类传播媒体的传播及网上讨论，也可能包括社会生活中不太重要的但有相对性的相关行动。以最近经常发生的女大学生失踪案件为例，各种媒体在失踪案发生后的各种议论和传播，并在一定时间内对类似事件进行第一时间的报道，构成了该议题的一连串事件，这些事件共同形成和加速了整个网络舆情的演变和发展直至产生爆炸性的反响。

在这种意义上讲，第一类单一的具体事件和第二类关于某个热点的连续性事件，在一定程度上有着高度关联性。严格来说，单一的具体事件在网络舆情事件中是不太可能存在的，因为单一的事件不可能不发生连带效应，这只是为了便于研究和分析，做了一定的简化处理。而判断某一个舆情事件是属于第一类还是属于第二类，则要看其后来发展出的事件是如何推动网络舆情发展的，如果后来发生的连续性事件更加强化了网络舆情事件，则应该按照第二类来研究和分析，而如果是渐渐弱化了或者并没有更加强化，则一般可以将其归结为第一类。

根据生活经验和类似性原则，人们很容易将不同时间、不同地点及不同发生原因的事件作为同一个事件共同看待。比如房屋拆迁问题，比如重阳节当天不同机构重复性探访老人的问题，尽管这些事件中的每一个事件都是一个单独的事件，在发生的原因及发展过程中也许还存在着巨大的差异，但由于这类事件在某种程度或某个方面的高度关联性，往往产生舆情累加的效应。这时，就不能把每个事件作为独立的网络舆情事件进行剖析，必须将这一连串的事件作为一个组合来进行研究。

③第三类我们可以简单地认为，尽管孤立地看，每个事件都可以看作单一事件，但如果一连串的事件都发生在某一个个体身上，因此，也成了相关的一个组合，具有了舆情累加的客观效果。由第二类舆情事件和第三类舆情事件互相累加的一系列舆情事件组合，第二类舆情事件可以看作是随着时间发展而形成的一系列纵向事件，第三类舆情事件原则上可以看作是与时间关联不大的横向的一系列事件，涉及面广

并且影响面广的大部分舆情事件，大多是由这两类事件互相叠加而产生的一系列舆情事件。

网络舆情事件的起点是由于网络舆情事件发生。舆情是由舆情事件引发的，事件发生在引发舆情之前。因此，网络舆情的始发站，就应该是网络舆情事件的发生。虽然现在我们早已进入信息网络化时代，但并不是所有舆情事件都是网络舆情事件，比如在偏远地区，尽管可能已经发生了重大舆情事件，但由于网络信息化条件落后，那么就算这个舆情事件影响再大，它也有可能不是网络舆情事件。

因此，作为网络舆情研究的起点，必须严格界定为网络舆情事件的发生，即不但舆情事件发生了，而且已经成为互联网事件。有学者认为网络舆情的起点始于网络舆情事件的孕育。我们认为，这一表述有其合理性所在，但从研究的角度来说，这样的定义增加了网络舆情研究的复杂性，超出了网络舆情研究的范畴，并且从网络舆情事件的实践来看，有些地方也与实际情况有出入：第一，如果这种孕育是在现实生活中进行，而不是通过网上进行的，这就不是单纯网络舆情研究的范畴了，而应该看作是多种媒介相互作用的结果；第二，如果这种孕育是完全通过网络就某一事件开展的，那么从研究的角度可以将其看成一个单独的网络舆情事件，这个网络舆情事件所孕育的后面的网络舆情事件的发生则是前面这个网络舆情事件的爆发，就比如目前互联网上一些专门炒作的人，在就某一议题进行炒作的前期准备，我们认为这本身就是一个网络舆情事件；第三，目前网络舆情事件越来越呈现出多样化的形式，很多网络舆情事件基本上没有孕育期，目前网络舆情研究热点的突发事件，按照我们上面对网络舆情事件的分类，第一类和第二类网络舆情事件的起点都很好界定，第三类网络舆情事件的研究和分析则是一个长期和复杂的过程，在确定其研究和分析起点存在一定困难的情况下，也可以将当下作为一个起点，或将当前的一个具体事件作为研究和分析的起点，但却必须考虑到相关的网络舆情历史发展和叠加，网络舆情的终点止于舆论形成，或现实世界中占主导地位的针对性行动出现，或舆情消亡。既要将网络舆情限制在舆情的层面，让它不要扩散到舆论的层面，也要限制在网络的层面，不要外拓到现实社会的层面。而舆情消亡，则自然是网络舆情的终点，网络舆情止于舆论形成。

因此，当网络舆情一旦转化为舆论，就可以判断其已经超出了网络舆情的范围，对于舆论形成与否的判断因人而异。在目前的情况下，如果网络舆情事件转化到媒体的介入，由于媒体的影响力大、覆盖面广，则一般可以看作是舆论形成的标志，如果想要网络舆情事件停止，需要现实社会中出现一些针对性行动。在我们对网络舆情的定义中，互联网媒介是网络舆情起主要作用的载体，因此，网络舆情一旦演化到现实世界中针对网络舆情或网络舆情事件的有针对性的行动出现，则应该将其作为网络舆情的终点，这里的重点是现实世界中的针对性行为要占主导作用。对于针对性行为出现之后网络舆情出现大量增加的情况，我们认为，这应该是新的网络舆情事件，同时也意味着前一个网络舆情发展的结束，而不应该将其看作是与前一个同样的网络舆情事件。在针对性行动出现以后，首先网络起的不再是主要作用，因为事件的发展已经超出了网络舆情的范围；而后可以认为舆情已经形成了舆论，有了现实世界占主导性的反应，起到了舆情应有的作用。由于多数网民或媒体对政府发布的调查结果不信任，网友自发组成公民调查团，媒体派记者出动，亲自前往事发地点进行明察暗访，这时的主要事件就不再是通过网络汇聚形成舆情了。一方面，这已经是多数人形成的一致的共同意见，并且，人数达到一定的量，形成了明显的舆论；另一方面，网络舆情事件一旦演化成现实世界中的行动，起主要作用的就是现实世界中的行动，而不再是网络了。因此，从这个意义上来说，也是网络舆情的终点。

## 第二节　网络舆情对高校大学生思政教育的影响

当代大学生的思想政治教育问题是事关国家未来发展和社会长治久安的问题。因为，大学生是祖国的未来和希望，是建设祖国的栋梁之材，他们的思想状况和教育效果决定着这一代人思想道德水准和价值观取向。在现代社会，网络的出现改变了传统思想政治教育的格局，网络信息传播和交往平台所形成的网络舆情又对当代大学生思想政治教育产生了巨大的冲击。所谓网络舆情，是由于社会事件的出现而产生对人们的刺激通过网络传播影响人们对事件的认知、情感、态度和行为倾向的总和。它是社会舆情在网络空间的反映，是社会舆情的直接体现。网络舆情作为互联网上传播公众对某一大家关注的问题所表现出的有一定影响力、带有倾向性的意见或者言论，对社会和他人造成了明显的影响。

大学生是网民中的主体，是利用网络发表评论最活跃的群体。高校校园网络作为一个开放的公共舆论领域，其影响是显而易见的，它既有积极的影响，也存在着消极的影响。就积极方面来说，网络为大学生提供了一个多元开放的舆论阵地，它汇聚了各方面积极的信息，学校和政府可以从中获得有益的意见与建议；同时网络还可以起到排气阀、晴雨表的作用，反映出大学生的思想动态和倾向，通过网络监控可以做出预警，把问题解决于萌芽之中。就消极方面而言，高校校园网络上也充斥着各种不良的思想或过激行为，如"恶意灌水"、散布谣言、攻击诽谤等，网络上存在着大量的信息，良莠不齐，各种不稳定因素和不良的社会思潮以及舆论动向等

都会在校园网络上反映和扩散开来。

随着网络舆情对大学生思想政治教育影响越来越大，网络舆情成为有利有弊的双刃剑。如果能够挖掘和发挥好高校校园网络潜在的积极社会功能，正确有效地引导与建构校园网络议题，高校校园网络将具有巨大的社会主流价值导向功能，并能积极有效地促进高校各项工作的良性运行和协调发展。

## 一、网络舆情与大学生的思想政治教育

互联网技术的快速发展与普及使得信息传播技术发生了根本性的变革，改变了人们传统的生产生活方式、人际交往的方式以及思维习惯，对人们情感表达、娱乐、家庭成员的交往等社会生活的各个领域和个体的发展产生了非常广泛而深远的影响。由于具有开放性、匿名性、交互性等特点，网络成了大学生喜闻乐见的重要传播媒体。高校是互联网发展和应用的重要场所，大学生通过网络关注或发布相关信息，进而形成具有较强影响力的高校网络舆情。所谓高校网络舆情，是指以高校学生为主的群体通过微博、论坛等网络平台，对关注的社会现象、问题等发表评论和意见，往往带有这一群体的倾向性态度、意见和情绪。换句话说，高校网络舆情是指对校内外发生的事件的思想认知、情绪反应、价值判断和意见倾向等的综合表现。

网络这把锋利的"双刃剑"在提供了下情上达便捷的同时，也对我国大学生的思想政治教育构成了重要影响，这种影响包括了消极的抑制作用和积极的促进作用。大学网络舆情的主体是大学生，他们对社会事件和社会问题关注度高、反应敏感、相互作用大、彼此关系稳定，是一个有知识、有能力、善于学习的群体，容易接受新事物，自我意识强，对社会纷繁复杂的问题缺乏理智认知，极易产生过激情绪和行为，如果处理不当常常容易引发网络舆情。

近年来，网络舆论不断发威，把现实生活中的一般事件演变成极为棘手的公众事件，不仅让政府、学校穷于应付，也让许多涉事者心惊胆战。在高校的网络里，舆情到了一定程度时，就会形成群体的理性丧失，高校管理者将难以收拾这种局面，给我们的思想政治教育带来严峻考验。

高校思想政治教育如何根据网络时代大学生网络舆情的特点，消除消极的影响因素，发挥积极的影响作用，促进大学生思想政治教育的开展，迎接网络时代的挑战，是社会转型期大学生思想政治教育的重要课题。分析高校网络舆情的形成和特点，研究网络舆情对学生思想政治工作的影响，寻求相应对策，对于高校日常管理、校园文化发展乃至社会稳定和谐具有重大意义。

## 二、网络舆情对大学生思想政治教育的抑制作用

### （一）网络舆情信息的偏差容易混淆是非

网络的自由性给大学生在网络上的自由言论带来了极大的便利，但网络舆情的自发性、庞杂性和分散性、不准确性等特点，也给大学的思想政治教育带来了巨大的挑战。网络文化是一种新型的文化样式，它在改变人们生活方式和心理状态的同时，也对传统的社会规则、价值标准和行为规范产生了巨大的影响并造成强烈的冲击。尤其是大学生，正处于世界观、人生观、价值观的形成阶段，他们有社会责任感、正义感、同情心，但他们分辨是非的能力还有待进一步发展，容易听风就是雨，受到一些似是而非的信息和不良言论的影响。

高校网络舆情所涉及的信息往往与实际情况存在一定的偏差。这种偏差表现为：网络舆论带有明显的个人情绪。大学生年纪轻，容易冲动，对一些事情的评价常常带有强烈的个人感情色彩；网络舆论所表达的东西通常比较感性和简单，带有明显的情绪化倾向，大学生网民在发表言论时经常带有不理性的成分。他们在对某些事情进行判断和下结论的时候，通常仅仅依靠自己个人的好恶和简单感受，没有经过理性的思考和逻辑的推演，就简单地附和某些片面的观点，因此网络舆论通常充斥着一些人云亦云的捕风捉影之说，甚至有些人还对所看到的事件夸大其词，制造出耸人听闻的案例，表现出偏激和情绪化的倾向。之所以形成这种现象，是因为网络平台是一个开放和相对比较自由的地方，一些在现实生活中缺少有效表达渠道的大学生很容易利用网络舆论提供的表达通道，进行宣泄和释放。加上网络舆论的形成和发展的时间非常快，从事件的议论、发酵形成舆论到大规模扩散几乎是在很短时间内形成的，很多大学生来不及对事件进行深入思考和分析，特别是对某些涉及社会伦理道德事件和事关自身切身利益事件时就更加容易激发情绪，仓促发表意见和看法。大学生网民一般都具有浓厚的兴趣参与到网络事件的讨论之中，他们是网络中表达意愿的活跃分子，是网络舆论运动的主体，由于情绪容易冲动，显得激情有余而理智不足，认识问题不周到，言论观点难免容易出现偏颇。二是网络上存在着很多不真实的信息。面对互联网用户各心理、行为问题，网络实名制作为一种以用户实名为基础的互联网管理方式，可以成为保护、引导互联网用户的重要手段和制度，并保护青少年免受网络不良因素影响。但是该条件下，如何保证网民的监督权和言论空间，也产生了很大争议。如今，社会已高速发展成了一个"互联网＋"时代，与此同时，正因为互联网的高速发展，也导致互联网世界鱼龙混杂，滋生了网络诈骗、网络水军等影响网络健康、安全的隐患。2017年，国家网信办出台《互联

网跟帖评论服务管理规定》和《互联网论坛社区服务管理规定》，要求互联网跟帖评论服务提供者不得向未认证真实身份信息的用户提供跟帖评论服务，互联网论坛社区服务提供者对版块发起者和管理者实施真实身份信息备案、定期核验等。用户不提供真实身份信息的，互联网论坛社区服务提供者不得为其提供信息发布服务。至此，"网络实名制"的呼声终于尘埃落定，因此网络媒体的发言基本上都是隐匿发言，网络信息审查不规范，再加上网络信息发布非常便利，大学生网民在网络上发布言论非常容易。他们所发布的言论存在着很多不真实的成分，这些不真实的信息会随着网络的传播，越来越偏离于事件的真相，以讹传讹，混淆视听，给大学生的思想政治教育带来非常大的麻烦。

（二）容易形成群体极化现象，加大对大学生思想政治教育的难度

在社会心理学里有一种影响个体行为的现象叫从众行为，它表明个体由于受到周围大多数人的压力而产生同一行为。当人们行动时，常常考虑他人的判断和行为，即使知道其他人是一种从众行为，原本理性的人也会参与其中并采取类似的行为。而在网络心理和行为中也存在着一种类似而更加激进的群体极化现象，在群体决策情境中，个体的意见或决定，往往会因为群体间彼此相互讨论的影响，而产生群体一致性的结果，并且这些结果通常比个体的先前个别意见或决定更具冒险性。因为他们发现个体的意见或决定在群体讨论之后不仅仅偏向冒险的一端，在某些情况下也会偏向保守的一端。因此，群体极化通常是团队成员一开始即有某种偏向，在大家一起商议之后，形成了更为一致的力量推动着人们朝偏向的方向继续移动，最后形成极端的观点。这种现象在网络舆情中更为明显。换句话说，网络舆情更容易出现群体极化的现象。在大学校园里，大学生的年龄相仿，趋同性更高，拥有比较同质的特性，他们在网络上更容易组成虚拟团体，并拥有很强的群体认同感，因而容易产生观点的极化现象。现实生活中大家在面对面交流时彼此容易克制和相互抑制，网络中失去了这种抑制，群体的极化作用更容易形成并且更加突出。

### 三、网络舆情对大学生思想政治教育的促进作用

（一）可以通过培养意见领袖引导积极正面的网络舆情

近年来，随着网络技术的不断发展，除了传统的网络信息交流平台外，又出现了博客、维基、聚合新闻等新生的网络信息交流平台形态和信息交互模式。这些网络信息交流平台涉及范围广、交互性更强、更新速度快，从根本上改变了人与人之间信息交往的方式，是对传统新闻媒介传播模式的解构和颠覆。在网络这个共同拥

有的信息平台上，信息发布者和接收者都是完全平等的，大家的地位没有高低贵贱之分，没有领导和下属之分，没有平民和明星之分，每个网民都可以根据自己的需要选择信息并自由发表意见和观点。这种现象对于大学生思想政治教育的挑战是显而易见的，特别是网络舆论中的虚假信息和不当言论，容易导致大学生的过激情绪或过激行为，如何应对这种状况是一个重要的课题。高校可以通过培养网络意见领袖来引领积极正面的网络舆情。高校中的学生网络意见领袖是网络生态系统的"主导力量"，是引导正确和积极网络舆论的关键性因素。因此，高校和网络媒体都应充分重视意见领袖的作用，积极培养大学生在网络中的意见领袖。他们能够推动和改变网络中的焦点和热点事件，影响或左右网络舆论的走向，具有强大的舆论发动力和推动力。当网络上出现大量虚假信息时，网民往往无所适从，进而对于权威意见的依赖性会更强烈，迫切需要意见领袖为自己解惑。一些著名论坛的常见做法就是培养本论坛的意见领袖，利用这些意见领袖来引导网络舆情。高校可以借鉴这些好的做法，通过定期或不定期地邀请学生中的自然领袖与专家、学者或官员进行热点话题探讨，和大学生网民积极互动，培养网络意见领袖，并通过他们去引领大学生网民比较理性地看待各种问题，很好地引导网络的舆情。

（二）利用网络舆情调节师生关系，为学生成长成才服务

在现实社会中，社会舆情是一种重要的社会控制方式。而在网络中，网络舆情与政治、法律、习俗等形式相比，客观上具有较强的社会调解功能。网络舆情在某种程度上提供了一种新的对话方式，而且这种对话方式与以往传统面对面的交流有着很大的区别，它形成了一个与现实世界完全不同的虚拟世界。在网络世界里，大学生可以更直白和真实地表达自己的看法，但由于网络的匿名性和虚拟性，也造成了很多不确定因素。但毋庸置疑，网络舆情是一种全新的，可以构建新型师生关系和学生关系，让每个人可以拥有平等对话的新平台。高校学生管理者要积极发挥网络舆情的这种独特优势，让网络成为连接高校师生、学生之间关系的桥梁和纽带，调节好新时期的师生关系和学生关系，利用网络为大学生的健康成长服务。高校的师生交往不像中小学那样密切，很少有机会向自己的老师们吐露心声，因此，大学生更多地通过网络来表达自己学习、生活和人际交往的现状和困扰。调查表明，现实中，大学生中存在不少的人际交往、学习焦虑、抑郁、强迫症、就业等实际问题，这些问题如果得不到有效的解决，会直接影响大学生的健康成长。高校管理者如果能够充分利用网络这个平台因势利导，切实帮助大学生克服各种生活困难和心理问题，容易取得很好的成效，就更容易建立起新型的、平等和谐的师生关系和学生关系。积极向上的高校网络舆情有助于维护校园和谐的气氛，促进高校各方面进行良

好的沟通交流，增进彼此之间的了解，避免出现因交流不畅带来的网络舆情的群体极化现象，提高思想政治教育工作的说服力与实效性。

### (三) 有利于加强校园舆论监督，及时了解和干预大学生的思想问题

随着网络舆论成为社会舆论的一种重要表现形式，网络舆情也逐渐对高校思想政治教育的方式和手段产生了一定影响。但由于网络舆论是个非常自由的场所，是大学生很喜欢光临的交流平台，大学生可以在上面自由发表评论、表达意见，国内外的一些重大事件和突发事件通常会在这个场所以最快的速度出现，各种各样的新闻信息容易吸引大学生的广泛关注，推进大学生展开火热的讨论。这些大众化意见的扩散和讨论的深入推进，便会逐渐使讨论的主题趋向某种意见或特定的观点，形成具有一定规模、较为明确的网络舆情。他们通过网络袒露自己的心理和思想，发泄自己的情绪，表达自己对社会、学校、同学等家事国事的态度。因此，与传统的交往方式相比，网络舆情更便于学校对大学生的政治思想动态多加关注和了解，随时了解大学生的生活、学习和交往的思想现状，引导大学生政治思想朝着积极的方向发展。因此，高校管理人员要充分利用网络这个便利的条件对大学生网络舆论信息进行有效的收集、汇总、分析和整理，以作进一步的引导和控制。大学生通过网络参与管理学校事务的积极性增强，使大学生在反映校园、社会热点，监督学校管理等方面得到了自由的表达，这将有利于促进校园良好风气的形成和有效地促进事态良性发展，便于管理者及时了解大学生的思想动态，以更好地应对和干预出现的问题，抑制不良网络舆情的传播，有利于更好地促进高校和谐校园建设。

总而言之，在信息高度发达的现代社会，网络舆情广泛而深刻地影响着大学生的思想，对此高校必须提高认识。这一现实对大学生的思政教育工作是巨大的挑战，但同时又给我们提供了良好的机遇。我们要抑制网络舆情对大学生思想政治教育带来的不利因素，充分利用其促进作用，推动大学生思想教育积极发展；我们要树立网络舆情的阵地意识，积极建设高校网络思想政治工作队伍，提升网络舆情的管理能力。积极鼓励他们采用网络技术加强对学生的引导与管理，加强高校校园网络的监控和干预，对校园网络中的不良信息和舆论进行过滤或遏制其传播，注入健康、积极的网络信息，提高新时代大学生思想政治教育的实效性。

### (四) 有利于更加及时有效地开展大学生的思想教育

网络是当代大学生非常喜闻乐见的学习、交往和娱乐的平台，网络舆情是大学生思想动态的集中表现。高校通过网络舆情可以及时了解大学生的思想动态，掌控大学生政治思想的倾向及起伏，有效地把握高校大学生思想政治教育的发展脉络。

高校可以充分发挥网络资源优势，积极优化网络环境，引导大学生文明上网、健康上网，将校园网络建设成为大学生学习、生活、交友、娱乐为一体的、全方位的、动态的平台。网络覆盖面广，影响力大，在宣传科学文化知识、传播正确的人生观和价值观、倡导科学精神、塑造美好心灵、弘扬社会正气方面起着重要的作用，对大学生的教育容易取得良好的效果，能很好地促进大学生思想政治教育的良性循环互动，提高大学生思想政治工作的实效性。最关键的一点，网络舆情是大学生政治思想的"晴雨表"，是学校和教师了解大学生状况最重要的窗口，它在第一时间反映出大学生思想的情况，网络舆情给高校教育工作者提供了及时有效的大学生思想信息，为高校开展大学生的思想教育奠定了坚实的基础。网络思想政治教育已经成为大学生思想教育的重要途径，网络舆论里既有大学生对学校工作的诸多意见和不满，也有从善意和建设性的角度给学校提出的许多建议。

在网络时代下，网络舆情对高校思想政治教育提出了新的挑战，高校要充分打造新时期大学生思想政治教育的网络化平台，精心策划、认真研究、严密监控，将思想政治教育工作寓于网站建设与信息服务之中，积极有序地抢占网络舆论的新阵地。构建网络思想政治教育模式，扩大了网络思想政治教育的覆盖面，提高了思想政治工作的实效性，增强了思想政治教育工作的影响力。

### （五）有利于大学生开展自我管理和自我约束

大学生自我管理是高校管理的重要内容，是提高大学生素质的内在要求。它是指大学生围绕学校的培养目标，按照社会对人才培养的要求，自觉调动自己的主观能动性，充分运用自我资源，利用各种教育管理手段，开展一系列自我学习、自我教育、自我完善、自我发展的实践活动。学生自我管理是高校学生管理的重要组成部分，也是补充和完善学校自上而下管理的重要手段，它能最大限度地开发学生的潜能，促进大学生的自我成长。大学生的自我管理能力，包括社会发展目标、学校要达成的教育目标、个人预期的发展目标和个体产生的社会行为四个方面的内容。个人的发展目标是大学生自我管理的核心，个体的社会行为则是自我管理具体实践的核心内容。网络是一个自由开放的空间，大学生可以在网络上自由地发表自己的言论和观点，充分展示自己的个性。这对于一个现代青年来说既是表现自己、释放自己的自由平台，也对大学生开展自我管理提出了挑战。自由和约束是一对孪生姊妹，在享有自由的同时，绝大多数大学生能自觉地进行自我约束。因为大学生是一个有知识、有理想、守纪律的群体，具有较好的认识自我、自我管理的能力，大学生在网络舆论所表现出来的诉求大多数是合理的、有依据的，即便偶尔表现出一些非理性的舆论，大学生也能通过反思回归到理性的层面上来，这充分说明大学生在

自由的空间也能激发自我管理的愿望和行为。当然，网络舆情有利于大学生的自我管理和约束并不意味着高校思想政治教育工作者可以放任自由，而是要与时俱进，对大学生网络舆情的管理要因时、因校、因人制宜。大学生思想活跃、富有激情，对此，高校既要有严格规范的管理制度，又要充分发挥大学生自我教育、自我管理、自我服务的功能。建立相关的制度，对于大学生的自我管理，起着一定的引导和约束作用。引导大学生参与学校管理实践活动，提高大学生的自我管理水平。学校应积极制定大学生参与学校管理的实施办法，重视培养大学生自我管理能力机构的建设，吸纳大学生参与学校和相关的民主管理实践。

让校园网站的内容吸引大学生，让大学生感到校园网站能够真正为他们提供帮助，能够真正地解决实际问题，才会让大学生喜闻乐见。而这个大学生们喜闻乐见的网站，就是我们开展思想政治教育的适合阵地。天津大学在开展大学生的网络自我管理方面就做了很好的探索。他们充分利用网络优势，在学校严把网站导向性的基础上以学生为主体自我建设、自我维护、自我管理，教师进行适当的指导，既充分发挥学生参与网络建设的积极性与创造性，又提高学生驾驭网络的技术能力和自律能力。

总之，高校校园网络作为一个开放的公共舆论平台，其所表现出来的影响是极为深远的。网络是一把双刃剑，其在舆论上既有积极方面的影响，也存在着消极的影响。从网络的积极方面而言，网络为大学生提供了一个超越时空全方位表达自我的舆论阵地，是大学生各方面积极信息的集散地，高校和政府可以从中了解大学生的思想状况及价值诉求，可以从中获得有利于做出决策的意见与建议；网络舆情是大学生思想感情的排气阀和晴雨表，能够直接反映出大学生的思想动态和倾向，高校教育工作者通过网络监控可以比较清楚直观地做出舆情预警，防患于未然，把问题消灭在萌芽之中。从其消极方面来说，高校校园网络上也存在着大量偏激的言论或过激行为，如"恶意灌水"、谣言诽谤、言语攻击等，特别是那些在现实中郁郁不得志的人会通过网络散布一些不利的言论，影响大学生的思想道德和政治教育，干扰社会的稳定。

高校网络舆情的主体是年轻的大学生，他们对学校事务、社会现象及各种问题的反应非常敏感和及时，并且相互之间产生交互影响，造成传播迅速、相互影响大、持续时间长、感染性强、容易形成群体极化等特点，最终易产生非理性行为，引发网络舆情，对学校和社会产生不良影响。

鉴于此，高校首先要重视对大学生网络舆情的监控、把握、预警和引导教育。如果缺乏对高校大学生网络舆情的必要监控和引导，简单地把大学生在网络上表达出来的意见和不同看法当作对管理者的挑衅，而进行批评和封堵，容易造成大学生产生激愤情绪，进而产生与学校对抗的情绪，引发学校群体性的危机事件；如果高校教育工作者能够充分发挥高校网络舆情的积极作用，构建社会主义核心价值观，那么高校网络舆情将会产生巨大的价值导向功能，能积极有效地促进高校的全面和谐发展。

# 第三节　大学生网络舆情的监管与引导

信息时代的高校思政教育变革是一场从理念到方式的全方位变革，要推动这种变革，必须回归大学生的生活世界，回归大学生的日常网络行为。只有我们真正清楚地了解到大学生日常网络行为的内容、方式、目的以及这些行为可能给大学生、给高校以及给社会带来的有利和不利影响，我们的思想政治教育工作才能够有的放矢、对症下药，才能在信息时代取得应有的成效。

## 一、大学生网络舆情监管与引导的依据

从概念上说，网络舆情是由于各种事件的刺激而产生的通过互联网传播的人们对于该事件的所有认知、态度、情感和行为倾向的集合。从这个概念出发，可以认为，高校网络舆情主要是指高校内部各类群体在校园网空间中，对其所关心的特定的中介性社会事项产生和所持有的认知、态度、情感与行为倾向的集合。通常而言，高校中的各类群体主要有大学生、高校教师和高校管理者，但是从高校网络舆情监管与引导的实际工作看，大学生无疑是高校网络舆情的最主要群体，这是由高校网络舆情的内涵和实际运行的现状决定的。因此，高校的网络舆情工作主要是针对大学生的网络舆情工作，对高校网络舆情的管理和引导，主要也是对大学生网络舆情的管理和引导。

作为一项有目的、有意识、有计划的人类活动，大学生网络舆情的监管与引导不是一种盲目的行为，而是在综合分析相关政策和高校网络舆情管理实践活动的基础上做出的理性选择，因而具有鲜明的政策依据和实践依据。

政策是指国家政权机关、政党组织和其他社会政治集团为了实现自己所代表的阶级、阶层的利益与意志，以权威形式标准化地规定在一定的历史时期内，应该达到的奋斗目标、遵循的行动原则、完成的明确任务、实行的工作方式、采取的一般步骤和具体措施。对于任何一项管理行为，要确保其合理性和合法性，最为基本的就是要寻找其政策依据。对于大学生网络舆情管理而言，做好这一领域的相关工作，主要有两个层面的政策依据：一是国家和政府对于网络及网络信息化管理的有关法

律制度；二是在重大会议中关于网络舆情管理工作的相关部署。

网络舆情作为公众在网络空间表达的与特定对象有关的情绪、意见和态度的集中体现，不仅是社会气候的"晴雨表"和"温度计"，也是互联网时代政民互动的新模式。政府网络舆情治理主要是指政府机构和人员在科学掌握网络舆情传播规律的基础上，整合运用多种工具和资源对网络舆情的孕育、发展、扩散和消解等过程进行干预与引导，进而在充分发挥网络舆情支持性作用的同时将其负面影响消除或降至最低，而要实现这种治理，必须有相关的法律文本和制度规定支持。

## 二、大学生网络舆情监管与引导的策略

做好大学生的网络舆情监管与引导工作，需要对这一工作的内涵、理念、特点、规律、价值等有必要和合理的认知，但是，最为关键的是，要在这种认知的基础上设计合理的操作范式，形成有效的网络舆情监管和引导策略。综观当前的大学生思政教育工作研究，对于网络舆情的监管研究已经成为一个重要的研究领域，研究者们对于网络舆情监管的概念、原则、意义、特点和策略等问题进行了系统的研究，其中对于策略的研究始终是最为核心的问题。希望通过大样本的调查研究，明确大学生在网络身份隐匿的状态下参与网络事件的特征和方式，并以此为出发点设计针对网络身份隐匿的大学生网络舆情的有效监管和引导机制。而进行这一工作的前提，实际上就是对现有的大学生网络舆情监管与引导的策略进行系统梳理，以便在我们的研究中做到批判性的继承和创新。这里采用文献综述的方式，对当前研究中关于大学生网络舆情监管与引导策略的研究成果进行总结和梳理，明确现有研究的可取之处和不足之处，为后续的研究奠定坚实基础。

（一）关于网络舆情监管与引导策略的研究梳理

在大学生网络舆情相关的研究中，几乎都涉及了网络舆情监管或者引导的策略，这充分说明，不论是从教育研究的角度出发，还是从教育实践的角度出发，实践性改进策略的构建都是最为重要的关注领域。综观现有的相关研究，大学生网络舆情监管与引导的策略主要集中在以下几种观点。

1. 网络舆情监管机制的建立

"机制"一词最早源于希腊文，原指机器的构造和工作原理。对机制的这一本义可以从以下两方面来解读：一是机器由哪些部分组成和为什么由这些部分组成；二是机器是怎样工作和为什么要这样工作。在现代社会，"机制"一词被引入不同的学科领域，也就产生了不同的理解方式。"机制"可以被理解为"在正视事物各个部分的存在的前提下，协调各个部分之间关系以更好地发挥作用的具体运行方式"，是一

种系统性的运行、管理、监督平台。在实现大学生网络舆情的监管过程中，很多研究者都将研究视角投射到了网络舆情监管机制的建设之中。有研究者指出，高校网络舆情快速响应机制构建，关键是构建三大工作体系、两级报送体系和一支高素质团队。其中三大工作体系是指学生、院系部门、学校三级舆情收集工作体系，高校网络核心工作团队工作体系和高校网络舆情联动工作体系；两级报送体系是指学校、教育部两级报送路径分别上报舆情，分别对学校和教育部负责，同时，如果突发事件有可能向校外发展时，学校应及时与当地党委政府有关部门进行沟通，协同应对突发事件；一支高素质的团队就是指用于网络舆情工作的专业团队。要建立完善的网络舆情监管机制，必须注重工作中网络舆情信息分析和研判与几个方面实际工作的对接，一是与学校领导决策工作对接，二是与相关职能部门开展管理工作对接，三是与辅导员进一步开展学生事务管理对接，四是与思想政治理论课教师开展思政教育对接，五是与班主任管理班级工作对接，六是与思政教育学科工作者建立科研工作的对接。高校网络舆情的引导和管理应该努力建构网络舆情收集监控机制、网络舆情分析研判机制、网络舆情安全预警机制、网络舆情引导干预机制和网络舆情危机处理机制等五个方面的机制，以便构建起完善的高校网络舆情管理和引导体系。

2. 加强网络舆情的监控和预警

网络舆情的有效监控、管理和引导，不仅体现在群体性网络事件发生之后的及时处理上，而且体现在日常学生管理与服务中的良好预警和研判上。要提升网络舆情的监控水平，完善网络舆情监控的技术手段和专业队伍，形成相关的规章制度。同时要注意相关网络信息的收集、分析和判断。要实现网络的有效监管，重要的是形成良好的网络舆情研判制度，特别是要建立良好的信息收集制度和分级分层的信息研判制度，同时要加强信息研判队伍建设。有研究者从预防大学生网络舆情事件的角度出发，认为做好网络舆情的监控、预警和引导等相关工作需要注意三个方面的具体问题：一是要健全大学生利益诉求的合理表达机制，畅通校情民意的表达渠道；二是要建立有效的网络舆情分析监控系统，加强对网络舆情的引导与控制；三是要加强大学生的日常道德教育，特别是网络道德教育。

3. 合理的网络干预和处理

有研究指出，在进行大学生网络舆情监管的过程中，应该根据时间和事态的发展采取必要的干预方式。这些干预可以分为事前干预（即防止议题、言论或倡议进入网络，这种控制和干预是事前性的预防性干预机制）、网上干预（包括删除敏感信息、主动引导辩论和回应、密切跟踪相关信息的传播）、网下干预（即网络舆情中所蕴含的行为倾向已经转化成现实中群体性的行动所应采取的干预机制）。对网络舆情事件进行积极的干预，最重要的是做好相关的引导工作，在具体的引导中，一是

要注意培养自己的意见领袖，二是要做好引导工作的日程设置，三是要树立正确的参照系，四是要注意平时的网络道德教育。有研究者将大学生网络舆情监管者形象地比作"刀尖上的舞者"，认为应该以"安而不忘危，治而不忘乱，存而不忘亡"的精神和态度做好网络舆情的监管和引导工作。具体而言，在校园网络舆情危机发生之前，要尽可能做到有效预防；在网络舆情危机发生过程中，要注重科学应对，注意判断网络舆情与事实之间的关系，判断网络舆情危机所处的发展阶段，加强信息的及时监控，做好网络舆情的合理疏导；在网络舆情危机处理完毕后，要注意及时全面地进行总结和评价，形成网络舆情危机处理的经验。大学生舆情问题的主体是大学生，因此，做好大学生网络舆情的监管和引导，根本的工作是网络舆情演变中学生思想的动态引导工作，为此，需要根据事态的发展分阶段制定学生思想动态引领策略，需要科学预判网络事件主题的演变，需要特别关注网络意见领袖的教育和引导。

（二）关于网络舆情监管与引导策略的研究反思①

从反思的视角看现有的研究，可以发现以下三个明显的问题。

1. 研究结论的一致性

现有的关于大学生网络舆情监管与引导策略的研究，在研究的结论上呈现高度一致性。综观现有的研究结论，尽管在表达的具体方式上存在着一定的差别，但是研究者们通过研究提出的结论往往都聚焦于以下几个方面：在网络舆情事件发生之前，要注重研究和判断，尽可能将事情的影响消灭在萌芽阶段，为此要建立完善的预警机制，运用现代信息技术进行信息的收集和分析等；在网络舆情事件发生之中，要做到及时干预，认真分析事情的来龙去脉，注意事态发展的分析和有效的引导，尽可能降低事情的负面影响，同时要及时做好相关信息的上报工作；在网络舆情事件发生之后，要注意及时地进行总结反思，对事情发生的原因及学校的处理方式进行系统总结，形成同类问题处理的经验性做法。这样的研究固然是必要的，但是研究结论过于雷同，说明了我们在对大学生网络舆情管理和引导的研究与实践过程中所进行的探索和思考还是比较浅显的，对于其规律、特征和应对方法的把握还不够全面，这也就意味着我们需要从更加多元的视角去探讨大学生网络舆情监督和管理工作，形成更多具有创新价值和实践意蕴的问题解决方式。

2. 研究方式的单一性

现有的关于大学生网络舆情监管与引导策略的研究，在研究的方式上呈现出非

① 田俊杰，刘涛．高校网络舆情管理与思政教育创新——基于网络身份隐匿视角的研究[M]．杭州：浙江大学出版社，2020.

常鲜明的单一性。这种单一性表现在现有的研究都是将大学生网络舆情事件作为一种单独的研究对象进行研究，研究的出发点基本是大学生网络舆情问题本身的特征和规律。这样的研究固然能够聚焦网络舆情监管的核心问题，能够针对这一问题发生和发展的需要进行设计，因而也就有了明显的针对性和实效性，但是一个不容忽视的问题是，教育活动是一个复杂性的活动，是一种各种因素普遍交织的活动，这也就意味着解决教育领域的问题应该运用复杂性的视角。对于变革中的高等教育而言，随着高等教育研究的发展与推进，越来越多的人认识到：高等教育是一个独特而复杂的问题域，依靠简单的分析方法，抑或依凭简单的线性推理、静态的逻辑分析和直观的实体思维，都不可能理解"迷宫般"的高等教育世界。鉴于此，不少学者撰文倡导走出简单思维的藩篱，采取复杂性思维探究高等教育。从复杂性的视角探讨高等教育的变革，不仅是一种研究理念的创新，也是一种实践范式的变革需要。对于高校思想政治教育工作而言，研究和解决这一问题，不能单纯地仅仅研究思政教育本身，而应该对思政教育发生发展的复杂环境有清晰的把握。这一观点同样适用于大学生网络舆情的监管与引导，只有跳出就"舆情事件"研究"舆情事件"的研究视角局限，将大学生舆情监管与引导这一事件还原到高等教育的整体变革之中，还原到大学生的现实生活之中，还原到与大学有舆情工作密切相关的其他因素之中，我们才能够对这一问题有更加清晰的认识，我们所设计的策略才能够更加完整和丰富。

3. 研究视角的外生性

现有的关于大学生网络舆情监管与引导策略的研究，在研究的视角上呈现出非常明显的外生性，这种外生性表现在现有的研究中，更多的是站在社会稳定、高校系统自身稳定的角度上设计大学生网络舆情监管的策略，这与信息时代高校思政教育注重"疏与堵"相结合的理念是不相符的。在辩证唯物主义看来，外因是事物变化发展的条件，内因是事物变化发展的根本，如果我们仅仅聚焦于外部的视角，试图通过外部因素去解决大学生网络舆情问题，最终我们得到的结果很可能是不理想的。一个不容忽视的前提是，不论外部的环境如何变化，不论外在的诱惑有多大的吸引力，大学生自身才是其网络行为的决定性因素。应该看到有很多的大学生洁身自好，能够正确地看待和参与网络行为，其中的很大差异就是学生自身的自控力。从这个角度而言，我们做好高校网络舆情监管工作，最为重要的就是充分考虑学生的实际情况，考虑学生的需要，真正树立起解决学生问题的立场。综观现有的关于大学生网络舆情监管的研究成果，研究者们无一例外地站在与学生相对立的立场上去看待问题，把学生仅仅视作问题解决的对象，而没有认识到其作为问题解决主体的价值。我们所设计的策略，不论是现代技术的使用、工作机制的建立、制度的完

善，还是必要的干预和引领，几乎都是基于"学生不能自己解决自己的问题"的基本假设之上提出来的。这样的结论是不是学生所认同的，是不是学生真正想要的，是不是能够走进学生的内心世界？面对这一系列问题恐怕我们没有足够的信心做出肯定性的回答。从任何的教育变革行为而言，如果缺少了学生的主动参与，其效果必然是大打折扣的，如果忽视了学生的内在需求，忽视对学生的充分研究，忽视了学生自己解决自身问题的内在潜力，只凭一些外在的"自说自话"，大学生网络舆情的有效监管恐怕永远都只会是一个美丽的"空中楼阁"。因此，有必要树立解决问题的内生视角，在充分调研大学生网络行为特征、网络行为需要，乃至大学生整个大学生涯的成长需要的基础上，从学生的角度出发去设计完善大学生网络舆情监管的有效路径，充分发挥大学生的自我教育意识和价值，构筑起"由内及外、内外共生"的工作机制，在完善现有研究视角的基础上，更好地解决大学生网络舆情监管与引导的实践性问题。

# 参考文献

[1] 寇跃灵. 高校思想政治教育探索与实践研究 [M]. 北京：北京工业大学出版社，2023：04.

[2] 王爱祥. 高校思想政治教育仪式感染性研究 [M]. 上海：华东理工大学出版社，2023：01.

[3] 金家新. 高校思想政治理论课教师 [M]. 重庆：重庆大学出版社，2023：04.

[4] 王薇. 高校思想政治教育热点与多元探讨 [M]. 北京：北京工业大学出版社，2023：04.

[5] 刘珥婷. 文化视野下高校思想政治教育实践研究 [M]. 哈尔滨：哈尔滨工程大学出版社，2023：03.

[6] 王旭东. 新时代高校思想政治理论课教学研究 [M]. 哈尔滨：哈尔滨工程大学出版社，2023：03.

[7] 孙苓，孙天罡，金明兰. 高校思想政治理论课实践教学创新研究 [M]. 北京：北京工业大学出版社，2023：04.

[8] 郭晗. 新时期高校思想政治教育工作创新与发展研究 [M]. 北京：北京工业大学出版社，2023：04.

[9] 崔玉娟. 新时期高校思想政治教育教学与反思研究 [M]. 长春：吉林大学出版社，2023：01.

[10] 钟家全. 互联网与新时代高校思想政治教育队伍建设 [M]. 成都：西南交通大学出版社，2021：05.

[11] 林蕾，杨桂宏. 高校思想政治理论课教学研究 [M]. 北京：中华工商联合出版社，2022：01.

[12] 杨小岑. 高校思想政治教育工作创新实践 [M]. 沈阳：辽宁人民出版社，2022：11.

[13] 舒俊. 高校思想政治理论课学情研究 [M]. 长沙：湖南师范大学出版社，2022：10.

[14] 冯刚，王振. 高校思想政治教育治理引论 [M]. 北京：团结出版社，2022：09.

[15] 陆安琪. 新时代高校思想政治教育协同育人路径研究 [M]. 北京：中译出版

社，2022：01.

[16] 曲娟，师秀芳，吕树强.高校思想政治理论课教学方法的优化探索 [M].哈尔滨：北方文艺出版社，2022：10.

[17] 马光焱，王晓光.新时代高校思想政治理论课改革与创新研究 [M].长春：吉林大学出版社，2022：02.

[18] 白留艳，赵旭英，蔡艳宏.新时代高校思想政治教育融合机制研究 [M].长春：吉林大学出版社，2022：05.

[19] 张楠，高丽，陈维佳.新时代高校思想政治工作与评价指标体系研究 [M].北京：九州出版社，2023.06.

[20] 刘军，韩玮，程文.新时代高校思想政治理论课教学改革探究 [M].成都：西南交通大学出版社，2022：04.

[21] 万娟.基于创新发展的高校思想政治教育研究 [M].长春：吉林大学出版社，2022：05.

[22] 崔欣玉.自媒体环境下高校思想政治教育研究 [M].上海：上海社会科学院出版社，2022：09.

[23] 李智慧.高校思想政治教育有效资源开发利用研究 [M].北京：旅游教育出版社，2022：08.

[24] 刘淑娟.高校思想政治理论课混合式教学研究 [M].北京：九州出版社，2022：01.

[25] 邢亮，殷昭鲁.高校思想政治理论课实践教程 [M].北京：新华出版社，2021：10.

[26] 王莉.新时代高校铸魂育人目标导向下的思想政治工作研究 [M].北京：经济日报出版社，2022.12.

[27] 刘琳琳.新媒体时代高校思想政治教育研究 [M].长春：吉林大学出版社，2021：08.

[28] 隆麒.高校思想政治教育理论及践行问题研究 [M].北京：北京工业大学出版社，2021：05.

[29] 王英姿，周达疆.新媒体时代下高校思想政治教育研究 [M].北京：九州出版社，2021：06.

[30] 徐玉钦.新媒体时代高校思想政治教学模式研究 [M].长春：北方妇女儿童出版社，2021：08.